중국 경제지표들의 이해

Understanding china's economic indicators

Authorized translation from the English language edition, entitled UNDERSTANDING CHINA'S ECONOMIC INDICATORS, 1st Edition, ISBN: 0132620197 by ORLIK, THOMAS

UNDERSTANDING CHINA'S ECONOMIC INDICATORS

TRANSLATING THE DATA INTO INVESTMENT OPPORTUNITIES

중국 경제지표들의 이해

데이터를 투자기회로 해석

Thomas Orlik 지음

김연준 옮김

서울경제경영

감사의 글

나는 이 책을 만드는데 수많은 분들과 기관들로부터 도움을 받았다. 국가통계국, 중국 물류구매연합회, 마킷(Markit), 국제시장뉴스(Market news international), 중국 경제 모니터 및 분석 센터, 컨퍼런스보드(회의국), 경제협력개발기구(OECD), 소우펀(Soufun : 부동산컨설팅업체), 인테이지(Intage), 관세국, 미 노동통계국, 미 재무부 직원들이 모두 아낌없이 그들의 시간과 전문지식을 공유하였다. 나는 또한 수많은 다른 분석가들과 전문가들 뿐만 아니라 베이징 대학, 중국사회과학원, 국제통화기금의 교수들과 공무원들과의 대화로부터 도움을 받았다.

Guo Wei, Jackie Xia, Brandon Li, Lu Ben, Li Bo, Han Ting, Li Yuxin는 훌륭하게 연구보조를 해 주었다. Paul Cavey 와 Bill Adams는 완벽한 초기원고를 통해 애를 썼고 가치있는 논평을 해주어서 매우 감사하다. Logan Wright, David Wilder, Xu Hui, John Canavan, Fei Yang Adams는 구체적인 부분에 가치있는 논평을 해 주었다. 나의 중국어 선생님인 Jia Yanfen은 중국 경제 데이터에 관한 많은 공식적 그리고 학문적 자료들을 통해 나와 고생하였다. 중국 경제 데이터에 관해 작성한 모든 사람들은 Harry Wu교수와 Carsten Holz교수의 작업으로 도움을 받았다. 나는 이 주제에 관한 위 두

교수님과 대화와 그들의 폭넓은 작업과 대조를 보이는 견해로 많은 것들을 배웠다. 이 책의 구조는 미국 경제 지표에 관한 Bernard Baumohl의 업적에 도움을 받았다.

중국경제데이터를 생산하는 기구들은 어떻게 데이터가 수입되었거나 계산되었는지를 설명하는데 특별히 정통한 것이 아니다. 하지만 몇몇 출판된 정보는 존재한다. 나는 NBS, 중국인민은행, 관세국, 재무부에 의해 출판된 자료들로부터 도움을 받았다. 국제통화기금의 일반자료공표제도는 중국의 주요 경제 지표의 방법론에 관한 데이터를 수집하고 출판하여 왔다. OECD의 NBS와의 연결프로그램은 OECD 웹사이트에서 찾을 수 있는 중국 경제데이터에 관한 몇몇 분명한 자료들을 만들었다. 골드만 삭스의 아시아 경제그룹도 또한 주요 지표들을 설명하기 위한 몇몇 초기 작업을 실시 하였다.

나는 책 안의 가능성을 즉시 보고 완벽한 전문성을 가지고 출판으로 인도한 Pearson의 Jeanne Glasser에게 깊은 감사를 표하고 싶다. 나는 또한 출판을 위한 원고를 준비해 준 Pearson의 Anne Goebel과 Krista Hansing에게 감사를 표한다. 이 책의 대부분은 내가 Stone & McCarthy 연구 협회(소)에서 일하는 동안 작성이 되었고 나는 Ray Stone과 그 팀에게 그들의 지지와 격려에 감사 드린다. 나는 또한 Market News International 베이징국에서 사무실을 그 팀과 나누어 사용했으며 John Carter, Allen Fang, Chen Ying, Connie Young, Darren Cao에게 중국경제발전에 대한 식견을 받았다. 원고의 일부는 내가 월스트릿저널에서 일할 때 완성이 되었다. 그리고 나는 Thorold Barker, Andy Browne, 그리고 "Heard on the Street" 컬럼 팀과 베이징 국에 그들의 지지와 격려에 감사드린다.

마지막으로 그러나 앞에서 말씀드린 분들 만큼이나 중요한, 중국경제 데이터에 대해 누구보다 적은 애정이지만 이 프로젝트의 성공에 누구보다도 더 많이 기여한 나의 아내 Helena이다. 나는 미국이 중국에 진 신세보다 그녀에게 더 신세를 졌다.

저자에 관해

Tom Orlik은 그가 "Heard on the Street" 컬럼을 쓴 월스트리트 저널의 중국 특파원이다. 그 신문사에 일하기 앞서 그는 Stone & McCarthy 연구 협회(소)에서 중국의 거시경제 데이타에 관한 투자가에게 정보를 주는 이코노미스로 일했다. 중국에 오기 전에 Orlik은 재무부 비서실장 연설문작성자로서, IMF의 영국 상임이사 조언자로서 영국 재무부에서 일했고 브뤼셀의 EC에서 임시파견근무를 했었다. 그는 하버드 대학교 케네디 행정대학원 공공정책 석사학위를 가지고 있고 런던대학교 영어학 학사를 가지고 있다. 중국 국가통계국 책임자인 Ma Jiantang은 Orlik의 중국의 경제통계의 질에 관한 2009년 리포트를 통계시스템의 모든 직원들이 읽도록 추천했었다.

역자서문

세계화와 글로벌화로 인해 전 세계 경제는 국가 간 상호 밀접성과 의존성이 해가 거듭할수록 증가하고 있다. 특히 경제개발계획으로 인해 고도성장을 시현하고 있는 중국경제는 2001년 세계무역기구에 가입하고 외자유치에 적극적인 정책을 보여 중국은 최근 세계 수출 1위 국가로 등극하게 되었고 외환보유고 세계 1위의 국가로 자리 잡게 되어 미국과 함께 G-2로 불리며 세계경제 동향에 큰 역할을 하는 국가로 자리매김하게 되었다.

이와 같은 중국의 엄청난 경제성장으로 전 세계는 중국의 성장 내역에 매우 큰 관심을 가지게 되었다. 즉, 어떠한 요인이 중국 경제를 발전시켰으며 얼마나 중국 경제는 성장하고 있으며 그 원인은 무엇인지 세계는 궁금해 하고 있다. 이와 같은 전반적인 중국 경제성장 요인을 파악하기 위해서는 무엇보다도 객관적인 중국 경제에 관한 데이터를 확인하는 것이 관건이다. 많은 학자들이 중국 경제데이터를 다양하게 활용하고 있는 반면 중국 데이터에 대한 불신은 여전히 존재하는 것이 사실이다. Understanding China's Economic Indicators는 서론, 국민생산, 투자와 부동산, 가계 부분, 대외 부문, 노동 시장, 물가, 금융지표로 크게 여덟 개의 장으로 구성되어 있다. 각 장은 중국을 대표할 수 있는 경제지표를 자세히 설명하고 있다. 그리고 각 장에는 서두에 각 지표의 시장 민감도, 지표 설명, 중국어와 영어 인터넷 뉴스 공개, 데이터 원천, 개정 여부 등을 알기 쉽게 요약하고 있다. 이를 바탕으로 각 장에서는 왜 이 데이터가 중요한지, 데이터가 어떻게 계산되는지, 데이터를 어떻게 해석할 지, 각 데이터가 시장에 주는 충격은 무엇인지를 각각 설명하고 있다.

독자들은 서론을 제외한 일곱 개의 분야를 가지고 중국 데이터에 대한 전반적인 이해를 할 수 있을 것으로 기대한다. 이를 통해 중국 경제 데이터에는 구체적으로 어떠한 데이터가 있는지 그리고 어디에서 그와 같은 데이터를 찾을 수 있는지를 독자들은 파악할 수 있다. 이를 통해 중국 데이터에 대한 기존 연구자들이 가지고 있던 불신을 어느 정도 해소할 수 있고 이와 같이 확인된 중국의 데이터 원천을 기반으로 향후 더욱 더 완전한 혹은 신뢰할 수 있는 중국 데이터가 완성될 것이라고 확신한다.

역자는 항상 학문적으로 그리고 인간적으로 많은 가르침을 주시고 계신 역자의 박사 지도교수인 University of Missouri-Columbia의 Dr. Vitor Trindade에게 감사를 드린다. 또한 지극한 사랑으로 키워주신 양가 부모님들께 감사를 드리고, 물심양면으로 항상 도움을 주는 아내와 가족들에게 감사를 드린다. 이밖에도 역자에게 많은 조언과 격려를 해 주시는 주변의 많은 분들과 경성대학교 국제무역통상학과 교수님들과 ㈜서울경제경영출판사 김은중 사장님께도 꼭 감사의 말씀을 전해 드리고 싶다. 마지막으로 힘들 때 항상 힘과 용기를 주시는 하느님께 감사를 드린다. 영어 원문을 번역하는데 있어서 번역이 매끄럽지 못한 부분은 추후 수정과정을 거쳐 보완할 계획이다. 본 역서에서 발견되는 모든 해석적 오류는 역자의 책임이다.

2013년 11월 연구실에서

김연준

차례

CHAPTER 01

서론

1. 붕괴

매섭게 추운 1월 오전이다. 그리고, 팔십 명 가량의 저널리스트들이 줄줄이 지루해 하는 청년경비원 앞을 통과해 베이징 중심부 정부빌딩 대리석 로비로 지나가고 있다. 로비를 지나 그들은 한줄로 연속된 계단으로 고개를 올려 가며 공항스타일 금속탐지기를 통과하기 전에 또 다른 경비요원에게 그들의 신분증을 보여준다. 높은 연단을 향해 일렬로 된 의자가 있는 중앙에 마이크가 살짝 보이는 인상적인 꽃들이 일렬로 있는 컨퍼런스룸에 그들은 줄지어 들어간다. 그들은 커피를 마시며 이야기를 하며 작은 그룹으로 옹기종기 서있다. 중국기자 한명은 특별히 교양있는 목적을 열망하며 새끼손가락으로 그의 귀를 청소한다. 오전 9시 45분, 측면 방으로의 문이 활짝 열리고 긴장한 듯한 공무원이 산더미 같은 서류들을 가지고 등장한다. 공무원은 특별한 이유로 긴장하고 있다. 갑자기 열정있는 기자들은 서류의 내용을 먼저 보기 위해 서로 밀치며 앞으로 밀려들어온다. 운이 없는 관료는 이쪽 저쪽으로 두드려 진다. 아수라장은 그녀의 손이 빌(empty) 때까지 계속된다. 왜 이렇게 모두 호들갑인가? 중국정부가 북한 독재정권과 관계를 선언하는가? 티벳에게 독립을 허가하는가? 완벽한 북경오리 굽는 비법을 제공하는가? 아니다. 남녀 팔십 명은 금융기자들이다. 방금 몰려든 불운한 (격식 또는 유머)잡역부는 중국국가의회정보사무소의 직원이다. 그들이 의기양양하게 손에 잡고 있는 서류들은 2009년 마지막 분기 중국 국민총생산(GDP) 숫자를 포함하고 있다.

현재 오전 9시 50분. 기자들은 핸드폰을 열고 뉴스룸에서 그들의 동료들에게 전화를 건다. GDP는 3분기 9.1%로부터 2009년 마지막 세 달(4분기)에 연율 10.7% 상승했다. 중국은 세계 2차 대전 이래 최악의 경제위기로부터 처음으로 최강으로 부상했다. 그러나, 급등하는 성장소식과 함께 무언가 더욱 어려움이 온다. 예상보다 빠르게 중국경제에 인플레이션 압력이 도래되었다. 소비자 물가는 11월 0.6%에 이어 12월 1.9% 증가했다. 음식물 가격은 1년 전 대비 5.3%나 더 많이 증가했다. 기자들은 모든 것들을 이해하는데 짧은 몇 분 밖에 안 걸렸다. 새로운 소식은 무엇인가? 급등하는 성장이 상하이 종합지수, 배럴당 석유값, 호주달러 가치, 한국 원화를 급등시키겠는가? 또는 인플레이션의 도래가 좋은 시절의 마감을 암시하는가? 기자들은 다우존스, 마켓뉴스인터네셔널, 로이터의 뉴스룸에서 동료들에게 전화를 건다. 대단한 전화번호들의 검사와 재검사의 순간이다. "4분기에 GDP가 10.7%성장하였고 연간 8.7% 성장하였다. 맞지?" 잠시 멈춤. "맞아" 오전 10시에 뉴스 방송금지가 풀렸다. 상하이, 홍콩, 동경, 대만, 싱가포르 거래소에서는 데이터와 함께 스크린이 밝혀졌다. 국무원신문판공실에서 회색 양복을 입은 직원들이 플랫폼에 떼지어 있고 기자회견이 시작된다. 미소 짓는 NBS의 수장인 마 지안탕(Ma Jiantang)은 준비된 문구를 읽기 시작하였다. "당신들은 2009년이 중국경제에 있어서 좋은 수확을 한 해라는 것을 말할 수 있다." 라고 말한다. 그러나 금융시장들은 그의 연설을 들으려 하지 않는다; 그들은 이미 데이터를 이용하고 있다.

중국에서 상하이 종합지수는 평탄하다. 언뜻 보기에는, 이는 미스터리 하다. 만약 성장이 순조로이 진행이 된다면 주식시장에는 좋은 뉴스이다. 투자가들은 무관심하게 가만히 있는 것이 아니라 매수하기 위해 서두르고 있다. 그러나 시장들은 경제상태에 관해 데이터가 말해주는 것에 대해 생각하는 것 뿐만 아니라 정부가 어떻게 대응해야 하는 가에 대해서도 생각한다. 인플레이션이 두각을 나타내지만 성장이 제대로 궤도에 오른 상황에서, 시장은 자극적 파티가 끝에 가까워질 수 있다는 것에 두려워하고 있다. 상하이 주가지수는 은행들이 대출을 엄격하게 할 것이라는 발의(發議)로 전날 거의 3% 하락했다. 기대보다 높은 성장과 인플레이션을 위한 수치의 상승은 경기부양의 끝이 도래했다는 것을 우려하게 만든다. 더 긴축된 정책으로부터의 가장 큰 잠재적 패자들(2009년 대출과 투자로부터 이득을 보았던 금융, 부동산, 상품분야의 회사들)은 감소하기 시작했다. 예금에서 세계 최대인 중국공상은행의 항생지수가 2.9% 하락한다. 호주 철광석 광산업체인 BHP Billiton과 Rio Tinto는 1.7%, 3.2% 각각 하락한다. Aussie는 지폐(greenback) 대비 1.1% 감소한다. 뉴욕은 여전히 1월 20일 오후 9시이고 시장은 문을 닫는다. 투자가들은 그 자료를 가지고 잠을 잔다. 1월 21일 그들이 잠에서 깨었을 때, 아시아 시장이 하락할 것이라는 것을 발견할 것이다. 더 빠른 성장이 아닌 더 높은 인플레이션; 회복의 시작이 아닌 긴축의 끝-그것들은 중국 경제 데이터의 주요 내용들이다. 중국 GDP 데이터 공개 다음 날, 중국인들은 미국을 하극상(tail wags)하고 다우존스 지수는 2%이상 하락한다. 국무원신문판공실로 돌아가, 마 지안탕은 그의 성명서 읽는 것을 방금 마치고 질의응답 시간이다. 첫 번째 질문은 (중국) 중앙전시대(베이징중앙TV국:CCTV)로부터이다: "세계 제2가 되기 위해 현재 중국경제는 일본경제를 추월했는가?" 외국 기자들을 위해 공무원이 질문을 다시 영어로 읽는 동안 마(Ma) 선생은 미소를 짓는다. "중국경제가 세계경제 어디에 위치함에 따라 전문가들과 학자들은 그들의 연구를 할 수 있다" 라고 그는 말한다. "하지만 사실 중국은 1인당 GDP로 보았을 때 개발도상국에 머무르고 있으며 우리는 심지어 세계 100위내 국가도 안된다" 평균적인 중국사람들은 겨우 연간 4,000달러(USD)를 벌고 있다. 그러나 13억 국민들 벌이는 모두 합해야 그다지 크지 않다. 2010년 중국 GDP는 총 39조 위안이며 이는 5조달러(USD)와 같다. 세계 GDP 순위에서 4위 독일을 추월해 동메달로 이동했고 2010년에는 일본을 능가해 은메달을 달성했다. 향후 10년 안에 중국은 아직 1위는 아니다. 그러나 중국은 시장으로 진출하고 있다. 본토의 증권시장은 회사들의 편익과 손실보다 경제데이터에 의해 말해진 성장과 인플레이션의 이야기 하에서 더욱 움직여 지고 있다. 본토회사는 항생지수의 50%이상을 구성하고 있고 홍콩시장은 나란히 본토로 이동하고 있다. 일본, 한국, 싱가포르의 지역시장들은 그들 큰 이웃들의 경제 성쇠 뉴스와 함께 요동치고 있고 주요 뉴스들은 미국과 유럽시장으로 흘러 들어 갈 수 있다. 중국은 세상에서 가장 큰 철광석과 구리 소비국이고 세계 2위 원유 소비국이다. 소비재 투자자들은 성향변화의 신호로 중국의 수입, 산업부가가치, 고정자산투자데이터를 세세히 관찰하고 있다. 위안화 평가절상의 드라마는 외환시장 관심의 초점이다. 투기자들에게 정곡을 찌르는 자본계정은 위안화에 베팅하는 범위를 제한하지만, 한국의 원화, 싱가포르 달러, 호주 달러들은 위안화 평가절상을 위한 대용물로 그리고 중국 성장스토리로 거래되고 있다. 세계금융시장들의 눈은 중국으로 집중되고 있고 그들이 보고 있는 렌즈(수정체)들은 중국 경제 데이터이다.

2. 중국경제통계는 얼마나 신뢰할 만한가?

중국경제의 발전에 관한 수많은 관심과 함께, 중국경제지표의 신뢰성은 몇몇 반론의 주제가 되어왔다. 유명한 상상에서, 중국 경제데이터의 생산은 미가공의 정치적 해학극인 것으로 간주되었다: 그들이 인쇄되어지기 전에 주된 지표의 수준으로 방향을 전환하기 위해 임의적으로 개입하는 공산당의 조정하는 손. 과거에 그 이미지는 사실과는 동떨어지지는 않았다.

대약진 정책(모택동에 의한 1958-61년의 경제 공업화 정책)에서, 짧은 몇년 안에 농업경제에서 현대 산업경제로 전환하기 위한 모택동의 처참한 시도, 통제제도의 실패는 엄청난 규모로 재앙에 기여했었다. 경제발전을 가속화하기 위한 모택동의 계획은 근대 산업기반 하에서 투자에 자금을 공급하기 위해 판매될 수 있는 노동잉여를 생산하는 것이 요구되었다. 애국심 분출로 자극된 그리고 그들의 미래가 곡물생산을 위한 비현실적인 목표를 충족시키는데 의존한다는 것을 인식하며, 지방 공무원들은 데이터의 걷잡을 수 없는 변조에 관여했다. 1958년 여름에 미친 정도로 몇몇 지방은 mu 당 곡물 일만 파운드의 연간 산출을 뽐내었다. 그런 숫자들은 이미 미친 것이다. 1 mu는 1/15 핵타르를 의미하고 1950년대에 그 땅의 면적은 일년에 일천 파운드 정도의 곡물을 생산할 것으로 기대되었다. 그러나, 이와 같이 부풀린 보고서들은 곧 mu 당 이만 혹은 삼만 파운드의 산출을 보고하는 다른 지방에 의해 압도당하게 되었다. 생산데이터의 초점은 사실을 반영하는 것이 아니었다. 단지 동지들 사이에 사기를 진작시키기 위해 그리고 고위층의 비현실적인 기대에 부응하기 위해 좋은 뉴스를 만들기 위한 것이었다. 그러나 진실은 유상으로 왜곡되었다. 생산 수치가 더 높아질수록 중앙정부에 귀속되는 세금은 더 커지게 마련이다. 몇몇 지방들에서 과대된 보고들은 매우 커서 총 수확을 세금으로 넘겨주어야 했고, 중국이 투자와 사치에 여유가 없음에도 이 자금을 제공하는데 사용되었다. 중국의 몇몇 파트에서는 단지 두고 간 곡물들만이 마을사람들에 의해서 지방생산 팀의 소유욕이 많은 눈에서 멀어진 비밀지역에서 경작이 되었다. 하지만 그와 같은 성공 스토리는 매우 적었고 아주 드물었다. 수천만이 역사적인 인간이 만든 최대 기근으로 사망했다.

그것은 50년 전이었다. 몇몇 사항들은 지난 50년간 그대로 유지되었다. 그러나 많은 것이 바뀌었다. 이 과정에서 대 약진 정책기간 동안 과도 산출보고의 원인은 완고하게 변화하지 않는 곡물 수확의 진실과 비현실적인 목표를 맞추기에 의존된 출세의 꿈 사이의 찢겨진 지방 공무원들의 분할된 충성 때문이었다. 그 흥미로움의 갈등은 해결되기에 늦었다. 중국 경제 데이터에 대한 가장 큰 개혁시대논란, 1998년에 많은 전문가들이 극도로 확대되었다고 간주한 GDP 성장 수치는 지방공무원들에게 만들어진 과도한 요구의 문에서 놓여왔다. 그러나, 베이징에 있는 NBS 본부는 지방 지국으로부터 받는 의존할 수 없는 투입자료들에 더 이상 의존하지 않는다. 주된 산업 산출, 고정 자산투자, 제품판매 기록으로 중국에서 가장 큰 회사들은 베이징에 있는 NBS로 직접 보고한다. 지방 그리고 국가 데이터 간 마찰이 있는 곳에서 NBS 는 전형적으로 믿을 수 있는 국가데이터 면에서 이를 해결한다. 지속적으로 지방에서 보고된 GDP 총액보다 작은 NBS에 의한 국가 총 발표를 가지고 계산한 GDP 데이터는 좋은 예이다.

대 약진 정책 기간 동안에 곡물 데이터를 몹시 괴롭히는 두 번째 문제는 과장된 요청사항을 통한 의욕을 증대시키는 믿음이 실제로 보고되는 사실 보다 더욱 중요하다는 것이었다. 중국의 경제데이터 독자는 1950년대 농업근로자 이상으로 확대되었을지도 모르나 그 숫자들은 중국 성장 이야기에서 신뢰를 북돋우는데 국내 · 외에서도 지속적으로 역할을 한다. 특별히 GDP 성장을 위한 마법의 8% 숫자는 거의 불가사의한 중요성을 가진다. 그러나 정부가 통계적 사실을 가지고 어느 때고 아무렇게나 대하도록 유혹 당한다면 다른 방향으로 이끄는 힘이 또한 존재할 것이다. 정보화 시대는 경제 선전의 도구로서 데이터 사용을 위한 범위를 감소시킨다. 인터넷을 통해 공식적인 데이터는 즉시 전세계에서 찾을 수 있다. 복잡하고 냉소적인 기자들의 무리와 스프레드시트를 작성하는 경제학자들과 콧대가 센 투자자들은 중국경제에서 투자들을 추종하고 있다. 1950년대 기근의 정도는 단지 인구데이터를 수십 년 후에 세세히 보는 인구통계학자들에 의해 밝혀지게 되었다. 만일 오늘 불일치가 발견된다면 많은 사람들은 그것에 대해 매우 빨리 인식하게 될 것이다. 2009년 1분기에 전년대비 GDP 성장이 10년간 가장 낮은 수준인 6.1%라고 발표하는 것이 NBS는 기쁘다는 사실은 믿을만한 공식적인 데이터를 공급하는 이득이 환영 받지 않은 사실을 보고하는 비용보다 크다는 것을 드러내는 힘들을 제시하고 있다.

급격하게 변화하는 경제를 측정하는 것이 도전으로 남는다. 대 약진 정책의 문제점들의 하나는 중국의 지도자들이 그들만의 간교한 말장난 기술 안에서의 믿음에 의해 눈가림되었다는 것이었다. 모택동은 진정으로 혁명의 열정 더하기 새로운 경작기술이 곡물 생산에 있어서 대량 증대를 야기할 수 있다는 것을 믿었다. 생산기술에서의 변화는 산출을 측정하는 것을 더욱 더 어렵게 만들었다. 또는 적어도 생산 기술의 변화들은 산출이 거의 변화가 없다는 사실을 당분간 모호하게 만들었다. 중국 개혁의 시대 혼란들은 아마도 1950년대의 것보다 덜 비틀어지었을 지도 모른다. 그러나 중국 본토는 여전히 빠르게 변화하고 있는 중이다. 오늘날 경제는 1978년 보다 많은 배수로 더욱 커지고 있다. 새로운 분야들의 산출과 고용이 증가하고 있다. 새로운 산출물들은 소비자의 쇼핑 바구니에 들어간다. 그리고 새로운 자산이 주택시장에서 온라인으로 등장하고 있다. 발전을 기록하는 것인 엄청난 도전이다. 몇몇 지역에서, NBS는 원시사회의 16개 분야에서 더욱 훌륭한 94개 분야로 조사를 확대해 왔다. 그리고 NBS는 그 서비스의 범위를 상당히 진보시켰다. 그러나, 다른 지역에서 조사 방법들과 기술들은 변화하는 현실을 저응시키기에는 늦어진다. 노동시장에서의 발전을 측정하는 중국의 삐걱거리는 제도를 살펴보자. 1978년에 노동력의 100%는 국가에서 고용이 되었다. 그리고, 임금에 기반한 조사는 국유기업에서 충분히 잘 작동했다. 2010년에 그 숫자는 10% 미만이었다. 그리고 계속 국가 분야 고용자들의 특권을 가진 부분집합에 집중하는 임금데이터 조사는 거의 의미가 통하지 않는다. 변화하는 중국의 실제보다 뒤떨어지는 조사방법들은 정치적 개입보다 더욱 더 중국 경제 데이터에 있어서 심각한 문제들이다.

다루기 힘든 인구는 문제에 계속 추가된다. NBS는 (중국)국가세무총국이나 경비국

(공안)이 아니다. 그러나, 어떤 종류의 공무원들과 다루고 있는 일에 있어서는 중국 사람들 사이에서 속임수의 문화는 NBS에 견고한 기준치 정보를 수집하는데 어렵게 한다. 대 약진 정책 기간에서, 지방생산 팀의 시선 밖에서 곡물을 재배하는 소작농들은 데이터를 왜곡시켰다. 50년 후에 문제는 책들의 세 집합들을 유지하는 소기업이다. 하나는 세무당국, 하나는 투자자들 그리고 하나는 그들 스스로 혹은 부정이득으로부터 그들이 받은 소득을 폭로하는 것을 거절하는 부유한 가계이다. 공무상의 배지 안에서 누구에게도 진실을 말할 수 없는 샘플 집합의 문제는 남아있고 이는 NBS가 당면하는 어려움으로 이해된다.

마지막으로 중국 경제데이터의 생산을 담당하는 NBS와 다른 정부 부처들은 핵무기 저장고의 위치를 감시하기에 더욱 적합한 비밀을 유지하는 방법론에 대한 솔직한 정보를 처리함에 의해 공명정대를 충분히 발휘하고 있다. 주된 데이터를 뒷받침 하는 방법론에 대한 투명성은 몇 년 전 상황으로부터 상당히 진보해왔다. 2010년에 한 예로 개인분야에서 임금을 측정하기 위한 새로운 시도의 결과들은 조사접근과 몇몇 한계들의 토론의 세밀함과 함께 출판되었다. 그러나, 주된 지표들에 관한 방법론의 중대한 세밀함은 여전히 감추어져 있다. 한 예로 소비자물가지수에 있어서 상이한 요인들의 가중치들은 대부분의 국가들에 있어서 공공정보이고 공식 데이터의 신뢰도에 관해 쉽게 측정할 수 있다. 중국에서 NBS는 지표에 있어서의 변동이 물가에 있어서의 변화 혹은 계산방법의 변화를 나타낸다면 증명하는데 불가능하게 만드는 그 가중치를 누설하지 않는다. 부분적 결과, 몇몇 개월에서 소비자물가지수(CPI) 데이터에서의 신뢰는 매우 낮아서 데이터 발표 전(前), 시장에서의 루머는 두 가지 부분으로 도래한다. 하나는 실물 수준이고 NBS가 발표할 수준이다. 통계전문가들은 공식 데이터에 있어서 의지할 호의와 신뢰의 상당한 자금을 가지고 있지 않다. 어떻게 데이터가 계산되었는지의 주된 세부사항을 보류함에 의해 NBS와 다른 기관들은 그의 신뢰에 대해, 아마도 불필요하게, 의문을 제기한다.

오늘날 중국경제 데이터의 현실은 GDP 성장수치에 영향을 주는 중앙위원회(정치국)의 중대한 통제 역할이 아니다. 이것은 점점 더 신뢰할 만한 그리고 포괄적인 몇몇 분야에서 급격히 변화하는 경제를 측정하는데 있어서 어려움, 완벽하지 않는 조사방법론, 다루기 힘든 표본집합, 몇몇 숫자들을 둘러싸고 지속되는 정치적 민감도에 의해 여전히 타협하는 경제 지표들의 집합이다. 제도는 완벽하지 않다. 몇몇 데이터 사항들은 다른 것들보다 더욱 신뢰할 수 있다. 그러나, 어느 것도 익살극은 아니다. GDP 데이터를 위한 격렬한 쟁탈이 국무원신문판공실에서 보여주는 바와 같이 그리고 공개즉시 거래되는 수십억달러가 보여주는 것 처럼 데이터에 있어서 단점들은 시장 거래에 장애는 아니다.

3. 중국경제데이터에 있어서 1개월

중국경제달력에서 대부분의 개월들은 데이터 공개와 같은 양상을 따르고 있다. 일반적 개월을 위한 스케줄을 한번 살펴보면 더 중요한 데이터 포인트를 강조하기 위한 방법을 제공한다.

첫째: 중국물류구매연합회(CFLP)와 HSBC Markit 제조업구매관리자지수는 방금 지나간 달에 시장들에게 그들의 첫 번째 제조업 분야의 상태를 잠시 들여다 본다. 중국을 가까이에서 따르지 않는 몇몇 투자자들에게 이것은 주시되어야 할 데이터 관점이다.

10번째: 세관의 수입, 수출, 그리고 무역 수지 흑자 데이터는 원자재에 대한 중국 생산과 내수를 위한 외국 수요의 상태를 읽게 한다.

원자재 시장은 중국의 철광석과 원유의 수입에 주목한다. 무역 흑자는 중국 외환 영역에서 압력을 위한 월간 화약고(일촉즉발의 상황)이다.

10-15번째: 중국인민은행(PBOC) 데이터는 대출, 저축(보증금), 화폐성장률의 힘을 보여주고 있다. 이들은 시장을 단기(유동성 확대를 통해) 그리고 장기(신용과 화폐공급 증가와 성장과 인플레이션 사이의 강한 관계를 통해)에 시장으로 인도할 데이터 포인트(데이터 안에 규명할 수 있는 요소)이다.

11번째: 산업부가가치, 고정자산투자, 그리고 소매에 대한 NBS 데이터는 시장을 중국의 성장 스토리에 맞게 최신 유행으로 유지한다. 소비자물가지수와 생산자물가지수 데이터는 인플레이션이 당을 망쳐버릴 수 있도록 예정되어 있는지 여부를 드러낸다. 11번째 날 데이터 더미는 월간 달력에서 주된 이벤트이다. 총 데이터 안에서 가장 주목할 만한 두 점들은 산업 부가가치(전체 경제의 성장의 대리)와 소비자물가지수(전반적 인플레이션의 최상의 측정)이다.

18번째: NBS 주택 가격 데이터는 중국의 거품이 있는 부동산 분야에 결점이 있지만 폭넓게 관찰되는 읽을 거리를 제공한다.

보통의 월간 양식에 대한 예외들은 분기 GDP 데이터가 공개되는 그 해 초반 몇 달 동안이다. 그 해 초반기에, NBS는 중국 춘절(설)의 효과를 없애기 위해 3월까지 첫 두 달 동안 산업부가가치, 고정자산투자, 소매판매에 관한 데이터 공개를 늦춘다. GDP 데이터가 공개될 때 몇 달 동안 NBS는 그것과 일치시키기 위해 11번째 달의 데이터 공개를 늦춘다. 그것은 정상적으로 4분기 GDP 데이터가 1월 20일경에 출판된다는 것을 의미한다. 그리고 4월 15일, 7월 15일, 10월 15일에 1분기, 2분기, 3분기 데이터가 출판된다는 것을 의미한다.

4. 데이터 공개 기다리기-혹은 기다리지 않기

정기적인 월간 달력은 어떤 데이터가 언제 공개 되는 지를 기록하는 방법이다. 그러나 중국에서 모든 사람들이 그 데이터를 보기 위해 공식적 공개를 기다리는 것은 아니다. 경제 데이터와 주된 정책 결정에 관한 정보는 공식적 발표에 앞선 주로 장날에서 이다. 만약 시장들이 중요한 데이터 포인트를 위한 믿을만한 루머에 달라붙는다면 그 반응은 공식 발표에 앞서 일어날 수 있다. 중요한 정보는 몇 가지 방법으로 시장에 새어 들어간다.

- 정통한 공무원들은 가족과 친구들과 정보를 공유한다. 이는 공무원들에게 정보가 공표되기 전에 이익을 창출한다. 2005년 6월에 정부가 위안화의 달러 연동을 그만두는 것과 단 한번의 2% 평가절상을 공표하기 몇 주 전에, 내부자들은 정부가 연동을 제거할 때 쉬운 돈벌이를 계획하며 은행에서 달러화로 가득 찬 서류가방을 가지고 위안화와 교환하기 위해 조율하고 있었다. 2010년 대부분 개월동안, 데이터 공개에 앞선 날에 소수점 첫째 자리에서 고쳐지는 소비자물가지수 데이터는 시장에 있었다. 공무원들과 돈독한 유대관계를 가진 투자가들은 그 데이터를 처음 보았고 그들의 정보 이득에 근거하여 이득을 취할 수 있는 위치에 있을 수 있었다.
- 정부 고위층들은 때때로 외교의례를 버리고 공식 발표날에 앞서 데이터를 공표한다. 원자바오 총리는 상습범이다. 2010년 3월, 그는 외국사업수장들 집단에서 중국은 관세국으로부터 공식적인 데이터를 얻기에 몇 주 앞서 그 달의 무역적자를 예상하였다고 말했다. 2009년 3월에 그는 NBS가 기회를 가지기 전에 그 스스로가 공표하였던 산업부가가치의 회복에 매우 기뻐했다.
- 공식 정보는 데이터가 공개되기에 앞서 비공식 원천으로부터 수집될 수 있다. 은행대부에 관한 데이터는 결코 특별히 중요하게 사용될 수 없다. 은행들은 1개월 내에 초반에 높아지고 후반에 낮아지는 그리고 보통 때는 시장을 변동시키기에

충분하지는 않은 2,000억 중국 위안화 가량을 빌려주는데 역할이 커질 것이다. 2009년에 모두는 문제가 되지 않는다. 밀려드는 은행대부는 실물경제에서 회복하는데 그리고 증권시장이 회생하는데 주요한 요인이었다. 대부분 숫자에 집중하는 투자가들에게 금융신문은 사전 추정치를 얻기 위해 은행들과 접촉하는 업무를 시작하였다. 중국공상은행, 중국은행, 중국건설은행, 중국농업은행은 총대부의 거의 반을 차지한다. 좋은 연락망을 가지고 있는 기자들에게는 4대 은행으로부터 전화는 그 달의 대부에 근거 있는 판단을 제공할 수 있다. 그 숫자는 중국인민은행 데이터 공개에 앞서 정상적으로 시장에서 존재한다.

- 산업부가가치, 고정자산 투자, 소매판매, 소비자물가지수, 생산자물가지수, 분기별 GDP 데이터에 관한 월간 데이터는 공식발표 15분에 앞서 금융신문에 발표된다. 이론적으로 이는 정돈된 방법으로 데이터가 시장에 공개되는 것을 허용한다. 15분 윈도우를 활용해 경솔하게 행동하고 데이터를 공개하는 어느 기관도 혹독하게 처벌되어야 한다. 중국 뉴스 기관들은 (특별히 주 미디어 아웃렛 중국 베이징 국영 통신사 신화통신) 처벌받지 않음으로 금지령은 어기고 있다. 개 줄에 묶인 외국 뉴스 기관들은 비교우위를 얻기 위해 규정을 어기는 중국 경쟁자들 때문에 약이 오르고 있다.

그것은 사전 정보로 얻게 되는 내부자들의 이득과 모든 사람들의 꼬리에 꼬리를 무는 루머들로 총 엉망이고 복잡한 숫자가 된다. 외국 투자자들에게 결정 혹은 데이터가 누설되었을 때 소외되는 기회는 중국 시장에 있어서 일의 상실들 가운데 하나이다.

5. 중국경제데이터에 있어서 1년

중국 공휴일들(그들 중 몇몇은 고정되어 있고, 몇몇은 유동적이다), 정치적 대도구, 계절 변화는 무엇이 데이터에 발생하는지에 영향을 준다. 달력을 계속 주시하는 것은 어떻게 보다 쉽게 진행되는지를 이해하게 한다.

1. 1월과 2월: 신년의 공휴일은 데이터를 혼란스럽게 만든다.

중국 설은 연간 달력에서 미국의 추수감사절, 성탄절, 새해 첫날을 합쳐서 하나로 만든 거의 일주일에 달하는 주된 이벤트이다. 공항과 철도 역은 일년 중 가장 중요한 휴일을 맞아 고향으로 돌아가는 근로자들로 북적 인다. 건설현장에서 작업은 서서히 멈추어 지고, 공장들은 생산을 중단하고 금융시장은 문을 닫는다. 어떤 해에는 1월에 맞는 그리고 다른 해에는 2월에 맞는 새해로 달력은 경제데이터를 혼란스럽게 만든다. NBS는 몇몇 주된 1월과 2월 데이터 시점을 함께 출판함으로 인해 이 문제를 해결하기 위해 시도한다. 세관 데이터를 포함해서 매달 출판된 데이터는 계절적 왜곡 때문에 신중하게 다루어져야 할 필요가 있다. 공휴일 또한 금융시장에 영향을 미친다. 기차표를 현금으로 구입하기 위해 그리고 가족구성원들에게 선물로 빨간 봉투를 채우기 위해 굶주리고 있는 가계들, 그리고 신년 보너스를 지급하기 위해 추가 자금을 필요로 하는 기업들로 은행들은 동 나고 있다. 단기 이자율은 치솟고 있고 중국인민은행은 부족분을 보충하기 위해 유동성을 투입한다. 경제활동을 복잡하게 만드는 매우 열악한 기후의 기회를 던져버리고 연 중 첫 두 달의 데이터는 매우 신중하게 다루어져야 할 필요가 있다.

2. 3월과 4월: 경제정책의 방향을 설정할 두 가지 업무 회의들

새해의 경축행사가 끝나고 3월의 주된 이벤트는 정부의 두 가지 업무 회의이다. 원칙적으로 전국인민대표회의(NPC)는 중국 최고 권위이다. 실제로, 주된 결정들은 공산당 중앙위원회의 10월 회의에서 소 그룹에 의해 윤곽이 결정된다. 그것은 NPC가 이득이 없다는 것을 의미하는 것은 아니다. 최고 작업 보고서는 GDP, CPI, 그리고 화폐 공급을 포함하는 정부의 총 경제 정책 입장, 그리고 그 해 우선 사항들을 정리한다. 국가발전개혁위원회(NDRC)는 그것을 무역 목표들, 고정자산 투자, 소매판매로 확장시킨다. 예산은 정부지출과 재정 흑자와 적자를 위한 목적으로 우선 정해진다. 중국인민정치협상회의는 NPC의 두번째 작업이다. 그러나 이는 매우 유사하게 이루어지고 결정 입안자에게 진귀한 기회를 금융기자에게 제공한다.

4월에, 중국 새해에 의해 야기되었던 혼란에 뒤이어, 1분기 GDP 데이터는 경제 상황에 대해 몇몇 반가운 명확성을 가져다 준다. GDP 데이터 출판은 총리에 의해 주재하는 그리고 방안에서 주된 경제 정책 행위자들과 함께 국무원의 회의에 의해 진행된다. 국무원은 발표에 앞서 경제 데이터를 검토하고 1분기에 전 경제정책의 방향에 동의하고 때로는 이자율과 같은 주된 정책변수의 사용에 대해 결정을 한다. 2010년 4월에, 국무원 회의는 부동산 분야 버블가격의 엄중 단속 발표에 대해 결론을 내렸다.

3. 5월과 6월: 근로자들에게 휴식은 없다.

2007년까지 5월에 근로자들은 일주일이나 되는 긴 휴가를 즐겼다. 2008년부터 그 휴가는 5월 1일 하루로 줄어들었다. 일주일에서 하루로의 휴가일수 변화는 역사적 데이터에 있어서 계절 패턴에 영향을 미쳤고 하루 휴가는 5월에 근로 일을 4월과 6월에 비해 계속 감소시킨다. 이는 월간 데이터에 영향을 미칠 지도 모른다.

4. 7월과 8월: 정치적 수면과 자연재해

베이징 여름은 뜨겁다. 기온은 최고 화씨 80도로 치솟아 오른다. 등소평과 장쩌민 시대에 중국 지도자들은 몇 주간 수영과 정치적 책략을 위해 근처 해안 리조트인 베이다이허로 빠져나갔다. 후진타오는 총 지도력을 위한 연간 휴일은 그가 계획하기로 원했던 단순한 삶의 이미지와 맞지 않았다고 결정했다. 그래서 베이다이허 피정은 총애를 잃게 되었다. 그러나 베이징에 있는 것은 어려운 결정을 하는데 더 이상 전도되지 않는다. 7월 초에 2분기 GDP 데이터 출판은 국무원의 정상 회의에 의해 진행이 된다. 그러나, 일반적으로 여름의 달들은 주요 정치 경제 이벤트로 무겁게 지내지는 않는다.

자연재해들은 여름 달들에 제한되지는 않는다. 겨울에 눈보라들과 언제든 발생하는 지진들은 최근 몇 년 동안 목숨과 재산들을 빼앗아 갔다. 그러나 여름 달들은 특별히 자연 재난이 많이 있다. 홍수는 사회기반시설들을 파괴할 수 있고 산업 그리고 농업 분야의 산출물을 줄이게 된다. 7월 1일 또한 1921년 중국 공산당 설립일로 민감한 기념일로 기념하고 있다.

5. 9월과 10월: 국경일, 중앙위원회 회의

9월 혹은 10월의 추석 그리고 10월 초의 국경일은 경제 데이터에 혼란을 더해 온다. 가을 휴일들은 새해의 경축행사만큼 중요하지는 않다. 이주 노동자들의 공장으로부터 농장으로 대 이동은 없다. 건설은 계속되고 가게들은 계속 문을 연다. 그러나 그 두 휴일들은 특별히 사무직 근로자들에게 근로 일에 상당한 타격을 준다. 그리고 9월, 10월 경제 데이터에 영향을 준다. 국경일인 10월 1일은 또한 1949년 중화인민공화국의 창립기념일이다.

10월 중순에 공산당 중앙위원회의 회의는 중국의 최고 고위급 의사 결정자들을 불러 모은다. 이 회의는 중요한 경제 결정들이 결정되는 하나의 포럼으로 후진타오의 지도력 하에 새로운 중요성이 가정되고 있다. 2010년 10월 회의는 이자율을 올리는 결정에 앞서 왔고 위기로부터 벗어나는 경제정책을 변화시키고 중립적 모드로 전환하기를 기대했었다. 공산당 중앙위원회의 회의는 또한 내년 3월 NPC 회의를 위한 분위기를 결정한다.

6. 11월과 12월: 중앙 경제 작업 회의

12월 상반기에 주요한 이벤트는 중앙 경제 작업 회의이다. 주석과 총리의 참석으로 이 회의는 3일간의 토론 일정으로 중앙 부처와 지방 정부로부터 고위급 지도자들을 불러 모은다. 이 회의는 통화 재정정책을 위한 대단히 중요한 입장을 발굴하고, 구조적 개혁을 위한 우선순위들을 정하는 등 1년 앞선 경제 정책을 위한 분위기를 정한다.

6. 이 책이 어떻게 구성되어 있는가

이 책은 상이한 경제의 국면을 다루는 장들로 구성이 되어 있다; 예를 들면 두 번째 장은 국민 산출의 지표를 다루고 있고, 세 번째 장은 투자의 지표를 다루고 있다. 각 장 안에는 각 지표들을 설명하는 섹션들이 있다. 각 지표에 대한 정보는 다음과 같이 구성되어 있다.

시장민감도: 이것이 (GDP 또는 CPI처럼)시장의 주목을 항상 받는 매우 민감한 지표인가? 이것의 특이한 움직임이 몇몇 무역 활동을 유발시킬지도 모르는 중간정도의 민감한 지표인가? (고정 자산 투자 또는 소매판매처럼) 또는 이것이 즉각적 반응을 촉발시키는 것 보다 시장의 전반적인 평가에 정보를 주기 위한 낮은 민감성의 지표인가? (불량채권 또는 홍콩 금융제도에 위안화 예금)

무엇인가? 이것은 이것이 출판되는 단위를 포함하는 지표에 대한 그리고 어떻게 측정이 되는지에 대한 간략한 묘사이다. 미국에서 사용되는 그것들과 종종 다른 엄청난 접근의 다양성과 관습 때문에 데이터가 출판되는 단위에 관해 명확히 하는 것은 특별히 중국에서 중요하다. 주된 관점은 이것들이다:

- **화폐:** 위안화로 발표되는 데이터인가?(GDP 데이터와 같이) 아님 달러화인가?(무역데이터와 같이)
- **단위:** 개별 단위로 발표되는 데이터인가 (임금데이터와 같이), 수천 수만의 (공사중인 건평과 같이), 백만(홍콩 은행들에 위안화 예금처럼), 수억(고정자산 투자처럼)?
- **기간:** 현재 달을 커버하는 데이터인가 (소매판매처럼) 혹은 작년 이맘때부터 현재까지(고정자산투자처럼) 커버하는 데이터인가?
- 실질 혹은 명목: 데이터가 물가의 변동을 설명하는가? (개별 부가가치와 같이) 설명하지 않는가? (임금데이터와 같이)

인터넷 상 중국어 뉴스 발간: 인터넷 어디에서 중국데이터 공개를 찾을 수 있는가?

인터넷 상 영어 뉴스 발간: 인터넷 어디에서 영어 데이터 공개를 찾을 수 있는가?

발간시기: 언제 당신은 데이터의 발표를 기대할 수 있는가?

빈도: 일별, 주별, 월별, 분기별, 연간 지표인가?

원천: 누가 데이터를 제작하는가? 이것은 NBS, PBOC, CFLP, 홍콩통화당국, 미국 노동통계국, 또는 다른 누군가

개정: 데이터는 개정하는가? (GDP 데이터와 같이) 아니면 개정하지 않는가? (대부분 다른 것과 같이)

왜 중요한가? 왜 시장들이 이 지표들에 관심을 가지는가? 그리고 이것이 중국 경제에 이야기 하는 바는 무엇인가?

데이터가 어떻게 계산되는가? 데이터는 어디에서 오는가? 그리고 어떻게 이것이 종합되는가? 데이터의 정확성에 대해 의문을 가지는 어떠한 이유들(정치적 혹은 기술적)들이 있는가?

데이터 해석: 데이터 공개는 어떠한 모습인가, 가장 중요한 내용은 무엇인가, 그리고 어떻게 그들이 해석되어야 하는가? 만일 데이터가 전형적으로 표 안에 공개가 된다면 당신은 여기서 주된 핵심을 가리키는 라벨들을 가진 설명노트들과 연결되어 있는 복사본 하나를 볼 수 있다. 영어로 적절하게 발표된 표들을 가지고 영어 표가 보여진다. 영어로 발표되어지지 않는 표들에 대해 또는 한참 지난 후에 영어로 발표된 표들에 대해 당신은 주된 용어는 영어로 번역된 중국어 표의 복사를 볼 수 있다. 몇몇 더 큰 표들에 대해 몇몇 덜 관련 있는 데이터 포인트들은 생략된다. 예를 들면, 제품별 중국 수입표에서(제 5장 표 5.4), 그 표는 원유수입과 철광석 수입을 포함하지만 해충제의 수입 또는 다른 더 작은 중국의 수입 청구의 요소들은 포함되지 않는다. 원본으로부터 생략된 데이터는 괄호에 생략부호로 표시가 된다: [···]

시장충격: 이 데이터 공개가 전형적으로 주식, 상품, 화폐시장의 충격에 영향을 미치는가?

CHAPTER 02

국민생산

1. 국민총생산

- **시장민감성:** 높음
- **무엇인가?** 명목수준(100만 중국위안화) 그리고 실질성장[연간(%)와 분기(%)]으로 출판된 중국 경제의 규모와 성장에 관한 분기 그리고 연간 보고서
- **인터넷 상 중국 뉴스 발간:** www.stats.gov.cn
- **인터넷 상 영어 뉴스 발간:** www.stats.gov.cn/english/
- **발간 시기:** 다음 분기 첫 달의 15일째 오전 10시에 분기 데이터, 분기 데이터는 다음 연도 1월 20일경 오전 10시
- **빈도:** 분기별
- **원천:** 국가통계국(NBS)
- **개정:** 다음 년도 중, 개정은 더 완벽한 정보가 가능한 연간 혹은 분기 추정으로 만들어짐. 과거데이터로 주된 개정은 매 5년 마다 경제센서스의 결과로 만들어 짐

1. 왜 중요한가?

이것이 큰 것이다. GDP 데이터는 중국경제상태의 가장 완전한 지표이다. 이는 중국 정부의 성공 혹은 실패에 관한 정부의 득점카드이다. 다른 것 이상으로 이것은 세계의 중국인식을 모양짓는 숫자이다. 30년 성장 평균이 연율 30%에 달하는 것은 중국을 경제가 마비된 내정을 중시하는 국가에서 세계경제의 거물로 변화시켰다. GDP는 먼저 영국, 프랑스, 독일을 앞질렀고 현재 일본을 앞질러서 중국은 세계경제에서 2위를 차지하고 있고 코펜하겐에서 기후변화로부터 워싱턴 디씨의 국제 금융제도의 개혁까지 중국의 지도자들은 모든 것들을 결정하는 정상테이블의 리더로 임명이 되었다. 1978년 이래로 그 규모에 있어서 많이 증가해 온 GDP는 다음 식사가 어디에서 나올 지 걱정을 하는 중국식의 단 벌 소작농에서부터 세계의 소매상들이 만나기를 원하는 13억 소비자들로 중국의 인구를 변모시켰고 중국의 산업을 뒷마당 용광로의 검게 그을어진 재로부터 세계에서 가장 큰 철광석의 소비자 그리고 강철의 생산자로 변모시켰다.

금융위기 이전 몇 년 동안, 중국은 10분기 동안 깨지지 않는 연속적인 두 자릿수 성장을 누려왔다. 그 성장은 공에서(at the ball) 못난 자매(ugly sisters)인 투자와 수출과 매우 큰 호박과 이상한 복장의 들쥐가 먹기에 좋은지를 고민하는 국내 소비와 함께 불균형이었다. 그러나, 수많은 투자자들에게 분기 GDP 데이터는 중국의 성장 이야기에 관해 알기에 필요한 전부였다. 위기 이후의 세계에서, 향후 투자에 대한 수확체감과 함께, 최근에 자른 신용카드를 한심하게 응시하는 미국 소비자, 매장에서 사용하기 보다는 침대 아래 현금을 쌓아 놓는 것이 더 행복한 중국 소비자들에게는 두 자릿수 경제성장은 곧 최근의 기억일 뿐일지도 모른다. 주의 집중은 현재 얼마나 더 그리고 얼마나 빠르게 중국의 GDP 성장이 느려질지 그리고 그 침체가 주식, 상품, 그리고 화폐시장에서 무엇을 의미하는지 이다. 두자리 수 성장의 격정의 시대는 끝이 났다. 그러나, 중국의 GDP 데이터는 지속 가능한 발전경로를 위한 과도기의 측정으로 지속적으로 주목 받을 것이다.

1998년 논란

매우 많은 관심의 집중에도 불구하고-또는 아마도 그것 때문에-중국의 GDP 데이터는 광범위하게 논란을 불러 일으켰다. 중국 GDP 데이터의 격동의 역사에서 두 가지 에피소드는 그의 계산에 있어서 NBS가 당면한 제도적인 그리고 기술적인 도전을 분명히 보여주고 있다.

먼저, 1998년 아시아 금융위기는 지역경제를 서서히 멈추게 하였다. 봉쇄된 자본계정은 태국, 인도네시아, 그리고 한국에 심각한 손상을 준 투기적 공격으로부터 중국을 보호했다. 그러나 주된 무역 상대국들이 침체기로 빠져드는 상황 하에서 중국은 그 효과에서 예외적이지는 않았다. 에너지 소비, 항공기 이용객, 수입에 있어서 감소는 모두 성장에 있어서 하락을 암시했다. 그러나, 만일 경제가 실제로 침체기로 접어들었다면, NBS에 분명히 눈에 띄는 것은 아니었다. 그 기간 공식 데이터는 GDP 성장이 1997년 8.8%로부터 약간 하락한 7.8%라는 것을 보여주고 것이며 이는 사회안정적인 수준으로 최소한으로 요구되는 아주 특별한 8%에 매우 가까운 것이다. 1998년의 GDP 데이터는 논쟁이 되었다. 학문적 경제학자들은 NBS의 데이터 계산을 막아주던지 혹은 더욱 일반적으로 그것을 공격하고 대안 추정을 제공하는데 많은 노력을 하였다. 피츠버그 대학의 토마스 로스키 교수는 책임을 다해 1998년 GDP 데이터는 에너지 소비, 항공 이동, 철과 시멘트와 같은 주된 생산물의 산출로부터 낮은 성장의 증거와 일치하지 않는다는 결론을 피력했다. 그는 당시 성장은 아마도 -2%에서 2% 사이라고 주장했다. 도쿄에 있는 히도츠바시 대학의 해리 우 교수와 고인이 된 앵그스 매디슨 교수는 모두 중국의 GDP는 1998년에 단지 0.3% 성장했다라고 단호했다. 그들은 그들만의 산업생산지수에 근거해 이와 같은 결론을 내렸다. (최근 우교수의 업데이트된 결론에 따르면 성장률은 -0.1%이다) 그들의 대안적인 GDP 성장 추정은 1992년과 그 이후는 그림 2.1에 보여진다. 홍콩 과학기술 대학의 칼스턴 홀츠 교수는 다른 면으로 강하게 편향적 시각을 가지게 되었다. 그는 크고 급속히 발전하는 경제의 GDP를 계산하는데 근본적으로 어려움이 있음에도 불구하고 NBS데이터 안의 구조적 편차를 식별하기란

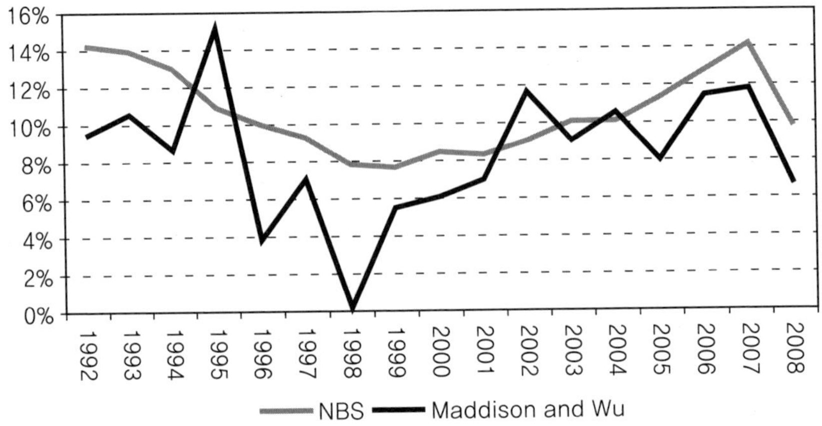

그림 2.1 GDP 성장: NBS 대 메디슨 앤 우 추정(YoY %)
데이터: NBS, 메디슨 앤 우

쉽지가 않거나 대체적 추정을 설득력있게 하는 것은 어렵다고 하였다.

정부는 그 데이터의 문제점을 인정하지 않았다. 사실, 2004년 경제조사의 결과로 역사적 GDP 데이터 수정으로, 1998년 수치는 다루지 않은 유일한 수치였다. 그러나 이것이 근접했다. 공식 언론에서 연설과 기사로 흘러나오는 이야기는 지방 임원으로부터 과도한 열정을 비난하며 손가락질 하고 있다. (8% 과녁을 맞추는 성장달성에 의존하는) 위기의 경제현실과 직장생활에서의 승진의 꿈 사이에 선택의 기로에 선 공무원들은 생산 데이타의 만연하는 위조에 관여하였다. 주룽지 총리는 통계시스템을 통해 휩쓸고 간 '꾸밈과 위조의 바람'을 증명하였다. 사회적 지위가 비슷비슷한 사람들과 알게 된 일종의 중국 관료주의 버전인 '경제교육'이라는 NBS 사내잡지(기관 내 잡지)는 한 공무원의 과장이 다른 공무원의 과장의 물결로 작동시킬 수 있다는 게임이론적 모델로 발전시켰다. 이어지는 연도에서 지방 통계청의 통제는 개선되었고 더욱 더 많은 데이터들이 베이징 NBS 본부로 직접 보고가 되었고, 지역수준에서 수집된 자료의 정확성에 관한 더욱 많은 조사와 다른 점검(균형)이 행해진다. 이와 같은 견제와 균형국가 수준 데이터가 지방의 과장의 효과로부터 자유로와 지고-또는 "물타기"로 중국에서는 불리워지고 있다. 그러나 지방수준의 GDP 데이터, 특별히 퇴보하는 주들의 데이터는 매우 믿을 수 없다. 2010년 말에 터진 위키리스크 스캔달에서, 심지어 중국의 리커창 차기총리는 지방의 GDP데이터에 거의 신뢰가 없다고 한다. 여전히 그가 랴오닝 주 당 비서였던 2007년 미국 대사에게 연설에서, 리커창은 '지방 GDP 데이터는 "위조된 것" 이었고 따라서 믿을 수가 없다'라고 말했다. 랴오닝 경제 성장률을 계속 처리하기 위해 그는 전기소비, 기차화물량, 은행대출에 의존했다.

서비스에 대한 냉대

지방 공무원들을 속이는 것은 중국의 공식 성장데이터에 문제는 항상 아니다. 그리고, NBS는 항상 긍정적인 면에서 오류를 범하지 않는다. 중국의 GDP 계산의 문제 많은 역사에서 두 번째 이야기가 보여주는 바와 같이, 중국 경제의 절대적 규모와 복잡성은 또한 통계학자들에게 이해가 되지 않을 수도 있고 공식 숫자들은 중국경제의 실제 규모를 과소평가할 수도 있다. 경제의 가장 믿을 수 없는 분야의 하나를 가지고 감투하는 노력을 포함하여 2004년에 중국은 서비스 분야에 경제조사(센서스)를 시행했다. 대로변 카페, 외국어 학교, IT 지원센터 현장에서 많은 통계학자들로 NBS(국가통계국)는 더욱 더 정확한 경제의 중요한 그러나 간과된 섹터의 총 산출 측정을 얻을 수 있었다. 결론은 중국경제의 규모를 16.8% 증가시킨 엄청난 2조 3천억 중국위안의 2004년 GDP의 상향 개정이었다. 어떻게 정기적인 연간 회계 연습이 중국의 그렇게 많은 산출을 간과했는가? 부분적인 이유는 서비스 분야가 많은 작은 회사들과 비공식적 영업활동으로 구성되어있기 때문이다. 그들의 반은 드러난 것만큼이나 감추고 있는 (거래내역을 적은) 회계원장을 가지고 그들의 반은 회계원장을 가지지 않고 백만 지방 헤어드레서의 산출을 합산함은 산업분야를 능가하는 대형 근대회사의 산출 품질을 조사하는 것보다 더 큰 도전이다. 그러나, 이것만이 전부는 아니다.

NBS는 현재 GDP 계산의 기초로 UN이 인정한 국가계정제도를 사용하고 있다. 그러나, 초기 개혁기간에 구 USSR(소련)으로부터 빌려온 물자생산제도(Material Product System)가 도입되었다. 소비에트 연방 안에 고안된 계획으로부터 기대될지 모르는 것과 같이 물자생산제도는 중앙계획자들에 의해 가치 되는 철과 시멘트의 톤수와 같은 실제 산출을 측정하는데 다소 정통하고 서비스 분야에 의해 생산되는 만질 수 없는 제품들을 측정하는 데는 덜 정통하다. 구 제도에서 편차는 새로운 곳에서 더 오래 남게 되는데 이것이 NBS가 그와 같이 큰 서비스 산출을 간과한 다른 이유이다. 2004년 조사에서 당황한 이후에 NBS는 서비스 섹터의 범위의 부족을 극복하기 위한 심각한 시도를 시행하였다. 인구조사 이전에 수년간 간과되었던 대부분 산출 회계인(대부분 산출을 차지하는) 새로운 서비스 섹터 산업들은 연간조사에 포함되었다. 그러나, 급속도로 발전하는 서비스 섹터를 측정하는 것은 중국 통계학자들에게는 도전으로 남게 되었다. 2009년에 경제조사의 다음 라운드는 GDP에 있어서 이전에 간과되었던 중국경제의 추정규모로 4.4%를 추가하는 1조 3천억 중국 위안을 발견하였다. 다시 한번 추가의 알짜는 서비스 분야로부터였다. 2009년 GDP의 4.4% 추가는 2004년의 16.4% 추가보다는 상당히 더 작았다: NBS는 서비스 섹터 산출을 계산하는데 더 나아지고 있다. 그러나, 서비스 분야를 실제보다 적게 세는 것은 중국 국가 계정에 있어서 가장 심각한 방법론적 문제로 남아있다.

정치적 압박을 오른쪽에, 기술적 취약성을 그들의 왼편에: 중국의 GDP 데이터는 모든 면에 있어서 맹비난을 받는다. 2009년 초반의 작은 놀람, 그 해 그리고 그 갈팡질팡하는 경제 정부의 구두상 약속한 8% 성장 목표와 함께, NBS는 장부를 조작하기 위한 압박에 있다는 걱정이 있다. 많은 주석자들에게 많이 놀랍게도 NBS는 도전을 비교적 잘 했다. 공식적 GDP 통계는 2008년 하반기에 10년 이상의 성장에 있어서 가장 급격한 침체 이야기를 한다.

이 이야기는 소매판매, 고정자산 투자, 그리고 수출 데이터에 의해 그려진 V자 경로에 의해 확인 되었다. 1998년으로 되돌아가서 항공승객교통, 에너지 소비, 시멘트와 강철 산출에 있어서 강한 GDP 성장과 약한 성장 간의 부조화는 경종을 울렸다. 2009년에 항공승객, 시멘트와 강철 시리즈는 GDP 데이터와 같은 패턴을 따랐다. 전기 산출에 있어서 반등은 경종을 울리기에는 약간 더 느렸다. 그러나, 몇몇 전기 집약적 섹터의 더딘 회복에 대한 NBS 설명은 불일치가 믿을 만 하다는 이유였다. 만일 NBS가 2009년 GDP 데이터를 위조하고 있다면, 그 해 다른 모든 데이터도 또한 위조하고 있는 것이며 그것은 믿기 어려운 일이다. NBS는 GDP 성장 계산에 있어서 정치적 간섭의 이전을 결코 완벽하게 대답하지 않는다. 그리고, 심지어 정치적 간섭이 없는 상황에서 중국과 같이 크고 역동적인 경제의 규모와 성장을 측정하는 것은 도전으로 남아있다. 그러나, 오보가 1998년 대 실패 보다 그의 신뢰에 더욱 심각한 위협을 선사 했을 지도 모르는 2009년 경제 위기에 직면해서 NBS는 자신 스스로 비교적 잘 무죄를 선고하였다.

2. 자료가 어떻게 계산되었는가?

GDP를 계산하는 데는 세가지 방식이 있다: 지출방식, 소득방식, 생산방식. 지출접근법은 거시경제학 교과서와 비슷하다; GDP는 가계소득, 투자, 정부지출, 순수출의 합계이다. 이 접근방식은 미국의 GDP계산을 그 기본으로 하고 있다. 소득 접근법은 GDP를 원래 생산요소 대금의 합으로 계산한다; 근로자들에게 지불되는 임금, 사업에서 얻어지는 이윤, 생산에 세금, 고정자본의 소비. 마지막으로 생산 접근법은 GDP를 경제의 모든 분야의 부가가치의 합으로 계산한다.

중국에서 NBS는 분기생산 측 GDP 데이터를 발간한다. 연간에 기초하여, 생산 측 데이터는 공식 수치의 기초를 형성하나 지출 측 데이터 또한 발간된다.

연간 데이터—생산 측

연간 생산 측 GDP 데이터를 위해 NBS는 경제를 94개 섹터들로 나눈다. 데이터 수집 접근과 계산은 그들 각자에 따라서 다양하다. 그러나 NBS는 세가지 일반적인 접근법을 가지고 있다.

1. 51개 섹터를 위해 데이터는 산출과 부가가치를 직접적으로 계산하는 것을 허용

하기 위해 충분히 완전하고 건실하다. 51개 섹터는 총 60%를 차지하는 산업, 농업, 재무, 회계와 같은 GDP의 주요 인자를 포함하고 있다.

2. 오로지 산출의 하부집단인 32개 분야에서 부가가치는 데이터가 이용 가능한 하부집단에서 계산된다. 그리고 지난 인구조사 년도에서 부분집합에 의해 생산된 총 부가가치의 율을 사용한 총 분야로 추정된다. 그래서, 만일 데이터 이용이 가능한 하부집단이 인구조사 연도에서 분야 부가가치의 30%에 달한다면 계산이 된 그 연도의 30%가 된다는 것이 가정된다. 추정접근은 총 GDP의 35%에 달하는 소매, 건설, 기타 분야를 위한 부가가치를 계산하는데 사용된다.
3. 연간 데이터가 적절하지 않은 11개 분야를 위해서 NBS는 인구조사로부터 그리고 그 분야의 성장과 상관관계가 있어야만 되는 참고 지표의 성장률 데이터에 근거한 산출과 부가가치를 추정한다. 이 접근법은 다른 두 가지 보다는 덜 만족스럽다. 그러나, 이 방법은 GDP의 5% 만 다루기 때문에 전반적인 이해를 왜곡하기에는 범위가 한정되어 있다.

경제를 94개 분야로 나누는 것은 불과 몇 년 전 상황으로부터 엄청난 진보를 보여준다. 2004년 경제 인구조사 전에 NBS는 단지 16개 분야로 나누는 것에 의존했었다. (이것은 통계학자들이 서비스 분야 산출의 커다란 덩어리 하나를 무시했었던 이유들 중에 하나 이다.) 그러나 94개 분야들은 여전히 대부분 선진국 평균 200개 분야 뒤에서 먼 길이다.

분기 데이터

분기데이터에서 간결한 시간표는 NBS가 대규모 부문 내역과 덜 완벽한 데이터 집합에 기초하여 계산을 해야 한다는 것을 의미한다. 분기 데이터는 경제를 단지 17개 분야로 쪼개는 것에 기초하고 연간 데이터로 하는 경우 보다 참조지표방법을 많이 사용한다:

- 17개 중 14개 부분들을 위해, 통계학자들은 각 분야 성장과 함께 이동해야 하는

지표에 기초한 추정에 의존한다. 이는 작년 같은 기간 안에서의 부분을 위한 부가가치를 보는 것과 이를 작년 분야 성장 추적을 하는 지표와의 곱을 의미한다. 이와 같은 방식을 다루는 14개 부분들은 부동산, 소매, 교통, 재무이다.

- 나머지 3개 경제 섹터(산업, 건설, 그리고 농업)를 위해 NBS는 현재 기간을 위한 총 산출을 바라보고 지난해 동기간 총 산출 대 부가가치의 비율에 이를 곱한다.

덜 미세한 요소의 나눔과 이해가 잘 안되는 데이터 군과 함께, 분기데이터에서 오류 차이는 연간 데이터 보다 광범위하다. NBS는 분기 데이터 개정을 항상 발간하지 않는다. 하지만, 발간을 할 때는 상당한 개정을 한다. 2010년에 2009년 분기성장률은 연율 6.1%, 7.9%, 9.1%, 10.7%에서 6.6%, 8.2%, 9.7%, 11.4%로 각각 개정되었다. 이것은 이전의 생각 보다 침체는 덜 극심했고 회복은 더욱 급속했다라는 면을 제시하면서 침체와 회복 국면을 변화시켰다.

지출 데이터

지출 측 계산을 위해, NBS는 가계소비, 정부소비, 자본축적, 재고변동, 순 수출 데이터가 필요하다:

- **가계소비**: 기본 데이터는 도시와 농촌 가계의 NBS 조사로부터 나온다. 중국 개혁 재단의 왕 샤오루(Wang Xiaolu) 교수의 최근 독자적인 연구는 중국에서 가장 부유한 가계의 소득과 지출에 관한 NBS데이터의 정확도에 대해 질문을 제기했다. 중국 부유층가계의 소득을 상당히 큰 차이로 축소함으로 인해, NBS의 지출 측 GDP 계산은 너무 적게 추산되었다.
- **정부소비**: 정부지출 데이터는 재무부에 의해 제공된다.
- **자본축적**: 데이터는 NBS 자체 고정자산투자(FAI) 조사와 국토자원부로부터의 데이터에 그 근거를 두고 있다. 상당한 차이는 자본축적이 순 수치인 반면 FAI가 총 수치라는 점이다.

- **재고변화:** 중국뿐만 아니라 세계 어디에서라도 재고변화를 계산하는 것은 매우 어렵다. 중국에서 재고를 몇 년간 마구 흔드는 것은 NBS가 그것을 지출과 생산 측 데이터 사이의 차이와 가까운 잔차로 사용하고 있다는 것을 의도하고 있다. 그러나 최근 몇 년 동안 이 범주는 더 합리적인 면으로 행동하기 시작하였다. 데이터는 산업, 소매, 건설분야의 NBS 조사로부터 수집이 된다.
- **순수출:** 이 데이터는 외환 데이터의 세관과 주 행정의 조합으로부터 수집된다.

현재 물가에 도달하기

이 연습은 NBS에게 현재 물가로 GDP나 명목 GDP를 추정하도록 하였다. 그러나, 실질적 질문은 GDP가 얼마나 많이 성장했는가 이다. 이 질문에 답하기 위해 NBS는 인플레이션의 추정에 관한 효과를 밝히고 GDP를 불변가격에서 계산해야 한다. 그렇지 않으면 실질 GDP로 알려져 있다. 상이한 가격수정인자(디플레이터)는 GDP를 상이한 경제분야에서 불변가격에서 계산하기 위해 사용된다. 소비자물가지수, 생산자물가지수, 소매가격지수, 고정자산가격변화지수는 모두 작동하기 시작한다. 또한 GDP 디플레이터로 나타내는 경제전체를 위한 가격수정인자를 계산하는 것도 가능하다. 미국에서 발간되는 GDP 디플레이터 데이터는 물가상승압력의 정도를 가늠하는 중요한 지침이다. 중국에서 NBS는 GDP 계열로 디플레이터를 발간하지 않는다.

먼저 추정하고, 먼저 체크하고, 마지막으로 체크하라

연간 생산 측 데이터를 위해, 중국의 GDP계산은 세가지 단계로 고려된다. 초기 추정은 보통 이듬해 1월 20일에 발간된다. 초기 추정은 많은 주목을 받는다. 하지만 이는 부분적 정보에 기초로 하고 있으며 새로운 정보가 있으면 다시 개정해야 한다. 7-8가지 추가적 분야에서 완벽한 회계정보와 샘플조사의 결과를 포함하여 더욱 더 완벽한 정보를 이용 가능함에 따라, 그 해 말까지, NBS는 더 완벽한 추정을 해야만 하는 입장이다. 완벽한 데이터 집합에 기초한 최종 추정은 두 번째 해 중간에 만들어 진다. 이러한 개정된 추정들은 전형적으로 약간의 주목을 받지만 그들 개정된 추정들은 상당히 클 수 있다. 2007년 GDP 성장은 최초 추정 11.4%에서 최종 추정 13.0%로 상향 개정되었다. 2008년과 2009년 모두 초기로부터 마지막 추정까지 성장률에 있어서 더 작지만 여전히 상당한 증가를 보았다. NBS는 5년에 한번씩 발생하는 경제조사를 기초로 하여 역사 데이터를 수정하고 있다. 과거에 이러한 개정들은 매우 중요했다. 서비스 분야로부터 예전에 계산되지 않은 산출의 발견 후에 2004년에 GDP는 추가적으로 16.8% 증가한 것을 기억하라. 그러나 NBS 연간 데이터 수집방법들이 진보되면서 조사에 기초한 역사데이터 개정의 개연성은 줄어들고 있다.

3. 데이터 해석

모든 중국 GDP 통계에 대한 모든 시장 주목과 중국 GDP에 대한 정확도와 신뢰도에 관한 모든 논쟁을 위해, 실질 분기데이터 공개는 약간 실망스럽다. 미국, 유럽, 많은 아시아 국가와 신흥국 시장경제에서 발행된 GDP 데이터의 미세한 세심함에 친숙한 투자가들은 중국과 상응하는 정보의 결핍에 의해 즉각적으로 끌리게 될 것이다. 미국 분기 GDP 데이터 공개는 꽉 차게 타이핑 한 13 페이지에 달하고 GDP에 대한 공헌을 50개 이상의 카테고리로 나누었다. NBS는 아마도 94개 분야로 나눈 것에 기초한 연간 계산을 하고 분기데이터는 17개 분야에 기초하여 계산을 한지도 모른다. 그러나, 데이터 공개는 GDP를 단지 세 개의 특별히 유용한 카테고리로 나누지 않았고 어려움 없이 적합할 수 있다. 주요 내용은 다음과 같다.

표 2.1 국내총생산(GDP) (2011년 1분기)

	절대치(1억 위안)	전년 동기대비 성장률(%) ◀1
국내총생산	96,311	9.7
2▶ 1차 산업	5,980	3.5
2차 산업	46,788	11.1
3차 산업	43,543	9.1

데이터: NBS로부터 종합

1. 2011년까지 데이터 공개의 핵심는 실질 단위로 발간되는 전년대비(YoY) 성장률이었다. 투자가들은 중국경제의 두 자릿수 성장에 익숙해졌다. 미래에, 시장들은 한 자릿수에 심지어 아주 옛적부터 정부의 공적인 목표여 왔던 8% 아래로 확고히 잠시 머무는 성장을 받아들이려고 애써야만 할 것이다. 왜 8%가 중국 정부에게는 기적의 숫자인가? 한가지 이론은 최고의 권력자 등소평이 경제규모를 1980년부터 2000년까지 4배로 만들겠다는 약속과 관련이 깊다. 또 다른 견해는 이것이 주된 동기인 성장과 고용간의 관계라는 것이다. 1990년대와 2000년대 초에 매년 수백 만 명의 젊은이들이 노동시장에 진입하게 되면서 그리고 현존하지 않은 국가에서 소유한 회사의 이전 고용자들이 일자리를 찾으면서, 성장을 8% 이상 대로 계산한 정부는 사회 안정화를 위한 충분한 직장 수를 창출할 것이다. 성장이 기적의 8% 이하로 살짝 떨어지면 무슨 일이 벌어질까? 아마도 그 효과는 그렇게 크지는 않을 것이다. 등소평의 목표는 이미 달성된 지 오래되었다. 그리고 중국 노동시장에서 변화 조건들은 저성장이 모든 사람들이 기대하는 고용에게 재난이 아니라는 바를 의미한다. 인구통계학상 배분은 모두 소진이 되었고 국가분야의 개혁은 오래된 역사이다. 점점 소수의 젊은이들이 노동력으로 들어가고 점점 노인들이 노동력에서 나가고 있는 상황에서, 매년 수백 만개의 새로운 직업을 생성시키는 필요성은 점점 줄어들고 있다. 중국경제의 구조변화가 또한 도와주고 있다. 중공업에 대한 현재의 편향은 많은 산출물을 내고 있으나 많은 직업을 창출하고 있지는 않다. 만약에 정부가 낮은 고용의 중공업으로부터 탈피해 성장의 주된 동력인 높은 고용 서비스 분야로 그 목적을 이룬다면 그것 또한 8% 이하 세계로 전환하는데 쉬울 것이다.

2011년 1분기부터, NBS가 계절 조정된 분기 대비 GDP 성장 수치를 출간하기 시작함에 따라 전년대비 데이터는 새로 도착한 데이터와 인기를 나누어야 한다. 이것은 중국의 GDP데이터로 나아가는데 중요한 걸음이다. 미국을 포함한 다른 주요 경제들은 GDP 성장률을 측정하는 기준으로 분기대비 계절 조정된 연 율을 사용하고 있다. 유사한 접근방식을 적용함으로 중국은 세계기준과 중국의 데이터를 맞추는 단계를 채택했다. "분기대비 계절 조정된 연(혹은 연간으로 환산된) 율"은 길고 복잡하지만 이 의미는 매우 간단하다. 분기대비란 현재 분기의 산출을 지난 분기의 산출과 비교한다는 것을 의미한다. (1년 전 동 분기와 반대되는 것과 같이-이는 전년 대비 데이터에 의해 만들어진 것과의 비교이다). 계절조정이라는 것은 통계학자들이 산출에 영향을 미치는 계절적 요인들로 조정했다는 것을 의미한다. 그 예로는 근무일수에 있어서의 변화가 그 계절 요인이 될 수 있다. 연간으로 환산한 이라는 것은 만일 현재의 성장률이 지속된다면 분기대비 숫자가 전(全)기간 성장률을 부여하기 위해 복잡한 성장 공식에 따라 곱한 것을 의미한다.

2011년 1분기를 위해, 새로운 접근은 중국의 GDP 성장이 전분기 대비 2.1% 성장하고 있거나 연간으로 환산된 기준으로 8.7%라는 것을 보여주고 있다. 이는 이전 연간으로 환산된 계산을 사용했을 때 9.7%와 비교된다. 두 접근법으로 만들어진 결과들 사이의 차이는 상당하다. 즉, 여기서 상당하다 함은 현재 경제의 순간 연간으로 환산된 수치가 제시하는 것 보다 늦었다라는 것을 나타낸다. 성장을 측정하기 위한 전분기 대비 접근은 전년대비 접근 보다 더욱 더 변덕스럽다. NBS는 2011년 1분기 설정을 위한 데이터 기점만을 발간함에 의해 논란을 회피했다. 그러나, 역사적 데이터는 2008년 4분기에 경제위기에 대한 매우 날카롭게 지진한 성장을 보였을지도 모른다. 전분기 대비 연간으로 환산된 데이터는 중국인민은행에서 계산이 되었다. 이 데이터는 분기 보고된 거시경제의 계열을 발간하고 있으며 성장이 2009년 1분기에 6.4%, 2분기에 14.9%로 높게 되기 전까지 2008년 저점 3.7%에 도달한 것을 보여주고 있다. NBS로 부터의 지난 연도 대비 데이터는 2009년 1분기에 6.6%의 저점을 찍었고 이듬 분기에 단지 서서히 회복되고 있었다. 전년 대비 그리고 전분기 데이터에 의해 보여지는 상이한 성장률은 시장과 정책개발자 들에게 광범위한 암시를 가지고 있다. 시장에게 전년대비 데이터에 의해 보여지는 안정적이고 급속한 성장은 중국 투자 이야기의 인식을 형성하는데 원천이 되고 있다. 중국 경제가 과열과 과냉의 사이에서 급전환 하는지를 제시해 주는 전분기 대비 데이터에 의해 위아래로 들쑥날쑥 하는 것과 같은 신뢰도를 고취시키는가? 미래에, 전분기 대비 데이터의 소개는 시장들이 성장률이 감소하는 것뿐만 아니라 더욱 폭발하는 성장경로에 익숙해질 것이라는 것이다. 정책 입안자들에게, 주목된 관심은 전분기 대비 데이터에 의해 보여지는 현재 경제 탄력이다. 중국 정부는 경제 자극(제)을 회복이 안정적이지 않다고 주장하면서 2010년을 훨씬 넘어서서 두고 있다. 2009년 2분기부터 경제가 급속도로 되살아나는 것을 보여주는 전분기 대비 데이터는 매우 오랫동안 낮은 신용으로 스파이크가 박힌 경제 펀치볼(punch ball)을 유지하는 타당성에 의문을 제기하고 있다.

2. 데이터 공개는 세가지 광범위한 산업섹터에 대한 명목수준 GDP 내역, 실질 연간대비 성장률을 또한 포함하고 있다. 1차 산업은 농업 분야를 지칭한다. 2차 산업은 광업, 중공업, 제조업, 그리고 공급처리시설을 포함한다. 3차 분야는 서비스업이다. 개혁 시기의 진행을 통해, 1차 산업의 몫은 1979년 GDP의 30%로부터 2010년 GDP의 약 10%정도 까지 시들해 졌다. 산출의 나머지는 2차와 3차 산업으로 나누어 졌고 이들은 각각 48%와 42%를 차지하였다. 수년 전 중국 경제에 대한 한가지 주된 도전은 성장 동력으로 중공업에 의존하는 것으로부터 서비스 분야로 더 큰 역할을 변화시키는 것이다. 이것은 3차 산업에 있어서 더 빠른 성장을 의미한다.

흥미로운 정보제공은 GDP의 소비, 투자, 그리고 순수출에 대한 기여이다. NBS 대변인은 때때로 기자회견에서 생산부문 데이터 공개와 더불어 분기 지출부분 내역 추정치를 발표한다. 그러나, 분기 지출 데이터는 여전히 진행 중이며 그 분명한 내역서는 단지 연간 데이터와 함께 나타난다. 지출 부분데이터는 중국 경제의 불균등한 구조에 관한 논쟁을 위한 중요한 투입요소이다. 2000년과 2009년 기간 동안에 GDP 가운데 가계소비가 차지하는 비중이 46%에서 35%로 떨어졌음을 데이터는 보여주고 있다. 그리고, 자본형성의 몫은 35%에서 47%로 증가하고 있음을 보여준다. 소비의 더 중요한 역할에 대한 경제 재 균형의 중요성에 대한 모든 공식적 미사여구를 위해, 데이터는 경제 구조가 좋지 않은 방향을 향해 진행되고 있음을 보여주고 있다.

4. 시장 충격

주식: 분기 GDP 데이터는 중국 경제 상태를 반영하는 가장 완벽한 데이터이다. 그러나, 완벽성에서 얻는 것은 시기 적절함에서 잃는다. 무역, 투자, 소매판매, 그리고 산업 부가가치에 관한 월간 데이터는 경제 상태에 관한 최근 투자가들을 유지하는데 있어서 수많은 발 품을 팔아야 하는 일을 이미 행해왔다. GDP 숫자 그 자체는 종종 발표되기 전에 시장에 흘려진다. 기대와 더불어 월간데이터와 시장 루머와 함께 생성된 숫자는 시장에 거의 효과가 없다.

투자가들은 정책입안자의 관심인 GDP를 가지고 정부의 그럴듯한 대응 안에서 고려해야 한다. 높은 GDP 성장은 경제가 건강한 상태라는 신호이다. 이는 주식에게는 좋은 소식이다. 낮은 GDP 성장은 반대되는 효과를 가지기 마련이다. 그러나, 낮은 성장은 또한 정부가 민감한 정당에 대한 초대를 보내기 위한 신호이기도 하고 강한 데이터는 정책 펀치 볼이 마지막 나머지에 떨어질 지도 모른다는 경고이기도 하다. 정부로부터의 기대되는 반응은 데이터 그 자체만큼이나 시장을 움직이게 하는 결정적인 요인이 될 수 있다.

상품: 중국은 자원이 부족하고 자원-집중적인 발전 경로에 있다. 두 가지 사실을 종합해 보면 왜 강한 GDP 성장 수치가 상품시장에 낙관적인가 하는 것에 확실하다. 미래에 중국이 투자 견인 성장으로부터 소비 견인 성장으로 변천해감에 따라, 성장과 상품 수요 간 관계는 망가질지도 모른다. 그러나 재 균형을 향한 길은 멀고 더 많은 배럴의 석유와 수천 톤의 철광석이 그 길을 따라 소비될 것이다.

화폐: 얼마나 정부가 중국위안화가 평가 절상될지에 대한 주된 걱정은 국내 성장과 고용에 대한 충격이다. 높은 GDP 성장은 정부가 위안화 평가절상을 조금 더 빨리 허용

할 수 있다는 것을 의미한다; 낮은 GDP 성장은 달팽이 걸음과 같이 아주 늦은 속도로 위안화 절상을 할 수 있다. 2005년에서 2008년 까지 위안화 절상의 기간은 두자리 성장의 해와 매우 일치한다. 2008년 8월부터 2010년 6월까지 위안화의 달러에 대한 가치상승의 일시적인 멈춤은 10년 이상 성장의 급격한 격감과 매우 일치한다. 높은 중국 성장은 세계 경제에게도 또한 긍정적이다. 특히나 호주와 한국과 싱가포르와 같은 아시아 인접국가들과 같은 상품 수출국가들에게는 매우 긍정적이다. 중국의 자본계정이 닫힘에 따라, 화폐시장은 호주 달러, 한국 원화, 싱가포르 달러와 같은 대리적 위치를 차지함에 의해 GDP데이터에 반응한다.

2. 산업부가가치

- 시장민감성: 높음
- 무엇인가? 산업부가가치에 관한 보고, 소유권 형태, 분야, 그리고 생산에 따른 분리(현재 월, 작년 이맘때부터 현재까지, 실질, 전월 대비 %, 전년대비 %)
- 인터넷 상 중국 뉴스 발간: www.stats.gov.cn
- 인터넷 상 영어 뉴스 발간: www.stats.gov.cn/english/
- 발간시기: 이듬 달의 11번째 날 오전 10시. 3월, 6월, 9월, 12월 데이터는 분기 GDP 데이터와 일치시키기 위해 향후 공개
- 빈도: 월간, 1월과 2월 데이터는 함께 공개
- 원천: NBS
- 개정: 없음

1. 왜 중요한가?

중국경제는 산업경제이다. 성장의 동력으로 제조업으로부터 서비스업으로 재 균형(리밸런싱)의 모든 이야기들은, GDP 내 제조업, 중공업의 부분(비중)은 10년 전과 비교해 볼 때 더 높아 졌다. 제철소, 시멘트 가마, 알루미늄 제련소, 직물노동 작업장, 핸드폰 공장, 자동차 조립공장은 중국 발전의 주된 엔진으로 남아있다. 산업부가가치는 GDP의 거의 50%에 달하며 산업과 제조업 분야는 2억 천만 명의 고용을 창출한다. 이는 노동 인구의 27%이다. 산업 산출 데이터는 중국 경제의 대부분 중요한 분야의 월간 정보를 제공한다. 이는 중국 경제 전반적인 상태의 월간 지표의 가장 가치있고 가장 밀착해서 관찰되는 것이다.

2. 데이터가 어떻게 계산되는가?

빠른 경제성장, 지방관료에게 보고되는 데이터의 질(퀄리티)에 관한 계속되는 우려는 산업 부가가치 데이터에 문제들을 만든다.

샘플 사이즈 확대

중국의 산업 분야에 있어서 급속한 성장은 부가가치를 측정하는데 지속적인 접근을 관리하는 것을 어렵게 만든다. 1994년에 단지 중국의 마을 수준 혹은 그 이상에서 460,000개 회사들이 운영되는 것으로 분류되었다. 1994년에서 1997년까지 산업 산출을 측정하기 위한 초기 접근은 이들 회사를 포함하고 있었다. 1998년부터 NBS 조사는 국가에서 소유한 회사들과 중국 위안화로 연간 5백만 위안 이상의 수입을 얻는 개인회사들을 포함했다. 2007년 이후에는 중국위안화로 5백만 위안이라는 문지방(문턱)이 확대되어 국가 분야(즉, 국가에서 소유한 회사) 또한 커버하게 되었다. 그것은 샘플이 규모 면에서 1998년 160,000개 회사에서 2009년 430,000개 회사로 계속 부풀어 오르는 것을 멈추게 하지는 않았다. NBS는 430,000개의 샘플이 단순히 너무나 통제하기 힘들다고 현재 결정했다. 부가가치의 대다수를 차지하는 대형 회사들의 소그룹을 가지고, 그리고 덜 신뢰가 가고 수집하는데 더욱 비용이 드는 작은 회사들의 대형 그룹 데이터를 가지고, NBS는 2011년부터 포함을 위한 문지방(범위)이 연간 중국 위안화로 2000만 위안의 소득을 매년 가동하는 회사로 확대할 것을 결정했다.

그 범위 이상을 위한 회사들에게, 두 가지의 보고 방법론이 사용되었다. 총 산출의 60% 이상을 차지하는 한 국가 안에 가장 큰 40,000개 회사들에게 미가공 데이터는 NBS 본부에 직접적으로 보고된다. 다른 모든 회사들(위에 명기한 40,000개 회사들 외에)에 대해서는, 지방 통계국은 데이터 수집에 책임이 있으며 이 데이터는 행정 전산망으로 상위로 전송된다. 과거에 중국 경제데이터가 왜곡되는 주된 채널은 지방 산업 산출을 과대 보고한 지방 관리 때문이었다. 한 국가 안에서 대형 회사들에 의한 직접적인 보고는 통계적인 중간자들을 배제했고 데이터를 왜곡시키는 지방 과대 범위를 감소시킨다. 그러나, 지방 통계국의 지속적인 역할은 여전히 지방 산출데이터에 약간의 위안을 추가하는 등 지방의 수장의 손으로 꾸며질 기회가 있는 것을 의미한다.

수준 데이터(level data)에는 무슨 일이 있나?

2006년 말까지, NBS는 실질 성장과 명목수준 산업 부가가치 데이터를 발간하였다. 한 예로 2006년 8월에 NBS 데이터 공개는 그 달의 총 산업 부가가치 데이터는 1년 전으로부터 15.7% 증가한 7천 3백 5십 5억 5천 중국 위안 이었다는 것을 보여준다. 2006년 말로부터, NBS는 단지 실질 성장률 만을 공개한다. 명목수준 부가가치 데이터의 생략은 수많은 눈쌀을 찌뿌리게 했고 어떻게 진행되는 지를 발견하기 위한 다각도의 시도들을 하였다. 가장 강렬한 설명은 NBS 본부가 지방 통계국으로부터 받은 산출데이터가 과장되었다고 믿고 그 과장을 조정하기 위한 성장률 하향조정을 하고 있다는 것이다. 잘 의도된 그러나 정의하기 힘든 데이터 수정을 숨기기 위해서 NBS는 명목수준 부가가치 발간을 멈췄다.

NBS가 산출수준 데이터 발간을 멈췄을 때, 2006년, 2007년 데이터는 이 이론을 뒷받침 하는 것을 제공한다. 월간 데이터를 포함하기 위한 한계의 500만 중국 위안 이상 회사들은 전형적으로 산업 산출의 85% 정도를 차지한다. 칼스텐 홀즈(Carsten Holz) 교수에 의한 계산은 2006년에 이 하부집합을 위한 산업산출은 믿기 어렵게 총산업산출의 99.7%까지 높게 합산되었다는 것을 보여준다. 2007년에, 이는 불가능하게 높게 109.3%까지 도달했다. 500만 중국 위안 이하 중국 사업은 그 해 마이너스의 산출을 가졌거나 NBS는 성장률을 하향 조정하고 있다.

실질부가가치 도달

원본 산출 데이터로부터 부가가치 추정 달성은 최종산출의 가치로부터 중간투입물의 가치를 빼는 것을 의미한다. 철강석을 한 예로 들어보자. 철강 생산자들의 부가가치를 계산하기 위해서, 철광석과 점결탄(투입물)의 가치는 철강(산출물)의 가치로부터 제거되어야만 한다. 그 계산을 한다는 것은 시간 낭비여서, 월간 데이터를 위해서, NBS는 전년도 총 산출 대비 부가가치의 비율에 의해 (더 이상 필요 없는) 세부사항들과 당월 다수 총 산출을 없앴다. 시간 제약 하에, 이 접근은 의미가 있다. 그러나 매년 변화하는 부가가치 대비 총 산출 비율을 가지고, 에러의 특정 마진 계산을 위해 또한 소개한다.

계산에서 마지막 단계는 명목 성장률로부터 실질 성장률을 구하는 것이다. NBS는 디플레이터로 생산자물가지수(PPI)를 이용한다.

3. 데이터 해석

1. 시장 주목을 끄는 관심은 현재 달 산업부가가치에 있어서 전년대비 성장률이다. 산업부가가치는 GDP와 다르다. 단지 경제의 상태를 포괄적으로 평가하는 월간 지표이고 총 성장의 대리변수로 시장에서 보여진다. 이 숫자가 많은 주목을 받는 다른 이유는 산업이 수요 또는 정책 환경 변화들에 있어서 경제의 세가지 분야 가운데 가장 민감하기 때문이다. 농업 분야는 홍수와 가뭄에 의해 여기저기 부풀어져 있다. 서비스 분야의 큰 덩어리 산출은 경기 순환에 변동 받지 않는다. 그러나, 외국 수요, 이자율 또는 환율의 변화는 산업 분야에 주목할 만한 충격을 가져다 줄 수 있다. 공장들은 변화하는 환경에 대비해 몇 주 안에 0%로 생산을 늦출 수 있거나 50%에서 100%로 설비 가동률을 증가시킬 수 있다. 그것은 한 예로 소매판매 보다 경제의 상태를 나타내는 더욱 더 민감한 지표인 산업 부가가치를 변화시킬 수 있다. 2011년 초에, NBS는 계절 조정된 전달대비(MoM) 성장 수치를 현존하는 전년대비 성장(YoY)의 측정과 함께 공개하기를 시작했다. 전달대비(MoM) 성장률은 현 경제 변동에 대해 더 나은 정보를 제공한다.
2. NBS는 또한 가장 중요한 각 산업 분야 생산 성장의 내역을 제공한다:
   - 직물 분야는 중국의 세계 현장으로 폭발적인 증가의 시작 지점 이었다. 중국 총 산업 생산에 있어서 주장 강(珠江) 노동착취의 몫은 2001년 5.9%에서 2009년 4.2%로 줄어들었다. 그리고 남 아시아 국가들로부터 저비용 경쟁이 이 숫자

를 더 낮게 낮추는 것을 위협하고 있다. 그러나 중국의 직물공장들은 컴퓨터와 핸드폰 분야를 합친 것 보다 더 큰 고용의 원천이다. 직물생산에서 성장 둔화는 시장의 주목을 즉시 받지는 않을 지도 모른다. 그러나 더딘 성장이 파산이나 실업을 위협한다면 이에 대해 정책 입안자들의 관심을 갖는 것은 무리가 아니다.

- 이동 전화나 컴퓨터로 향하는 기술 디자인은 중국 제조업자들의 관심 밖으로 남아 있으나 이들 외에 다른 곳에서 만들어진 조각들을 모으는 것은 문제가 되지 않는다. 중국은 Foxconn과 같은 대만 회사와 더불어 세계 최대 휴대전화와 컴퓨터 생산국이다. 통신, 컴퓨터, 전자기기의 생산은 산업 생산의 8%를 차지하고 있고 이는 가장 크고 가장 빠르게 성장하는 분야들 가운데 하나이다.
- 자동차 고유 브랜드와 같이 한 국가가 세계 무대에 도달했다는 것은 말할 것도 없다. 10년 전에 Chery, BYD, Geely는 기업가의 눈에는 단지 번뜩임 이었다. 현재 그들은 중국 시장의 몫을 위해서 뿐만 아니라 세계시장을 위해서도 거칠게 힘을 겨루고 있다. 토요타, 혼다, 폭스바겐은 중국에 주요 생산 설비를 갖추고 있는 외국 회사들이다. 운송장비는 중국 총 산업 생산의 약 7%를 차지하고 있다.

3. 산업 내역 뿐만 아니라 NBS는 8가지 생산 범주를 위한 산출량 데이터를 제공하고 있다. 철강과 시멘트 산출은 투자자들 관심을 위한 특별한 주목이다.
   - 2010년 연간 7억톤 이상 그리고 그 이상 건설중인 철강 생산 능력은 세계 최대 생산자로 중국을 만든다. 그러나, 연간 6억 톤 미만인 내수로 그 분야에 상당한 과잉 생산 능력이 존재한다. 중국에서 증가하는 철강 산출은 호주나 브라질에 있는 철광석 광부들에게는 좋은 소식일 지도 모르나 외국 철강 생산자들에게는 중국 초과 생산 위험이 전세계 생산자들에게 과잉 유출해 가격을 하락시키는 종종 난처한 일이다.
   - 건설과 부동산 분야가 중국 경제에 있어서 최종 수요의 중심이다. 시장은 건설

경기의 주된 지표로 시멘트 생산 변동을 주시하고 있다. 2008년 금융위기까지 시멘트와 철강 산출 성장률이 초반에 감소하였고 산업 부가가치 전체 성장률보다 더 급격히 감소하였다.

특정 상품을 위한 단위 산출 데이터의 특이한 점은 이것이 전형적으로 총 산업부가가치 보다 더 느린 율로 성장한다는 것이다. 표 2.2에서, 단지 시멘트와 자

표 2.2 산업부가가치—2010년 7월

	지표	7월		1~7월	
		절대등급	전년대비 증가(%)	절대등급	전년대비 증가(%)
1▶	**지정된 크기 이상 산업의 부가가치**	...	13.4	...	17.0
2▶	주 산업 분야의 부가가치				
	섬유 제조	...	11.1	...	11.6
	화학 원자재와 화학제품 제조	...	13.7	...	17.6
	비금속 광물제조	...	18.5	...	20.7
	일반용 기계류 제조	...	21.0	...	21.5
	수송장비 제조	...	15.9	...	27.1
	전기기기 & 장비 제조	...	18.9	...	18.5
	전기 통신설비, 컴퓨터와 다른 전자장치 제조	...	13.8	...	19.3
	전력과 화력의 생산과 공급	...	10.4	...	13.8
	철금속의 용해와 프레스	...	6.0	...	15.8
3▶	주된 제품의 산출				
	원유(10,000톤)	1722	6.4	11570	5.3
4▶	출력(1억 kWh)	3776	11.5	23478	17.9
	선철(10,000톤)	4758	−1.9	35197	14.4
	조강(10,000톤)	5174	2.2	37548	18.2
	강철(10,000톤)	6767	9.7	46587	23.1
	시멘트(1억 톤)	16492	16.6	100904	17.4
	자동차(automobile) (10,000세트)	134.2	17.1	1045	42.3
	자동차(autocars) (10,000세트)	67.7	9.7	527.8	40.1

데이터: NBS로부터 종합

동차 생산이 매우 빠른 율로 성장하고 있고 철강과 석유와 같은 주요 범주 생산은 엄청나게 매우 더디게 성장하고 있다. 몇몇 분석자들은 중국이 개별 부가가치에 있어서 성장을 과장하고 있다는 증거로 인용될 수 있다. 사실, 이 설명은 더욱 더 무고하다. 첫째, 순산출 데이터는 질에 있어서 변화를 계산하지 않는다. 만약에 중국의 자동차 제조업자들이 더욱 세련된 자동차들을 생산한다면 이는 베이징 거주자들에게 수도의 유명한 교통 정체를 향유하게 하는데 그것이 부가가치 데이터에 나타날 것이다. 그러나 단위 생산 데이터에는 나타나지 않을 것이다. 둘째, 생산 데이터는 산출 성장이 평균보다 낮아질 지도 모르는 지난 생산의 다양성을 포함한다. 중국 산업 부가가치 성장은, 공장들이 낙후되고 오염물질을 많이 배출하는 공장인 선철과 시멘트가 아닌, 공장들이 전용량으로 늘리는 최첨단 기계류와 가전 제품이다.

4. 전기 생산은 중국 경제 지표들의 세상에서 특별한 자리를 차지하고 있다. 감소하는 전기 생산과 안정적인 GDP 생산 사이의 부조화를 인용하면서 토마스 러스키(Thomas Rawski)가 1998년 중국의 GDP 통계에 관해 경고한 이래, 시장은 전기 생산 데이터를 엄중히 지켜보고 있다. 리커 창 부총리 조차 전기 데이터는, 적어도 지방수준에서, GDP 보다 성장을 위한 더 나은 가이드 라고 말했다. 정부 통계 전문가들은 거짓말을 하였을 지도 모른다. 그러나 이치에 맞게 전압(볼트)는 거짓말을 하지 않는다. 전기 생산에 있어서 성장과 산업부가가치 전반에 있어서 성장 사이에 있어서 어떠한 차이도 NBS에 의한 새로운 통계적 사기의 증거로 포착된다. 그리고 전기 산출 데이터는 총 부가가치 데이터의 공개에 앞서 시장에 자주 있다.

그러나, 그림 2.2가 보여주는 것 같이, 산업부가가치와 전기 생산 사이의 관계는 언제나 간단한 것은 아니다.

- 2009년에, 전기 생산 성장은 산업부가가치가 회복된 이후에 몇 달 동안 마이너스에 머물러 있었다. 몇몇 해석자들은 부당하다고 외쳤다. 그러나, NBS

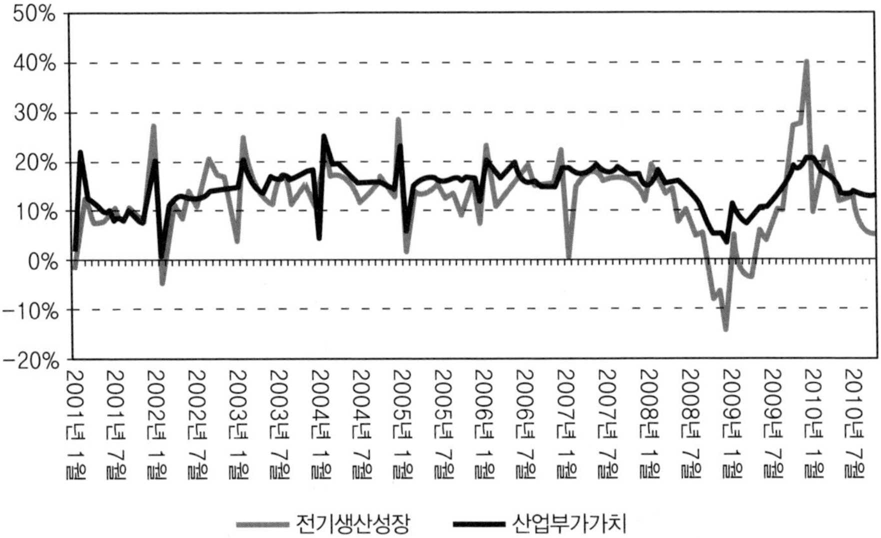

그림 2.2 산업부가가치 대 전기 생산(YoY%)
데이터: NBS

가 지적하기에는 부담이 있었기 때문에 그 불일치는 전기 생산 데이터가 맞아서가 그리고 부가가치 데이터가 왜곡되어서가 아니고 어떤 에너지 집중적인 분야(현저히 금속 가공)들이 산업 분야 전반적인 회복에 더뎠기 때문이다.

- 그들 소유의 독립형 발전기를 가진 공장들은 수치를 복잡하게 한다. 중국의 전력망이 전용량에 도달했을 때 중국의 공장들은 스위치를 켜고 그들 소유의 자가발전장치들은 신속히 작동하기 시작한다. 그 생산은 NBS 데이터에서 포착되지 않는다.
- 중국의 가계들은 또한 업무를 망쳐놓을 수도 있다. 중국 전기 수요의 약 11%는 가계부분으로부터 나온다. 특별히 뜨거운 8월은 산업부가가치의 변화와 전혀 관계가 없는 전기 산출이 급증하며 수억 가계들이 에어컨을 장시간 틀어 놓고 있다.

4. 시장 충격

주식: 주식시장의 주된 질문은 산업부가가치 변화가 예상되는가 여부이다. 중국 물류 구매자 연합회와 HSBC Markit으로부터 PMI 데이터는 산업 생산에 있어서 예상된 이동을 잘 행하고 있다. 만일 NBS 데이터가 PMI가 도출한 예상치들과 그 맥을 같이한다면, 계산한 시장들은 이미 변화에서 가격을 책정할 지도 모른다. 말일 데이터가 상하로 급변한다면, 주식 투자가들로부터 급격한 반응을 초래하는 결과를 얻을 수도 있다.

상품: 중국의 에너지 수요의 70%는 산업 분야로부터 나온다. 중국의 제철 용광로들은 호주와 브라질의 철광석을 쏟아 부어 무한한 투하를 시현한다. 모든 전기장치와 자동차 부분 생산에는 구리 선이 필요하다. 산업부가가치에 있어서 왜 강한 성장이 상품 시장에서 상승세인지는 쉽게 보인다. 그러나 중국의 주된 철강과 알루미늄의 생산으로 몇몇 생산 범주에서 국내 생산에서의 강한 성장은 잉여 생산이 세계시장으로 흘러감에 따라 또한 국제 가격을 낮출 수도 있다.

화폐: 중국 정책 입안자들에게, 산업부가가치의 강한 성장은 성장과 고용이 정상적인 트랙으로 제대로 진행되고 있다는 지표이다. 그리고 그것은 더 많은 위안화 평가절상 기회를 의미한다. 산업 생산에 있어서 강한 성장은 또한 위안화 평가절상을 대체하는 좋은 소식일 수 있으며 호주 달러, 싱가포르 달러, 한국 원화에 있어서 중국 성장 이야기는 좋은 소식일 수 있다. 그러나 PMI 데이터가 이미 방향을 제시하는 상황에서 산업부가가치 데이터에 있어서 기습이 화폐시장을 움직이기 위해 필요하다.

3. 재정수입과 지출

- 시장민감도: 낮음
- 무엇인가? 정부 수입과 지출의 월간 기록, 명목 수준(1억 중국 위안)과 성장(YoY %)으로 발간됨
- 인터넷 상 중국 뉴스 발간: www.mof.gov.cn/
- 인터넷 상 영어 뉴스 발간: 없음
- 발간 시기: 이듬 달의 12일경
- 빈도: 월간, 1월과 2월 데이터가 때때로 같이 출판
- 원천: 재무부
- 개정: 없음

1. 왜 중요한가?

중국 은행들에 의해 2009년에 발행된 신규 부채인 9조 5천억 중국 위안의 기억은 없어졌을 지도 모른다. 그러나 금융위기에 대한 정부의 첫 대책은 재정 정책을 통해서였다. 위기로부터 중국 경제를 한걸음 물러서게 한 2008년 말 신규 투자 안에서 4조 중국 위안의 약속이었다. 11월 9일 경기부양책을 발표한 날에 이어 상하이 주가지수는 7.2% 상승하였고, 항셍지수는 3.5% 상승하였고, 런던금속거래에서 구리 선물은 3.1% 상승하였다. 4조 위안 요구는 일시불이었고 재정데이터의 충격은 매우 주목할 만한 것은 아니다. 그러나 재무부로부터의 월간 공개는 정부 부분의 실물 경제와 재무 부분의 충격을 주는 식견을 제공하였고 성장의 속도에 관한 또 다른 식견을 제공하였다. 장기로, 재정 데이터는 정부 구조 개혁 어젠더를 이해하는데 중요한 부분이고 적자 혹은 흑자가 중국의 국가 부채로부터 추가되거나 삭제되었다.

2. 데이터가 어떻게 계산되는가?

중국 재정 계정의 골조는 국제통화기금의 정부재정통계 지침에 근거한다. 그러나, 국제 골조의 채택은 재정 데이터가 문제가 없다는 것을 보증하지는 않는다. 1990년 대에 지방 재정의 비용으로 중앙정부 수입 원천을 증가시키기 위한 중앙정부의 투지는 지방정부 자본에 의한 재무제표 상에 나타나지 않는 부외 수입과 지출 성장에 급속한 성장을 이끌었다. 2009년에 투자대상에 의해 빌려 온 폭발적인 증가는 더 우중충한 재정물(fiscal waters)에서 지방정부로부터 보장에 지지하게 되었다. 재무부의 통제 범위를 벗어나서 모아지고 지출되는 알려지지 않은 그러나 엄청난 지방 수입을 가지고 재정 데이터는 정부 활동의 완벽한 수치를 보여주지 않는다.

3. 데이터 해석

적자 혹은 흑자?

월간 재정 데이터는 경제에 있어서 정부 활동의 순 효과를 추적하는 수단으로 제공된다. 만일 지출이 수입을 초과한다면 정부는 성장을 위한 추가적인 자극을 주면서 그 달의 적자를 경영하고 있다. 만약 수입이 지출을 초과한다면 정부는 성장을 군림하는 효과를 가지고 흑자 경영을 하고 있다. 2008년 말에 재정 위기의 국면에서 정부는 앞선 어려운 시기를 통해 경제를 지지하기 위해 "활동적인" 재정 정책을 약속했다. 2009년에 재무부의 예산은 적자가 GDP의 3%가 될 것을 목표로 했었다. 2010년에 최악의 위기가 끝나면서 적자 목표는 더 작게 하향 이동되었으나 여전히 의미 있는 GDP의 2.8% 수준이었다. 그러나, 그림 2.3이 보여주는 바와 같이 정부는 두 해의 거의 모든 달에 흑자를 경영하였다. 심각한 적자가 보이는 시기는 재무부의 채권(금고)으로 자금들이 들어가 없어지는 것을 회피하는 희망을 가지고 지출 부서들이 그들의 예산의 일부를 사용하지 않았다는 것을 알아차렸을 때 그리고 서둘러서 그들의 계정을 비우는 연 말의 달 이었다. 2009년 1월부터 11월까지 기간 동안 정부는 7,150억 중국 위안의 흑자 예산을 경영했다. 단지 12월에 공공 부분이 자극을 받았고 1조 4,500만 중국 위안의 적자를 경영했다.

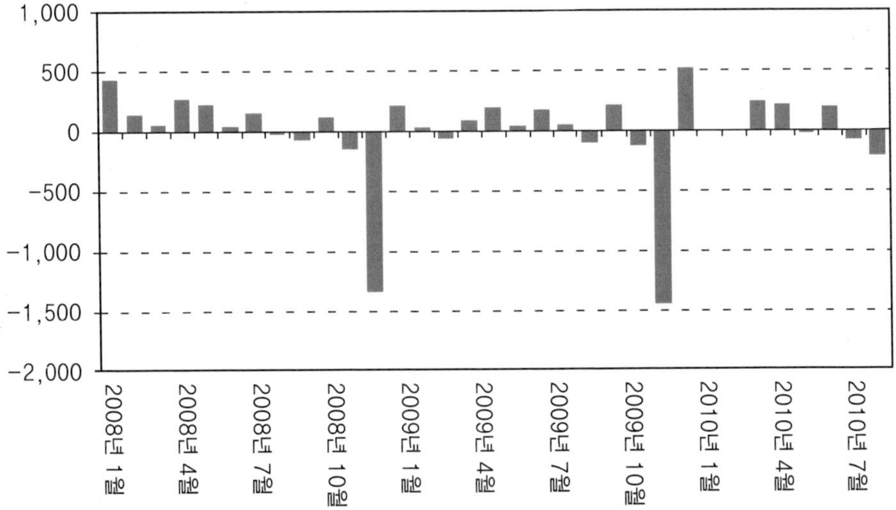

그림 2.3 월간 재정 수지 균형(중국 위안화, 10억)
자료: 재무부, 저자의 계산

연말에 돈을 물쓰듯 쓰는 지출은 어마어마하다. 2008년부터 2010년까지 12월 정부 적자는 평균 1조 위안 이상이다. 한 달에 집중된 정부 지출의 수준은 또한 재정 시스템에 엄청난 충격을 주었다. 그들이 그것들을 사용하기 시작할 때까지 정부 부서들은 중앙은행에 그들의 자금을 보관한다. 연말에 돈을 물쓰듯 쓰는 지출은 그들이 그들의 예금을 다 비운다는 것을 의미한다. 모든 현금은 상업은행에 새로운 예금으로 최종 향한다. 그들 손에 추가 예금 안에서 1조 위안을 가지고 상업은행의 유혹은 이것을 대출(대출함으로 상업은행은 이윤을 창출한다)하는 것이다. 연말 대출 급등을 막기 위해 중앙은행은 대출하는 대신에 은행들로 하여금 미 재무부 채권(금고)에 추가로 현금을 보관하는 것을 강요하면서 종종 정부의 예금을 비울 것을 그리고, 동시에 상업은행의 예비준비율을 높일 것을 기대한다.

장기적 관점으로 적자 혹은 흑자는 또한 중국의 국가 부채로부터 추가하거나 차감된다. 만일 재무부가 믿는다면, 2010년 말 중앙정부 부채는 총 6조 8천 억 위안 혹은

GDP의 17%에 달한다. 그러나, 그 숫자는 총 정부부채의 규모를 상당히 저 평가 한다. 중국 공공 부채의 적절한 이해는 다수의 추가적인 포인트로 간주되어야 한다.

- 지방 정부 부채는 재정 위기로 흘러가 상당히 심각했다. 재무부 하 연구소 수장인 쟈 강(Jia Kang)은 2008년에 총 4조 중국 위안을 투입했다. 은감회(중국 은행 감독 관리 위원회)는 지방 정부가 2009년과 2010년에 간접적으로 7조 7천억 위안을 포함시켜서 빌려왔다고 이야기 한다. 그리고 2010년 말 총 지방 정부 부채는 약 11조 7천억 중국위안 또는 GDP의 29% 이다.
- 중국개발은행과 다른 정부소유 정책은행에 의해 발행된 채권은 5조 2천억 위안에 이르며 이는 GDP의 13%에 달한다.
- 1990년대 말에 은행제도의 자본재구성을 지불하기 위해 재무부에 의해 발행된 부채와 은행들의 악성 부채를 떠맡는 자산관리 회사에서 충분히 이해가 되지 않는 채무는 3조 위안에 달하며 이는 GDP의 8%이다.
- 2011년 초, 철도부는 총 1조 8천억(GDP의 5%) 위안의 부채를 소유하고 있었다. 이는 주로 중국의 초고속 철도 망에 투자하는 데에 축적되었다.

2009년-2010년 대출 과잉과 2010년 말 중국의 GDP 대비 정부부채 비율의 결과 은행제도 하에서 악성부채의 추정은 아마도 공식적인 17% 숫자보다 거의 GDP의 75%에 근접한다.

이 75%는 미국(92%)과 일본(220%) 보다 낮기 때문에 말도 안 되는 숫자는 아니다. 급속하게 성장하는 경제의 맥락에서 정부를 위해 차입하는 낮은 비용과 위안화로 불리우는 거의 모든 부채로 대부분의 분석학자들은 즉각적으로 우려할 만한 원인은 없다고 믿고 있다. 그러나 총 부채는 공식 숫자가 주장하는 것 보다 훨씬 높고 이는 정부의 정책 조작 자유에 제한되어 있다. 인플레이션이 증가하면 한 예로 중앙은행의 이자율을 올리려는 의지는 정부 차입자들에게 부과되는 비용에 의해 감소된다. 의료와 교육에 있어서 자금 증가의 대부분의 비용은 지방 정부에서 감소했다. 높은 채무변제 비용과 제한된 원천으로 공공서비스에 있어서 약속된 향상된 재원을 조달하기 위한 지방 정부의 능력은 또한 제한된다.

성장을 추적하기 위한 방법으로 수입

정부수입의 변화는 경제에서 성장을 추적하기 위한 또 다른 방법을 제공한다. 만일 성장이 탄탄하다면 정부는 부가가치세, 법인세, 소득세로부터 더 높은 수령을 향유할 것이다. 만일 성장이 하락한다면, 세수도 감소 되어야 한다. 그림 2.4가 보여주는 것과 같이 그 관계는 개괄적으로 말해서 유지된다. 그러나 재정 스토리와 성장 스토리는 다양한 이유로 완벽하게 일치하지 않는다.

- 정부는 성장에 있어서 변동에 대한 균형을 잡기 위해 재정 정책을 사용한다. 불경기에, 경제를 진작시키기 위해 정부 세금은 적어지고 정부 지출을 많아진다. 호황기에 급속한 성장을 억제하기 위해 급습으로부터 과열로 정부 세금은 더욱

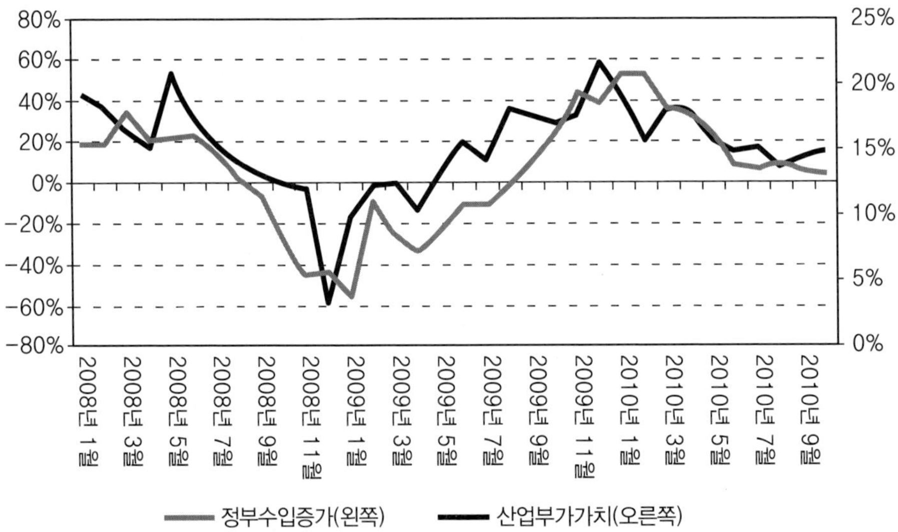

그림 2.4 정부 수입 증가 대 산업부가가치 성장(YoY%)
자료: 재무부, 저자의 계산

늘어나고 정부지출은 감소한다. 2008년 사분기에, 경제가 위기의 끝에서 불안정한 상황에서 정부 지출의 증가는 20년 만에 최대였다. 2009년에 지난 해 총 수입의 10%인 무려 5천억 위안을 들여 세금을 깎았다. 우세한 경제 바람에 반대하는 재정정책이 또한 수입과 성장 사이의 관계에 영향을 미친다.

- 세금 징수의 효율성에 있어서 변화는 경기순환과 독립적인 수입 증가에 영향을 미친다. 2009년 하반기에 재무부는 집단적인 인사불성 상태에서 벗어나 세금징수를 높이기 위한 주요 계획은 시작되었다. 그 결과는 경제 그 자체 보다 심지어 더 빠르게 되살아나는 수입증가였다.
- 성장의 두 가지 주된 측정치인 GDP와 산업부가가치 데이터는 물가 변동을 간주한 실질 단위로 공개된다. 재정 데이터는 명목으로 공개된다. 2009년 상반기에 수입(收入) 성장은 음의 영역이었다. 그러나 물가 또한 하락하고 있다고 CPI가 보여주었던 바와 같이 실물상황은 명목 데이터가 보여주는 것과 같이 나쁘지는 않았다.

지출 우선도

어떻게 정부가 그의 돈을 사용하는지는 지출우선도에서 많은 것을 이야기 한다. 베이징은 GDP에서 가계 소비 몫을 높이기 위해 전념한다. 그 목적을 달성한다는 것은 가계로 하여금 높은 수준의 노동소득위험을 강요하는 의료, 교육, 복지서비스에 약하게 공급을 한다는 것을 의미한다. 정부는 보통교육과 기초 의료 서비스를 무료로 하기 위한 야심 있는 약속을 해왔고 만약 이것들이 지켜진다면 그들은 지출에 있어서 큰 변화가 요구될 것이다. 월간 데이터는 특별히 추세 분별을 주지는 않으나 연간을 기초로 그 데이터는 정부가 그의 돈을 적절한 곳으로 예산이 집행되는지를 지켜보는 기회를 제공한다. 정부가 건강과 교육의 질 향상을 우선으로 만들었던 2005년 이후 기록은 지출의 수준이 상당히 빠르게 증가했다는 것을 보여준다; 그러나 GDP의 비율로 지출은 다른 신흥국 시장 경제와 비교해서 여전히 낮다. 교육에 대한 공공 지출은 GDP의 약

3.1%이고 보건에 관한 공공 지출은 2010년 GDP의 1.2%에 불과하다는 것은 중국이 중(中) 소득 국가 군의 바닥에 위치하게 한다.

4. 시장충격

때때로 재정 정책의 변화는 시장에 주목할 만한 충격을 줄 수 있다. 2008년 말 경기부양을 위한 4조 위안의 발표는 상하이 종합주가지수와 상품시장을 위한 주된 부양책 이었다. 그러나 그것은 일회성 이벤트였고 정기적인 월간 재정 데이터는 일반적으로 투자가들로부터 많은 관심을 주지는 못한다.

4. 화물과 여객수송

- 시장 민감도: 낮음
- 무엇인가? 도로, 철도, 항공, 수로에 의한 재화의 운송(1억 톤 그리고 1억 톤 킬로미터)과 승객(1억 승객, 1억 승객 킬로미터)에 관한 보고
- 인터넷 상 중국 뉴스 발간: www.stats.gov.cn
- 인터넷 상 영어 뉴스 발간: www.stats.gov.cn/english
- 발간 시기: 주로 적어도 1개월 지연
- 빈도: 월간
- 원천: NBS
- 개정: 없음

1. 왜 중요한가?

2009년 초에 홍콩 여행 중에 공항에서 출발한 고속열차가 중앙 역을 향하는 길에 항구를 지났다. 홍콩의 항구는 세계에서 가장 바쁜 곳이고 그들이 그들의 전진 여정을 계속하기에 앞서 중국의 수출을 위한 정기 기항지이다. 세계화의 밝은 색상의 빌딩 블록인 20 TEUs(feet equivalent units)는 하늘을 향해 보통 쌓여있다. 그러나 그날, 아무것도 없었다. 텅 빈 항구는 유감스러운 세계 경제 상태의 어느 무역 통계치 그리고 중국 수출 부분 그 자체에서 대단히 심각한 궁핍 보다 더 생생하게 말했다. 교통 데이터, 억지로 끌고 가는 볼품없는 운송화물에 관한 통계와 충격일 정도로 노골적인 승객 수는 실물 경제의 상태에 대해 생각할 수 있는 또 다른 길을 제공한다. 논리는 쉽게 이해할 수 있다. 만일 수요가 강하다면 투입물들은 공장으로 이송되는 것이 필요하고 산출물들은 항구로 이송됨이 필요하다. 만일 경제가 호황을 누린다면 컨설턴트(자문위원)들은 고객을 만나기 위해 비행기에 탑승할 것이고 가계들은 주말 여행을 위해 비행기표를 구입해야만 한다.

만일 성장이 하향 한다면 활동하는 수많은 상품들과 사람들은 감소되어야 한다.

지속적으로 공식적인 성장 데이터의 신뢰성에 관해 의구심을 품는 중국에서 교통데이터를 한번 살펴보는 것은 의구심에 대한 추가적인 호소이다. GDP 데이터와 유사하게 교통데이터는 NBS(중국국가통계국)로 부터 나오고 같은 결점이 있을 지도 모른다. 그러나, GDP 데이터는 인기가 있고 국제적 관심의 주목이고 정치적 압력의 주제이다. 교통 데이터에 대한 관심은 매우 낮다. 아마도 이것은 더욱 신뢰할 수 있다? 그 논리는 분명히 중국 경제에 몇몇 잘 존중된 해설자에게 호소하였다. 피츠버그 대학의 경제학자 토마스 러스키 교수에게, 1998년으로 돌아가 매우 낮은 항공 승객 수는 GDP 데이터를 망친 정치인에게 유죄를 선고한 명백한 증거였다. 심지어 리커창 부총리 조차 철도 운송이 적어도 지방 수준에서는 GDP 보다 성장세의 더 나은 가이드다 라고 발언했다. 그림 2.5가 보여주는 바와 같이 비록 변동성은 크지만 철도 운송 성장은 명백하게 산업부가가치 성장과 같은 패턴을 따르고 있다. 1998년 논란으로부터 10년 이상 공식

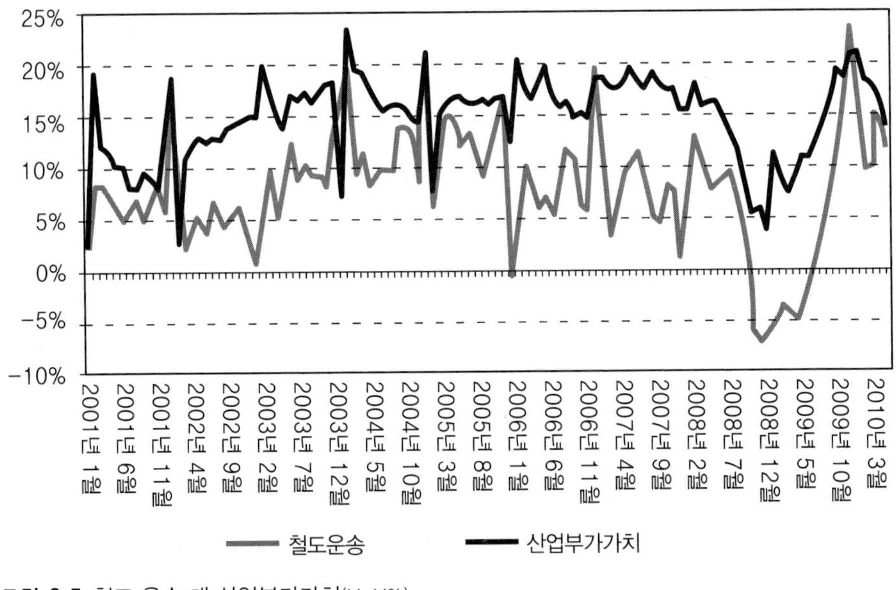

그림 2.5 철도 운송 대 산업부가가치(YoY%)
자료: NBS(중국국가통계국)

적 성장데이터에 관한 신뢰도에 대한 믿음은 이전 보다 덜 중요하다. 교통 데이터 또한 자체 문제와 특이성을 가지고 있다. 그러나 운송된 톤수나 운반된 승객들은 강력하게 기억을 떠올리게 한다. 교통 데이터는 여전히 실질경제의 상태를 판단하게 하고 공식 성장 통계에 대한 교차점검을 제공하고 있다.

2. 데이터가 어떻게 계산되는가?

NBS는 교통 데이터를 위한 다양한 원천으로부터의 투입에 의존한다. 철도부, 교통부, 중국 민항은 모두 행동에 가담한다. 철도와 항공에 화물과 승객 수에 관한 정보 수집은 간단하다. 숫자가 적고 많은 경우 국가가 소유하고 있는 철도와 항공회사들은 매달 완성된 정보를 제공한다. 수로 교통은 또한 간단하다. 항구들은 들어가고 나가는 총 톤수를 기록하고 있고 이 기록들은 NBS 데이터의 기초를 형성한다.

약간 곤란함을 얻게 되는 일들이 흥행하고 있다. 고속도로는 괜찮다. 고속도로는 통행료 징수소가 있고 통행료 관리인은 통과하는 트럭과 승용차를 기록할 수 있다. 기록할 수 없는 것은 지방도로에서 이루어 지는 대형 화물의 규모와 승객 여행자들이다. 이상하게 고속도로 화물량이 2009년 3월 1,180억 킬로미터 톤에서 2009년 4월 2,630억 킬로미터 톤으로 두 배로 된 2009년에 이 지역에서 데이터 수집의 불충분성은 분명히 보여줬다. NBS는 아무런 설명을 하지 않았고 단지 이전에 알려진 여행 보다 더 많은 이해할 수 있는 조사가 밝혀졌다고 가정이 될 수 있을 뿐이다. 수많은 고속도로 화물과 승객들은 좀 더 조심스럽게 다루어져야 한다. 전체의 상당한 부분을 차지하는 고속도로 화물과 승객으로 데이터는 합계가 된다.

3. 데이터 해석

1. 총 화물량은 얼마나 많은 용적톤수가 끌어졌는지 말한다. 총 매출량은 단지 이것은 양이 얼마인가 뿐만 아니라 얼마나 멀리까지 이야기 해주기 때문에 매우 흥미로운 통계량이다. 표 2.3에서 2010년 5월 데이터는 전년대비 16.3% 화물의 총매

표 2.3 총 교통량—2010년 5월

지표	단위	5월	지난해 동월 대비 성장률(%)	1월~5월	지난해 동월 대비 성장률(%)
총 화물량	**100 백만 톤**	26.55	16.3	123.63	16.2
철도	100 백만 톤	3.10	12.8	14.98	15.3
고속도로	100 백만 톤	20.32	17.0	94.25	16.3
수운(水運)	100 백만 톤	3.13	15.7	14.37	16.5
민간항공	10,000 백만 톤	46.73	36.0	220.45	40.8
1▶ **화물운송의 총 매출량**	**100 백만 톤-km**	11310.21	16.3	53268.61	16.3
2▶ 철도	100 백만 톤-km	2373.63	15.0	11383.35	14.6
고속도로	100 백만 톤-km	3489.43	18.1	16462.89	18.2
3▶ 수운(水運)	100 백만 톤-km	5431.74	15.6	25353.60	15.8
민간항공	100 백만 톤-km	15.41	62.2	68.77	61.4
승객수송의 총량	**100 백만 명**	26.63	8.0	133.39	7.0
철도	100 백만 명	1.38	6.9	6.83	6.7
고속도로	100 백만 명	24.84	8.1	124.67	7.0
수운(水運)	100 백만 명	0.20	−2.1	0.85	−3.8
민간항공	100 백만 명	0.22	18.2	1.04	16.5
4▶ **총 승객 킬로미터**	**100 백만 명-km**	2207.28	9.1	11451.15	10.5
철도	100 백만 명-km	679.83	8.1	3698.65	8.0
고속도로	100 백만 명-km	1200.98	6.5	6140.60	9.7
수운(水運)	100 백만 명-km	6.08	−2.8	25.63	−6.5
민간항공	100 백만 명-km	320.39	22.8	1586.27	20.3
총 화물량 상기 지정장소 주요 연안항 처리량	**100 백만 톤**	4.67	11.8	22.04	19.1

자료: NBS로부터 종합

출량 성장을 보여준다. 이 숫자는 동월 개별 부가가치 성장의 16.5%와 일치 했다.

2. 중국의 철도 시스템은 세계에서 가장 붐비는 것들 중의 하나이다. 2008년 2월에 나쁜 날씨에 더해 겨울철 석탄 수요(철도에 의해 운송되는)와 중국 새해에 최고조의 승객 수요와 함께, 시스템은 고장이 났다. 몇몇 도시들은 석탄 공급이 정시에 발전소에 도착할 수가 없어서 부분적 정전을 경험했다. 원자바오 총리는 성난 여행자 군중을 진정시키기 위해 후난성 철도역에 모습을 드러냈다. 철도시스템의 그 고장은 정부가 2009년과 2010년에 상당한 용량을 추가해 투자에 집중하게 하는 이유들 중에 하나였다. 대국적 면은 교통 인프라에서 공급 제한이 교통 데이터에 편차를 발생하게 한다는 것이다. 심지어 철도 화물 수요가 강하다 하더라고 이는 그것을 끌고 철도 시스템의 용량 보다 더 빠르게 성장할 수는 없다.
3. 물결합 화물의 압도적인 다수는 양츠강 삼각지(장강 델타)에 상하이와 닝보, 주강델타에 광저우와 선전, 북동 발해(만)과 같은 거대한 연안 항구를 통해 다루어지는 수입과 수출에 의해서 설명된다. 물결합 화물에 관한 데이터는 수출부분의 상태를 반영한다.
4. 승객 교통 데이터는 두가지 이유 때문에 주의해서 해석이 되어야 한다. 첫째, 강한 계절변동은 숫자를 왜곡시킨다. 중국에 사는 사람은 모두 일주일이나 긴 새해 연휴가 여행하기에 좋은 시기는 아니라고 알고 있다. 철도역과 공항은 연중 가장 중요한 휴가를 위해 집으로 돌아가려고 하는 여행객들로 붐빈다. 베이징과 상하이의 외곽 도로는 정체된다. 1년 중 이 시기에 여행객 급증은 급속히 발전하는 경제의 증거가 아닌 정상적인 계절적 변이이다. 몇 년 동안은 1월에 다른 년도에는 2월에 줄어드는 새해 휴가로 승객 수에 있어서 연초에 전년 대비 변화로 해석은 어려움투성이다. 둘째, 승객 운송의 발전은 항상 실물경제 발전을 반영하는 것은 아니다. 2003년 SARS에 대한 정부의 늦장 대처로 승객수 붕궤를 보았다. 2003년 5월 항공 여행은 전년대비 77% 감소했다. 그러나 승객 교통의 감소는 경제 전반적으로 질병의 충격을 과장했다.

4. 시장충격

교통 데이터는 그의 한계를 가지고 전반적인 경제 활동 수준을 측정할 수 있고 더 정치적으로 민감한 GDP 숫자들에 대해 상식적인 교차점검을 제공한다. 그러나 그 데이터는 시장으로부터의 반응을 촉발시키는데 너무 늦게 도착한다 (그 달의 주요 거시 지표들에 몇 주 뒤이어).

5. 중국 물류구매연합회의 구매자 관리지수

- 시장 민감도: 높음
- 무엇인가: 경영상태의 월간 지수. 50을 진보와 퇴보 조건들을 가르는 선으로 하는 0에서 100까지 결과
- 인터넷 상 중국 뉴스 발간: www.chinawuliu.com.cn/
- 인터넷 상 영어 뉴스 발간: www.chinawuliu.com.cn/en/news/
- 발간 시기: 이듬 달의 첫 번째 근로 일 오전 9시
- 빈도: 월간
- 원천: 중국 물류구매연합회와 중국국가통계국(NBS)
- 개정: 없음

1. 왜 중요한가?

금융시장은 다음과 같은 좋은 이유로 중국의 구매자 관리지수(PMIs)에 매료된다.

- PMI 데이터는 GDP의 거의 50%에 달하는 제조업을 가지고 경제의 가장 중요한 분야를 다룬다.
- 본 데이터는 지방정부공무원의 조작된 데이터 자체의, 업무 관리자의 관점에서 직접적인 접근을 제공한다.
- 본 데이터는 매달 1일, 월 초에 이용 가능하다. 그리고, 거의 2주 후에 공개되는 산업부가가치 데이터를 잘 예측할 수 있다.
- 이것은 현재 성장 탄력의 견해를 제공하는 월간 지표이다.
- 이것은 국제적으로 인식되고 비교 가능한 방법론에 근거하고 미국에서 그의 맏형은 경제 상태의 가이드로 잘 간주된다.

세 도전자들은 유력자 PMI 우승자와 경쟁한다. 군림하는 우승자는 중국물류구매

연합회(CFLP)의 PMI 이다. 이는 가장 큰 표본과 가장 잘 이해할 수 있는 공개적으로 이용 가능한 데이터 셋으로 비중이 있다. 주된 도전자는 HSBC Markit PMI이다. 이는 작은 표본 집단으로 고생은 하지만 정부의 통제 손으로부터 완전히 독립적임을 자랑한다. 용기 있는 외부인은 Market News International(MNI) 조사이다. 이는 결과를 일찍 공개함으로 인해 빠른 정곡을 찌르는데 정착을 하기를 원하고 다른 질문 집단을 다루는 것을 희망하고 있다.

2. 데이터가 어떻게 계산되는가?

CFLP 조사는 2005년부터 시작된다. 중국에서 분야별, 소유권 타입, 지역을 아우르는 대표자들을 보장하기 위해 고안된 820개 사업의 패널(전문가 집단)을 포함한다. CFLP는 표본의 정확한 구성을 누설하지는 않는다. 다만 CFLP는 상이한 분야의 기여, 소유권 타입, 산업생산 지역과 같이 표본이 반영하는 것을 공개한다. 사실 그것은 표본이 가장 큰 몫을 가진 철금속, 일반 장비류, 화학약품 등 20개 분야로 나누어지는 것을 의미한다. 발전하는 동해안에 위치한 회사들은 거의 표본의 40%~50%를 차지하고 중앙과 서부지역으로부터의 회사들은 나머지를 차지한다. CFLP 표본집단이 국가에서 소유한 기업들에 대해 편향을 제시한다는 것은 일반적으로 알려져 있다. 사실, 지배구조에 관해 조사가 다음과 같은 사항을 주장하게 하는 그 팀은 표본은 산업 부분 전체를 밀접하게 반영한다.

방법론은 미국 공급자관리협회(ISM)에 그 근거를 두고 있다. 조사는 인터넷으로 집계된 반응으로 매월 중순에 실시한다. 응답자들은 11개 상이한 분야의 논평에 질문을 받는다:

- 생산
- 신규수주
- 신수출주문

- 수주잔량
- 원자재 재고량
- 요소구입
- 수입
- 요소가격
- 재고자산
- 고용
- 공급인도기한

이들 지역에 각각 응답자들은 금번 달의 상황이 전달보다 더 나은지, 같은지 더 악화되었는지를 질문 받는다. 각 질문의 점수는 "better"에 50%을 대답하게 되고 "same"에 50%를 대답하는 퍼센트의 합이다. 그래서 만약 응답자의 20%가 지난 달보다 수출에 있어서 주문을 더 많이 받았고 60%가 수출주문이 동일하다고 하면, 수출주문 하부지수는 50이 될 것이다: 20 + (60 × 0.5) = 50.

지수가 구성되는 방식은 50점은 지난 달 대비 변화가 없음을 의미하고 50 이상은 성장 혹은 진보를 의미하고 50 이하는 수축 혹은 악화를 의미한다. 이전 예에서, 신 수출주문 하부지수를 위한 50점은 지난 달 대비 이번 달에는 아무런 수출 주문 변화가 없다는 것을 의미한다.

하부지수로부터 PMI를 위한 전체 점수를 받기 위해 CFLP는 5가지 가중된 중요한 하부지수의 가중평균을 구한다:

PMI = (신규수주 × 0.3) + (생산 × 0.25) + (고용 × 0.2) + (공급인도시간 × 0.15) + (원자재재고량 × 0.1)

이러한 구성요소들과 가중치들은 거의 미국 ISM 조사와 중국 HSBC Markit 조사에서 사용되는 것들과 동일하다.

CFLP PMI는 계절조정이 된다. 그러나, 주요 휴일 근처에서 확연한 증감 패턴은 충분히 계절조정이 된 것은 아니라고 제시한다. 평균적으로 2005년에서 2010년 사이에, CFLP PMI는 3월에 지난 달 대비 3 포인트 이상 상승했고 CFLP PMI는 5월에 3 포인트 다시 줄어들었고 9월에는 2 포인트 이상 증가했고 10월에는 2포인트 감소했다. 이와 같은 일반적인 증감은 그 결과들이 중국 새해의 시기 1월 혹은 2월에 떨어지고, 10월 국경일에 떨어지는 등 영향을 받는다는 것을 제시한다. CFLP가 계절조정에 관한 더 나은 접근법을 채택하기까지 연간 이 시기의 지수 변동은 주의 깊게 해석해야 한다.

3. 데이터 해석

CFLP PMI에 관한 머리기사는 시장의 주목을 받는다. 제조업 분야에서 증가된 조건인 50 포인트 이상은 보통 신규수주와 산출의 더 높은 수준을 포함한다. 50 포인트 이하는 쇠퇴하는 조건인데 이는 주문과 산출이 같아짐에 의해 달성이 된다. 그러나 확대는 중국 경제에서 자연스러운 상태이다. 2005년에서 2010년의 5년 간 PMI는 평균 53 점을 달성했고 60개월 중 단지 7번 만 50 이하로 떨어졌다. 따라서 주된 질문은 PMI가 50 이상인지 아닌지가 아니라 50 이상 얼마나 인지이고 지난 달 보다 얼마나 높아졌는지 그리고 얼마나 낮아졌는지 이다.

금융위기는 중국에서 세 번의 사업민감조사의 강력한 의지를 테스트 하였다. 그리고 그림 2.6에서 보여주는 바와 같이 세 번의 조사는 모두 괜찮은 성과를 보였다. 중국 경제가 위기의 험악한 상황으로 항해하면서 세가지 지표 모두 2008년 시작으로부터 느린 성장을 보여주었다. CFLP 지표는 향후 난관들을 식별하기 위한 최초 데이터 포인트 가운데 3분기 초부터 마이너스 성장을 가리키고 있다. 위기에서 탈출해서 세가지 조사 모두 회복을 암시하고 있었으나, 민감한 상이한 결과들은 표본 집단에서 차이를 반영하였다. 회복을 촉진시키는 정부의 4조 중국 위안 자극과 은행 대출 급증은 국가 부분을 통해 주로 보내졌다. MNI 지수는 국가소유의 회사들에 가장 큰 가중치를 준다. 따라서 이는 가장 두드러진 회복을 보여주었다. CFLP 샘플에서 국가 부분 몫은 경제 전체의 몫과 나란히 한다. 그래서 이것 또한 강한 회복을 보여주었다. HSBC의 예는 이윤을 감지

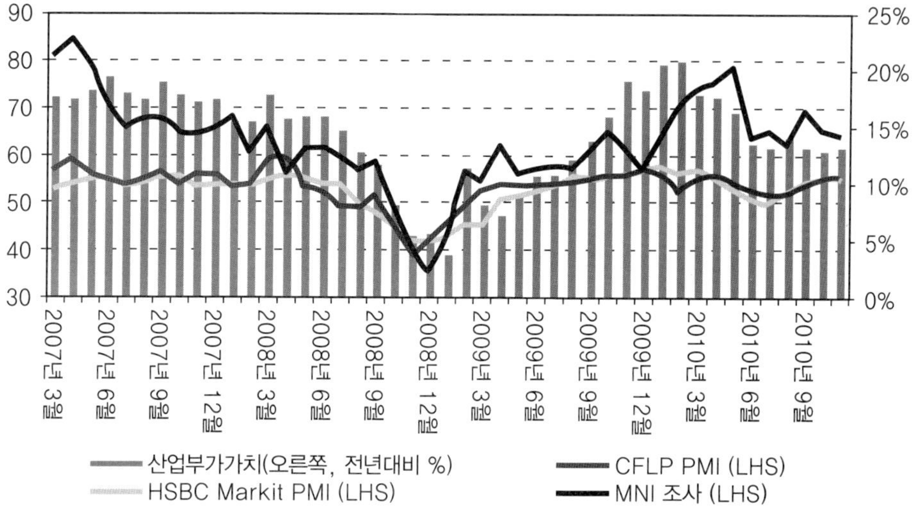

그림 2.6 산업 생산 대 PMIs: PMI가 50 이상이면 확장국면 의미
자료: NBS, CFLP, HSBC Markit, MNI

하기에는 더 느렸었던 소규모 개인 사업을 향해 가중되었다. 따라서 상대적으로 약하게 회복되었다. (계절조정이 또한 일부분 역할을 할지도 모르는 상이한 접근)

CFLP 하부 지표들은 제조업 분야의 상태에 대해 더욱 자세한 견해를 제공한다:

- 생산 지표는 현재 제조업 산출 상태에 대한 최대한의 지침이다. 조사결과를 종합하는 CFLP 팀은 신규 주문의 지수는 직전 미래에 대한 최상의 지침이라고 이야기한다. 사실, 두 지표는 동시에 밀접하게 이동한다.
- 신규수출주문 지수는 수출 분야의 상황에 견해를 제공한다. 일반적으로 선적되기 전 2-3개월 앞의 수출주문을 가지고, PMI 수출주문 이동은 보통 세관데이터를 즉각적으로 반영하지 않는다.
- 수입지수는 국내 그리고 해외 수요의 힘을 측정하는데 유용하다. 중국의 수입은 두 가지 주된 범주로 나누어 진다: 국내 산업 분야를 위한 원자재 수입과 수출가공 무역에 요소 수입. 그래서 수입지수의 강한 측정값은 국내와 국외 강한 수

요를 가리킨다. 하락은 반대를 가리킨다. 2008년 하반기에, PMI 수입지수의 하락은 도래하는 수출과 산업부가가치의 하락에 대한 명백한 신호를 보낸다.

- 공급 인도기한 지수는 변덕스럽다. 그러나 경제의 과잉 생산능력을 측정하는데 유용하다. 아이디어는 다음과 같다. 만일 경제가 과열되면 공급 장애물들은 증가하고 인도시간은 길어진다. 만약 과잉 생산능력이 존재한다면 짧은 인도시간을 반영하기 마련이다. 여기서 주목해야 할 점은 인도기한 지수는 다른 PMI의 요소들과는 반대로 보고된다는 점이다. 50 이상의 숫자가 가리키는 것은 인도시간이 짧아진다는 것을 의미(냉각 경제에서 과잉 생산능력을 가리키며)하고 50이하의 숫자는 인도시간이 길어진다는 것을 의미한다. (과열을 가리키며)
- 요소가격지수는 제조업 분야에서 인플레이션 압력 측정이다. 그리고 CFLP 시리즈는 생산자물가지수의 이동을 예측하는데 있어서 확실한 실적이다.
- 고용지수는 유명하게 지독한 공식데이터 보다 중국 노동시장 활동의 매우 민감한 측정치이다. 인적 자원부와 사회보장부의 실업 데이터와 NBS의 임금 데이터가 2008년 위기에 아무런 심각한 반응을 보여주지 않는 상황에서, 제조업 분야에서 고용의 CFLP 측정은 고용에 대한 위기의 충격과 정부의 반응에 대해 더욱 사실적인 그림을 그리면서 2008년 4분기에 급락했고 2009년 1분기에 매우 빠르게 회복했다.

CFLP PMI는 주요 PMI의 세밀한 내역과 요소와 생산 타입에 의한 몇몇 주요 하부지수들(원자재, 에너지, 생산재, 중간재, 소비재)을 또한 포함한다. 섬유부분 신규수주 부진은 아마도 신규 주문지수를 위한 주된 수치를 끌어내릴지도 모른다. 그러나 철금속 용해 부분은 신주수주를 계속 획득할 지도 모른다. 부분명세는 제조업이 어떻게 진행되고 있는지를 더욱 차별화되게 이해하는 것을 허락한다.

4. 시장 충격

주식: PMI 데이터는 직전 지난 달 경제 상태에 대해 시장이 받는 첫 번째 의미 있는 데이터이다. 이는 또한 공식적인 산업부가가치 시리즈 변화를 예측하는 좋은 선례를 가진다. 이는 주식시장을 주목하게 만든다. 강한 지표는 항셍과 상해종합주가지수를 높게 만들 수 있다; 낮은 지표는 그들 지수를 낮게 되도록 압박한다.

상품: 중국의 산업분야는 세계 최대 에너지 소비자이고 세계에서 가장 큰 철 소비자이다. PMI지수가 높다는 것은 성장이 궤도에 올랐다는 것을 의미하고 이는 상품 수요에 있어서 좋은 소식이다.

화폐: 화폐시장은 중국 경제의 전반적 상황에 대한 초기 지표로서 PMI 데이터에 또한 주목한다. 높은 숫자는 위안화 평가절상을 위한 그리고 중국성장 스토리를 위한 대리변수가 되는 다른 지역 화폐에 좋은 소식이 될 수 있다.

시장들은 CFLP PMI를 주시하는 유일한 것은 아니다. 정책 입안자들은 또한 CFLP가 월간 회의에 조사 결과를 국가개혁발전위원회, 재무부, 다른 주요한 기관들에 보고와 함께 주목하고 있다.

6. HSBC MARKIT 구매자관리지수

- **시장민감도:** 높음
- **무엇인가?** 사업조건의 월간 지수. 결과는 0-100임. 50은 증진과 쇠퇴조건을 나눔
- **인터넷 상 중국 뉴스 발간:** 없음
- **인터넷 상 영어 뉴스 발간:** www.markiteconomics.com/
- **발간 시기:** 다음달의 첫째 날 오전 10시 30분. 2011년부터 총 PMI 조사 결과의 85%-90%에 기초하여 표시는 일주 전에 발표
- **빈도:** 월간
- **원천:** HSBC and Markit Economics (이전에는 CLSA and Markit Economics)
- **개정:** 없음

1. 왜 중요한가?

HSBC Markit PMI는 육중한 조사왕을 위한 도전자다. 겨우 430개 회사들의 표본을 가지고 끼어들어서, CFLP 조사의 과도한 조사로 근육이 뻣뻣한 820개 회사에 대해 약간의 이득을 이미 인정하고 있다. 이것은 또한 비가입자들에게 결론의 전반적 세밀함을 공개하지 않음을 판단함으로 그리고 분야 별 결론의 실패가 없음으로 의미를 잃게 된다. 그러나 결론의 계절조정을 위한 상위 접근으로 의미를 얻게 된다. 그리고 중국에서 정치적 간섭을 계속하는 그들에게 의미를 얻게 된다. 그리고 정부의 통제 손으로부터 완전한 독립을 위해 의미를 가지게 된다.

2. 어떻게 데이터가 계산되는가?

조사는 중국의 약 430개 사업들의 패널을 포함한다. 분야와 지역은 제조업 분야의 구조에서 변화들을 계산하기 위해 매년 재 방문된 가중치를 가지고 GDP에 그들의 기여에 따라 가중된다. 현 표본에서 표 2.4가 보여주는 것과 같이, 가장 큰 분야 요소 가중

은 추출과 에너지 분야(18%), 화학과 플라스틱(12%), 음식과 음료(11%), 기초 금속(11%)으로 간다.

규모의 관점에서 종업원 1-499명의 소규모 사업은 표본 중 가장 큰 부분(40%)을 차지한다. 중간 사이즈 사업은 500-2,499 종업원(31%)명으로 그 다음이다. 2,500명 이상 종업원을 가진 큰 사업은 29%로 표본 중 가장 작은 부분이다. 이 가중은 작은 개인 회사에게 HSBC 조사에서 더 커다란 몫을 CFLP 조사에서 부여한다.

HSBC Markit 조사에 의해 다루어지는 질문들의 범위는 거의 CFLP 조사의 것과 전적으로 동일하다. 한가지 큰 차이점은 HSBC Markit 조사는 산출가격(CFLP 조사에 의해 다루어 지지 않은)에 대한 질문을 추가한다는 것이고 수출(CFLP 조사에서는 다루는)에 대한 질문은 없다는 점이다. 하부지수의 가치와 PMI 그 자체를 계산하기 위한 접근은 CFLP가 사용하는 접근과 또한 동일하다.

HSBC Markit PMI는 계절 조정을 위한 CFLP PMI 보다 더욱 복잡한 접근을 가지고 있다. 이는 이것이 1월, 2월, 10월 주요 휴일에 즈음해서 제조업의 분야의 상태에 더 나은 읽을거리를 제공한다는 것을 의미한다.

표 2.4 규모와 분야 별 HSBC Markit PMI 표본

종류	1~499	500~2,499	2,500	총계
식음료	20	16	12	48
직물과 옷	15	18	6	39
전기	14	14	17	45
화학과 플라스틱	24	17	11	52
교통	8	16	9	33
목재와 종이	15	1	3	19
기초금속물질	22	11	15	48
기계공학	16	11	8	35
에너지	20	20	38	78
기타	15	10	5	30
총계	**169**	**134**	**124**	**427**

데이터 원천: HSBC Markit으로부터 종합

3. 데이터 해석

데이터로부터 주요 내용은 PMI에서의 주요 기사이다. 50 이상은 제조업 분야 조건이 지난 달에 비해 증진했다는 것을 의미한다; 반면 50 이하는 쇠퇴하고 있다는 것을 의미한다. HSBC Markit 팀은 최고 우선할 일로 50-55 포인트 사이는 운영 조건에 있어서 보통의 증진을 의미하고 55-60 포인트 사이는 강한 증진을 의미한다. 50 이하도 마찬가지다. 45-50 사이는 보통의 감소를 의미하고 그 이하는 더욱 주목할 만한 감퇴를 의미한다.

PMI 주요 내용과 비교해 볼 때, 하부지표는 상대적으로 주목을 덜 받는다. 이는 특별히 HSBC Markit이 비가입자들에게는 모든 세부내용을 공개하지 않기 때문이다. 이 시장 주된 관심의 집중은 생산, 신규수주, 신규수출수주의 하부지표이다. 투입과 산출가격의 지표는 상승하는 인플레이션 압력으로의 견해를 제공한다. 그리고 그들 간 차이는 기업들이 더 높은 투입과 더 낮은 산출 비용 사이의 차이에 압박을 받고 있는지 혹은 기업들이 높은 이득으로부터 이윤을 향유하고 있는지 견해를 제공한다. 고용 지표는 공식적인 실업과 임금데이터 보다 노동시장에 있어서 더욱 민감한 수치 변화이다.

4. 시장 충격

주식: 주식시장은 지난 달 중국 경제의 상태에 관해 첫 번째 의미 있는 숫자인 PMI 데이터에 주목한다.

상품: 중국의 산업분야는 에너지와 세계 철 수요의 가장 중요한 추진력인 중국 수요를 위한 주된 기여자 이다. PMI 데이터는 상품 투자자들이 중국 수요의 상태를 파악해야만 하는 첫 번째 기회이다.

통화: 높은 PMI 데이터는 호주 달러, 싱가포르 달러, 한국 원화에서 중국 성장 스토리를 위한 대리변수로 좋은 소식이다.

7. Market News International 중국사업조사

- **시장민감도:** 낮음
- **무엇인가?** 현 조업 조건과 가까운 장래 전망에 관한 월간 사업 견해 지수. 결과는 0~100. 50으로 개선과 악화 조건을 분류함
- **인터넷 상 중국 뉴스 발간:** 없음
- **인터넷 상 영어 뉴스 발간:** www.marketnews.com
- **발간시기:** 매달 마지막 금요일 오전 9시 35분
- **빈도:** 월간
- **원천:** Market News International
- **개정:** 없음

1. 왜 중요한가?

사업민감도 조사를 위한 외부 추측의 최고봉은 Market News International(HNI) 조사이다. 단지 180개의 표본사이즈에 가중치로 이것은 CFLP 또는 HSBC Markit 조사들 중 하나 보다 진실성에 있어서 덜 하다. 2011년 시작까지, 조사에서 다루고 있는 공개된 결과를 가지고, 다른 조사가 가능해지기 몇 일 전에 시장 뉴스 생산은 헤비급인 사람이 몸을 풀기 전에 소수의 잽(jab)을 획득할 수 있다. 그러나 HSBC가 MNI 결과가 이용가능하기 몇 일 전에 현재 그의 표본의 85%-90%의 결과에 근거한 신호를 공개하기 때문에, 그 선점자의 이득은 사라지게 된다.

2. 데이터가 어떻게 계산되는가?

MNI 조사는 일본의 단칸 그리고 미국 공급관리자협회의 조사의 방법론 모델로 2005년으로 거슬러 올라 간다. 매달 중순, 그 조사 팀은 이사회 비서진과 180개 회사의 투자 관계 임원을 접촉하고 그들의 운전조건을 위한 현재 상태나 미래 예측을 포함하는

견해에 관한 짧은 전화 인터뷰를 수행한다. 그 표본은 중국 본토 혹은 홍콩 시장에 등록된 중국 회사들로 구성되어 있다. 사실, 정부 분야 회사들이 불균형적으로 등록된 회사들을 대표함으로, MNI 조사는 CFLP 또는 HSBC Markit 조사보다 부와 연관된 회사들에 더욱 편향되어 있다. 이 이유 때문에 MNI 팀은 이 조사가 경쟁자의 조사 보다 정부 조사에 있어서 변화에 더욱 민감하다는 것을 믿는다.

참가자의 75 퍼센트는 제조업에 종사하고 있다; 나머지 25%는 서비스 분야에 종사하고 있다. 서비스 분야 회사들은 포함시키는 것은 제조업과 서비스 분야 회사들을 독립적으로 간주하는 CFLP와 HSBC 접근과는 다른 또 다른 차별화 관점이다. 표본은 그들의 견해를 묻는 중국의 등록된 세계로 완전히 다른 회사들의 집단으로 매달 재생된다.

질문들은 CFLP와 HSBC 조사와는 주제들의 표본이 약간 다르다. 응답자들은 현재 조건과 조건들의 다음 분야의 3개월 기대들에 대한 그들의 견해에 대해 질문된다.

- 전반적 사업 조건
- 생산 능력
- 생산
- 이자율
- 신규수주
- 환율의 사업에 충격
- 고용자수
- 재무 상태
- 재고
- 수주잔고
- 투입물 가격
- 신용의 이용 가능성

CFLP와 HSBC 접근에 따라, 각 지표 점수는 긍정적인 대답을 하는 응답자 퍼센티지의 100% 더하기, 중립적인 대답을 하는 응답자 퍼센티지의 50%를 더한다.

MNI 조사의 차이점은 어떻게 사업 조건을 위한 표제 숫자들이 구해지는가 이다. CFLP와 HSBC 조사에서, PMI의 주요 숫자는 신규수주, 생산, 고용, 공급자 운송시간, 원자재 재고에 대한 지표의 가중평균이다. MNI 조사는 이와 같은 세부사항들을 없애고 단지 그들의 현재 사업조건에 대한 평가를 응답자에게 질문한다. 매달 전혀 다른 새 회사들 집단으로 표본을 더해서 된 방법론에서 그 차이는 CFLP 또는 HSBC PMIs와 비교해 MNI지수의 더욱 변덕스러운 행동으로 설명한다.

3. 데이터 해석

1. 가장 중요한 데이터 포인트는 전반적 사업 조건들의 지표이다. 50 이상은 조사에서 참가자들이 지난 달로부터 조건들이 향상되었다고 본다. 50 이하는 점점 악

표 2.5 MNI 중국 사업 민감도 조사—현재 조건

	현재조건	2010년 9월	2010년 8월	2010년 7월	2009년 9월
1▶	전반적 사업 조건	69.54	62.16	64.94	60.47
	생산 능력	53.79	57.85	70.63	55.21
2▶	지불 이자율	52.36	52.05	49.44	55.88
	신규수주	66.36	61.16	67.68	60.00
	추가 고용 필요성	58.68	58.74	57.19	55.45
	재정상태	53.66	55.12	65.67	60.80
	수주잔고	56.67	49.44	51.54	50.00
	투입물 가격	67.04	64.48	57.39	54.00
	생산	67.48	60.33	63.95	60.80
3▶	위안화 환율 효과	44.66	44.31	43.40	43.06
	제품 판매가격	62.50	53.47	49.35	51.04
	재고	44.94	50.00	34.56	44.00
	신용의 이용가능성	51.30	49.61	57.47	55.41

자료: MNI로부터 종합

화되고 있다는 것을 보여준다. 재정 위기는 산업 산출에 있어서의 활동을 예측하기 위한 조사 능력의 첫 번째 심각한 테스트를 제공하였고 괜찮은 성과를 내었다. 전반적인 사업 조건의 지표는 2008년 7월에 낮아지기 시작하였다. 산업부가가치에 있어서 NBS 성장 지수에 있어서 회복을 기대하며 2008년 12월에 바닥을 쳤고 2009년 2월부터 급속하게 회복하기 시작했다. CFLP 또는 HSBC 지수 보다 강했었던 회복은 아마도 표본에서 정부의 자극 조치로부터 비대칭적으로 이득을 주었던 국가 분야를 향한 편차를 반영할 지도 모른다.

2. MNI 조사의 독특한 특성들 가운데 하나는 이자율에 관한 지표이다. 사업들은 그들이 지불하는 이자율이 더 높아졌는지, 더 낮아졌는지 아님 지난 달과 같은지를 질문한다. 중국에서 중앙은행은 기준대출금리를 설정한다. 그러나 상업은행들은 그들이 고객들의 지불 의사를 찾을 수 있기 때문에 기준 율의 10% 할인 혹은 이것 보다 높게 대출해주는 자유가 있다. 은행들은 그들이 부과하는 그 이자율을 차입자들의 신용도, 신용 가능성, 경제의 환경에 따라 기준율 근처로 높이거나 낮춘다. 지불된 이자율의 지표는 회사들이 실제로 시장에서 맞는 이율에 대한 식견을 제공한다. 2010년 초에 중앙은행은 변화하지 않는 그 통화정책을 유지하는데 지속하였다. 기준 대출금리는 여전히 변화로부터 9개월 후였다. 그러나, 사실, 팽팽한 신용 조건은 사업들이 이미 높은 이자율을 그들의 대출에 지불하였었다는 것을 의미했다. MNI 데이터는 2009년 11월 47.58에서 2010년 3월 높은 76.06으로 지불된 이자율 지수를 가지고 그 이야기를 말했다.

3. 위안화 환율의 충격을 측정하는 지수는 중국의 가장 반박하는 경제정책에 대한 사업의 견해로의 짤막한 정보를 제공한다. 환율을 결정하는 중국정부의 주된 관심사는 국내 사업에 주는 영향이다. 워싱턴 D.C.로부터 어떠한 압력이 있다 하더라도 베이징은 수출 분야에서 파산과 동해안에서 실업의 등락을 감수하더라도 평가절상을 허락하지는 않을 것이다. 수출 데이터는 비록 수출업자들이 마진을 작게 함으로 파산 점으로 밀어붙여지더라도 성장을 계속 지속하게 할 수 있

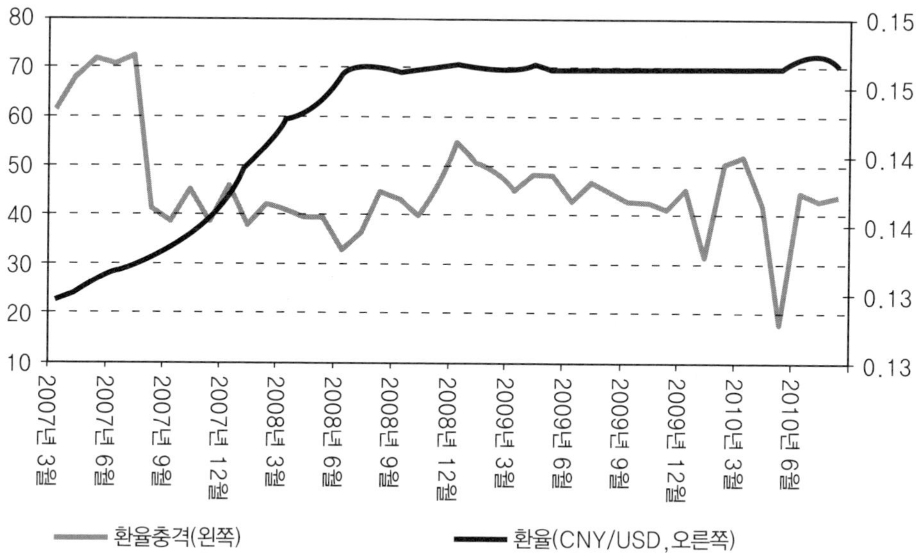

그림 2.7 환율의 충격 대 환율에 대한 MNI 조사
자료: MNI, 중국 외환거래소

표 2.6 MNI 중국 기업 민감도 조사—3개월 예측

	2010년 9월	2010년 8월	2010년 7월	2009년 9월
1▶ 전반적 기업 조건	63.58	67.23	68.18	61.15
생산 능력	61.36	65.70	70.63	54.17
지불 이자율	55.19	51.64	50.00	52.94
신규 수주	64.49	65.63	68.29	58.24
추가 고용 필요성	54.79	60.14	52.61	53.18
재정 조건	53.25	57.48	67.00	59.66
수주 잔고	58.89	51.11	54.62	46.67
투입물 가격	62.59	56.90	53.98	51.33
생산	62.60	65.29	69.19	60.23
위안화 환율의 효과	46.12	45.93	45.75	44.44
제품 판매 가격	58.57	55.56	45.42	52.60
재고	48.88	47.40	37.50	47.33
신용의 이용 가능성	52.61	50.39	54.60	50.68

자료: MNI로부터 종합

다. 기업 수준에서 어떠한 일이 벌어지는 지를 파악하기 위해 중국의 정책 입안자들은 MNI 조사와 같은 조사의 결과를 많이 주목하고 있다. 만약에 사업자들이 환율의 충격에 관하여 큰 목소리로 불평을 하고 있는 중이라면, 거기에는 정부가 평가절상에 대해 결정을 내리는데 있어서 중요한 요인들이 있다. 지난해(2007년) 환율 충격으로 70.28에서 2008년 6월 32.64로 MNI 지수의 추락은 평가절상이 쪼들리고 있다는 것을 보여주었다. 그림 2.7이 보여주는 것처럼 MNI 조사에 있어서 낮은 숫자는 재정위기를 위해 위안화 평가절상을 연기(보류)하는 정부의 결정이 예상되었다는 것을 보여준다.

1. MNI 조사의 추가된 가치의 부분은 세 달 모두 하락하는 상황을 위한 그들의 기대에 대해 언급하기 위해 물어보는 참여자와 함께 진보적인 관점이다. 사업 행위는 현재 조건들에 의해 모양이 형성되는 것뿐만 아니라 미래에 관한 기대에 의해서도 모양이 형성된다. 만약에 신규 수주들이 하락했지만 사업들은 지금으로부터 3개월동안 상승할 것이라고 기대한다면 낙관론자들을 위한 이유이다. 만약 신규 수주가 하락하고 사업들은 그들이 하향할 것이라고 기대하면 이는 좋은 소식이 아니다. 2008년 말에 현 위치에 대한 사업 견해는 총 사업조건들의 지수가 35.2로 떨어져 심각하다. 그러나 미래에 대한 기대는 중국의 국가 소유의 기업들이 정부의 자극이 그것들을 변화시킨다는 정확한 기대를 함으로 인해 낙관론에서 비관론으로 갈리는 50 이하로 떨어지지 않는다.

4. 시장 충격

전체 사업 조건들이 변덕스럽게 된다는 주요 결과를 가지고 그리고 데이터 접근을 위해 가격을 지불한 MNI 고객들과 블룸버그(Bloomberg) 구독자들에게 제한된 조사의 자세한 결과들을 가지고, MNI 조사는 시장을 움직이는 것은 아니다.

8. NBS(중국 국가통계국) 주요 경제지표

- **시장 민감도:** 낮음
- **무엇인가?** 경기순환에 있어서 중국 경제의 상황을 나타내는 종합지표
- **인터넷 상 중국 뉴스 발간:** www.stats.gov.cn
- **인터넷 상 영어 뉴스 발간:** www.stats.gov.cn/english
- **발간시기:** 데이터 공개에 의해 커버되는 그 달 이후 약 6주
- **빈도:** 월간
- **원천:** NBS
- **개정:** 없음

1. 왜 중요한가?

경기순환에서 중국은 어디에 있는가? 호황으로 항해하는가? 또는 추락으로 돌입하는가? 경제데이터의 바다에서 그들의 결실을 얻기 위해 투자가들과 정책 입안자들에게는 어려울 수 있다. 국가통계국의 중국경제감시분석센터(CEMAC)에 의해 편집되는 거시경제기후지표는 불확실성 사이로 길을 내기 위함이다. CEMAC의 통계학자들은 중국 경제데이터의 집합 완성을 자세히 조사하였고 어떠한 지표들이 정상적으로 순환과 같이 움직이는지 그리고 후행 하는지 경기순환에 앞서서 이동하는지를 계산하려고 한다. 그들은 그 결과들은 선행지수, 동행지수, 후행지수로 묶는다.

2. 데이터가 어떻게 계산되는가?

표 2.7에서 보여지는 선행 지표는 경제에서 전환점을 기대하는 것을 시도하고 전형적으로 성장 사이클에 앞서 이동하는 지표로 구성되어 있다. 지표에서 몇몇 요소들은 CEMAC에 의해 계산되는 그들 자체의 경기지표들이다.

표 2.7 선행지수요소들과 가중치

지표	가중치
6 경기선행지표	**78.67%**
1. 항셍지수-상장된 본토 회사들	-10.00%
2. 상품판매비	-19.17%
3. 화폐공급(M2)	-20.00%
4. 신규 투자 프로젝트	-20.00%
5. 화물운송	-17.50%
총 화물운송	-50.00%
항만처리량	-50.00%
6. 부동산 개발	-13.33%
개발 중 건평	-50.00%
개발 중 상업 건평	-50.00%
소비자 기대	**9.33%**
재무부 수익곡선 기울기	**12.00%**

자료: CEMAC로부터 종합

표 2.8에 보여주는 동행지수는 전형적으로 경기 순환과 함께 움직이는 지표들로 구성되어 있다. 동행지수의 수입지수와 수요지수 요소들은 GDP를 계산하기 위한 수입

표 2.8 동행지수요소들과 가중치

지표	가중치
산업 산출	14.75%
고용	12.50%
소득 지수	32.00%
정부세수	-26.67%
기업수익	-33.33%
가계가처분소득	-40.00%
수요지수	40.75%
고정자산투자	-33.33%
소매판매	-40.00%
수입과 수출	-26.67%

자료: CEMAC로부터 종합

표 2.9 후행지수요소들과 가중치

지표	가중치
정부지출	13.60%
상업대출	21.80%
가계예금	13.40%
소비자물가지수	21.00%
기업재고	30.20%

자료: CEMAC로부터 종합

접근과 지출 접근을 반영한다.

표 2.9에서 보여주는 후행지수는 전형적으로 경기순환에 역행하는 지표들로 구성되어 있다.

선행, 동행, 후행 지표의 제도와 함께 CEMAC는 조기경보지수를 발표한다. 이 지수는 경제가 너무 과열되고, 너무 냉각되고, 또는 딱 맞는지, 단 자리 수를 수집하기를 시

표 2.10 조기경보지수—요소들과 가중치

	과열	과열로 기울어진	정상	냉각으로 기울어진	냉각	가중치
산업산출	>18	18–16	16–10	10–8	<8	1.2
소매판매	>28	28–18	18–9	9–7	<7	1.2
고정자산투자	>45	45–30	30–15	15–11	<11	1
국외무역	>34	34–26	26–10	10–3	<3	0.8
재정수입	>28	28–24	24–11	11–4	<4	0.8
사업이득	>223	223–47	47–2	2–-12	<-12	1
도시 가계 가처분 소득	>17	17–13	13–8	8–4	<4	1.2
총부채	>24	24–22	22–13	13–10	<10	0.8
화폐공급 (M2)	>30	30–23	23–14.9	14.9–14.1	<14.1	0.8
소비자물가지수 (CPI)	>118	118–108	108–100	100–99	<99	1.2
경고지수	>136	136–116	116–83	83–63	<63	1.0

자료: CEMAC로부터 종합

표 2.11 거시경제 기후 지수—2010년 6월

	3 ▼	2 ▼	1 ▼	
날짜	신호 감시	동행지수 (1996년=100)	선행지수 (1996년=100)	후행지수 (1996년=100)
2009.09	103.3	98.2	105.0	90.8
2009.10	110.7	99.5	105.7	92.0
2009.11	117.3	100.4	105.4	93.2
2009.12	116.7	102.1	105.4	93.8
2010.01	114.0	103.1	104.7	95.0
2010.02	104.7	103.9	104.7	95.8
2010.03	106.0	104.1	105.0	96.3
2010.04	107.3	104.0	104.4	96.3
2010.05	114.0	103.7	103.4	97.3
2010.06	106.7	103.0	102.8	97.4

자료: CEMAC로부터 종합

도한다. 표 2.10에서 보여주는 것과 같이 지수는 10개의 상이한 지표들로 구성되어 있다. 이들 지표들 각각을 위해 CEMAC는 과거 데이터를 검토했고 어떠한 범위가 경제 안정화와 일치하는지, 어떠한 범위가 과열을 나타내는지, 그리고 어떠한 범위가 경제에서 너무 부진한지를 정의하려고 한다. 한 예로 산업산출에서 10%와 16% 사이 전년 대비 증가는 경제안정화와 일치하는 것으로 생각이 된다. 16% 이상 증가는 경제가 과열로 이동하고 있음을 나타내고 있고 18% 이상은 경제가 과열임을 제시한다. 다른 방향으로, 10% 이하는 경제가 냉각되고 있음을 보여주고 8% 이하는 경제온도가 극도로 냉각되었음을 제시한다.

CEMAC가 믿기에 구성요소들이 얼마나 중요한지에 따라서 가중치 0.8에서 1.2 사이로 주어져 있다. 산업산출은 경제상황을 반영하는 중요한 것이고 가중치는 1.2이다. 재정수입은 덜 중요하고 가중치는 0.8이다. 이들 각각 지표를 월간 가중 합산해서 지수 숫자를 만들 수 있다.

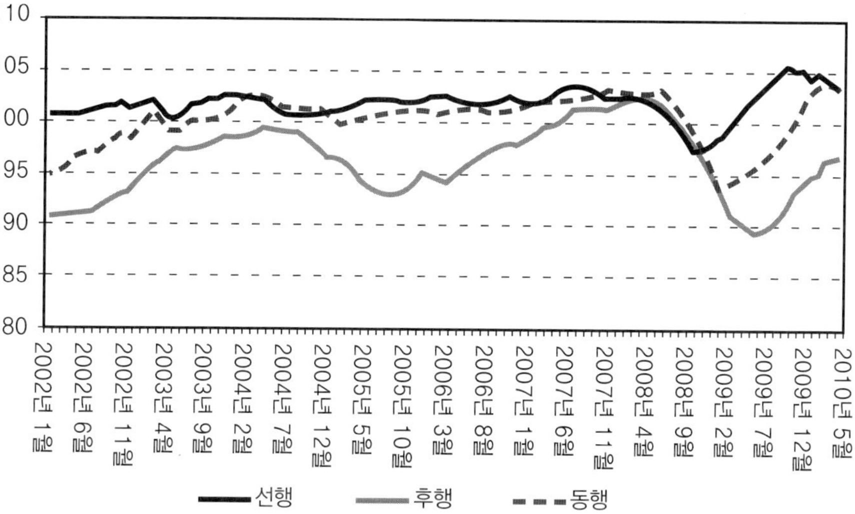

그림 2.8 선행, 동행, 후행 지표들
자료: CEMAC

3. 데이터 해석

1. 그림 2.8이 보여주는 바와 같이 선행지수는 경기순환에서 변곡점 예측에 유용하다. 금융위기로 들어가면, 선행지수는 동행지수에 4달 선행해서 2008년 2월에 최고점에 도달한다. 선행지수는 동행지수에 3개월 앞서 2008년 11월 최저점을 찍는다. 2009년 10월에 벗어나기 시작하는 자극의 효과로 선행지수는 성장에 있어서 또 다른 둔화를 가리키며 다시 최고점에 도달한다. 명백히 2010년 3월에 동행지수는 최고점에 도달하고 성장은 안정화 되기 시작한다. CEMAC에 따르면, 지난 10년간, 선행지수는 동행지수를 평균 4개월 앞섰다.
2. 동행지수는 특별히 경기순환에서 변곡점을 찾기 위해 현재 경제가 어떻게 잘 하고 있는지 정보를 제공하는 것을 의미한다. 금융위기에서 동행지수는 2008년 6월에 순환에서 최고점을 2009년 2월 최저점을 가리킨다.
3. 조기경보지수는 중국 경제의 현 상황을 대안적으로 보여준다. CEMAC에 따르면 83.33과 116.66 사이의 숫자는 안정적 성장과 일치한다. 그 범위를 위로 벗어나

는 어느 것도 과열을 의미한다; 그 범위 밖의 아래쪽으로 어느 것도 너무나 부진함을 의미한다. 조기경보 지수는 재미있는 아이디어이다. 그 지수의 확연한 위로 아래로 순환에서 경제 위치의 강한 의미를 준다. 한 지표 안에서 중국 경제의 복잡성을 정확히 포착하는 것은 과잉 단순화처럼 보인다. 그리고 지수가 공개되기 전에 모든 가능한 구성 파트를 가지고 이것은 시장 관심을 집중하는 것은 아니다.

4. 시장 충격

지난 10년간, 중국경제는 단지 한 방향으로 진행되어 왔다: 위로. 그리고 나서 당연하듯이 성장에 있어서 변곡점을 예측하기 위한 약속들인 한 지표는 거의 관심의 주목을 받지 않았다. 그러나, 2008년 급격한 감퇴가 보여 주듯이 중국은 경기순환의 우여곡절에 영향력을 받지 않는 것은 아니다. NBS 선행지수는 하강과 회복을 모두 예측하는데 잘 했다. 중국 경제가 더딘 성장의 미지의 영역에 진입하면서 선행 지수는 전망에 대한 지침으로 주목을 더 많이 받게 되었다.

이미 주목을 받는 한 그룹은 중국정책입안자들이다. CEMAC는 매달 중국 중앙은행(PBOC), 국가발전개혁위원회의 직원들, 중국경제정책 기라성(무리) 안의 다른 주요인사들에게 최신 숫자를 보여주는 세미나를 주최한다.

9. 컨퍼런스보드 선행 경제 지표

- **시장민감도:** 중간
- **무엇인가?** 2004년을 100으로 하는 중국경제의 미래 성장 경로의 월간 지표
- **인터넷 상 중국 뉴스 발간:** www.conference-board.org/data/bcicountry.cfm?cid=11
- **인터넷 상 영어 뉴스 발간:** www.conference-board.org/data/bcicountry.cfm?cid=11
- **발간시기:** 매달 말 이후 6주 정도
- **빈도:** 월간
- **원천:** 컨퍼런스보드
- **개정:** 있음. 새로운 데이터가 가능해 질 때 미세한 수시 개정들

1. 왜 중요한가?

몇몇 종류의 수정구슬을 가지고 중국 경제의 흐릿한 미래를 잠깐 들여다 보는 것을 약속하는 경제학자들에게 단점은 없다. 미국, 유럽, 일본을 위한 주요 경제지표(LEI)를 만드는 신뢰할 만한 미국 연구소인 컨퍼런스 보드는 예측 기술에 있어서 전문가들에게 더욱 더 많이 요청한다. 컨퍼런스 보드의 중국 LEI는 2010년 5월에 처음 만들어 선보인 예측 대상 가운데 최근 추가되었다. NBS 주요 지표와 비슷하게 이것은 경기 순환에 앞서 움직이려는 경향이 있는 데이터 시리즈로 구성된 경기지수이다. 만약 모든 것들이 원칙대로 작동한다면, 컨퍼런스 보드의 LEI는 앞에 보이는 도로에 시장에 주의를 제공하면서 성장에 있어서 하향의 6~8개월에 앞서 최고점에 도달해야 하고 회복 되기 7-8개월에 앞서 최저점에 도달해야 한다.

2. 데이터가 어떻게 계산되는가?

모든 LEI를 위한 첫번째 문제는 '무엇을 리드하는가?' 이다. NBS 처럼, 컨퍼런스 보드는 현 경제 상태 측정을 위해 산업 부가가치 혹은 GDP 성장의 사용을 피해왔고 그의 고유의 동행경제지표(CEI)를 계획했다. 컨퍼런스 보드 CEI는 일반적으로 경제가 기어를 높일 때 상승하고 성장이 낮아질 때 하락하는 다섯 가지 월간 지표의 집합을 합쳤다. 특별히, CEI는 산업부가가치, 소비재의 소매 판매, 제조업 고용, 전기 제품, 승객 운송 규모를 합쳤다. 이들 시리즈를 위한 데이터는 계절조정 되었고 소매 판매의 경우 물가하락이 시현되었다. 각 요소는 동일하게 가중되었으나 변동성으로 조정되었다. 그래서 더 큰 변동성을 가지려고 하는 요소들은 지표를 압도적으로 우세하지 않고 더 작은 변동성을 가지려고 하는 요소들은 잡음에서 지배당하지 않는다.

기본으로 CEI에 의해 찾아내는 성장 이동으로, 컨퍼런스 보드는 동행 시리즈에 앞서 이동하려고 하는 지표들을 위해 중국 경제데이터들을 샅샅이 뒤졌다. 그 검색으로 컨퍼런스 보드가 그 일을 한다고 생각하는 여섯가지 지표들을 만들었다:

- **소비자 기대지수:** 1990년 이래 NBS는 월간 조사를 시행하였고 소비자들에게 현재 조건들의 만족도와 미래에 관한 그들의 기대들을 질문하였다. 이론적으로 소비자 신뢰지수는 가계소비의 상승과 하락을 예측해야만 한다.
- **중국 물류구매연합회(CFLP) PMI 수출 수주 하부지수:** 매달 CFLP는 820개 사업체를 대상으로 현재 운영 조건에 대해 질문한다. 그러한 질문들 중의 하나는 수출 수주들이 지난 달에 비해 올랐는지 내렸는지 이다. 선적 전 2~3개월 전의 수주를 가지고 그 지표는 수출 성장의 변화를 예측할 수 있어야 한다.
- **CFLP PMI 공급자 운송 하부지수:** CFLP는 또한 사업체들에게 공급자운송시간의 길이에 대해 질문한다. 공급자들이 호황기에 전용량에 가깝게 운영을 하기 때문에 운송기간은 길어진다. 만약에 수요가 느려지면, 공급자들은 더 많은 유휴량을 가지게 되고 운송시간은 빨라진다. 그것은 지수가 설비가동률에 있어서 변화를 측정해야만 한다는 것이다.

- **금융기관에 의해 발행되는 총 부채:** 이것은 중국 은행들에 의해 발행되는 총부채를 기록하는 PBOC에 의해 공개되는 월간 데이터 시리즈이다. 중국 경제에 있어서 신용의 주된 원천인 은행들과 정부정책의 주된 수단인 대출 성장으로 대출 데이터는 경제 활동에 있어서 최고점과 최저점을 예측하는 탄탄한 실적을 가진다.
- **5,000개 산업 기업 확산 지수: 원자재:** PBOC는 고위간부들의 기업 조건의 견해를 모으는 5,000개 회사의 고위간부들의 분기 조사를 실시한다. 다른 것들 가운데 응답자들은 그들이 원자재의 공급이 현재 그리고 이어지는 분기들에 충분할지, 중간일지, 불충분할지 어떻게 생각하는지 질문을 받는다. 그 질문에 대한 답변들은 중국의 투자를 이끄는 성장의 주된 수혜자들인 시멘트, 강철, 다른 원자재 분야 예측을 정확히 포착한다. 조사가 분기단위로 이루어지기 때문에, 컨퍼런스보드는 아무런 조사가 이루어 지지 않았을 때 이 요소의 가치를 몇 달 동안 예측한다.
- **신규 연건평:** 이것은 새로이 시작된 건물의 총 건평을 측정하는 월간 NBS 데이터 시리즈이다. 이 아이디어는 이 지표에 있어서의 변화는 중국 모든 투자활동의 약 20%를 차지하는 그리고 원자재 수요의 가장 큰 단일 원천인 부동산투자 변화에 앞서 활동하여야 한다. 2008년에, 시작된 연건평에 있어서 급속한 감소는 더 확장된 경제를 둔화하게 한다.

CEI와 함께, 지수의 여섯 가지 요소들은 변동성을 위해 조정된 똑같은 가중치가 주어진다. 이것은 일반적으로 큰 활동을 보이는 요소들은 더욱 안정된 요소들의 희생으로 압도적으로 우세하지는 않는다는 것을 의미한다.

LEI를 위한 요소들의 선택은 컨퍼런스 보드가 2009년으로 돌아간 숫자들을 고속으로 처리했을 때 공급에 있어서 최선이었을 지도 모른다. 그러나, 그들은 완벽한 것은 아니다.

소비자 신뢰는 소매판매에 있어서 이동을 예측하는데 약한 실적을 가지고 있고 공급자 선행기간이 매우 변덕스럽고 PBOC 확산지수는 매 세 달에 한번씩만 이용 가능하다. 이와 같은 약점을 인식하며 컨퍼런스 보드는 현재 지표들의 선택은 일시적인 것이고 새롭고 더 나은 데이터 시리즈가 이용 가능하다면 개선 가능하다.

3. 데이터 해석

1. 시장을 위한 주요 내용은 LEI에 관한 최근 숫자이다. 이것은 컨퍼런스 보드의 한 달 전 성장을 위한 추정치이다. LEI에서 성장 가속도는 몇 달 동안 철저하게 성장이 가속화되기 위해 설정되었다는 것을 제시한다. 감속은 느린 성장을 제시한다. 1986년으로 거슬러 올라가 역사적 데이터 시리즈는 경기순환에 있어서 변동을 예측하는데 그리고 성장에 있어서 변동성을 예측하는데 잘 했다. 그러나, 그것은 놀랍지 않다. 컨퍼런스 보드의 LEI는 이 역사적 데이터를 가지고 고안되었다. 2010년 5월 LEI의 시작 이래 이 시리즈는 지표의 예측력을 판단하기에는 너무나 짧아서 판단하기 힘들다. 무엇이 가치가 있는지를 위해서, 표 2.12 안에, 2010년 6월 데이터는 147.0에서 LEI가 5월부터 0.8% 상승함을 보여준다. 5월에 0.9% 증가와 비교해 이 0.8%는 성장 예측이 안정적임을 제시한다. 이 경우에 컨퍼런스보드의 지표는 전망을 예측하는데 다른 많은 전문 경제학자들 보다 더 잘 했었다. 이 경제학자들의 성장에 있어서 급속한 둔화의 예측들은 2010년 하반기 중국 경제에 의한 점진적 성과에 의해 잘못 증명되었다.
2. LEI와 같은 경기지수는 많은 요소들과 함께 진행될 수 있거나, 하나 또는 두 개의 요소 안에서 극도의 조치에 의해서 진행될 수 있다. 확산지수는 LEI의 요소의 움직이고 있는 부분을 측정한다. 확산지수 숫자가 커지면 커짐에 따라 요소들에 있어서 더욱 광범위하게 증가가 이루어 지게 된다. 일반적으로 광범위한 요소들의 지지 층에 의해 야기된 LEI의 변화는 극도의 하나 혹은 두 요소들로 사방에서 접근해 들어가는 것에 의해 야기된 변화보다 더 많은 주목을 받게 될 것이다.

표 2.12 경기(복합)경제지수들의 요약표

	2010 4월	5월	6월	6개월 12월~6월
1▶ **선행경제지수(LEI)**	144.6	145.9 r	147.0 p	
퍼센티지 변화	0.0	0.9 r	0.8 p	3.7
2▶ 확산	16.7	83.3	50.0	66.7
동행경제지수(CEI)	183.0	184.6	186.4 p	
퍼센티지 변화	1.4	0.9	1.0 p	7.6
확산	100.0	80.0	80.0	100.0

자료: 컨퍼런스 보드로부터 종합
주: p는 preliminary(예비)를 의미함; r은 revised(수정)를 의미함

4. 시장 충격

컨퍼런스 보드 LEI는 개략적인 생존을 위한 시작을 해왔다. 그 지표가 공개된 첫 달인 2010년 4월 결과는 계산 오류가 발견된 이후 하향 조정되어야만 했었다. 그 조정은 같은 날 상해종합주가지수가 3.1% 하락해 중국 본토의 증권시장 붕괴와 동시에 일어났다. 사실 세계 시장이 또한 급락하고 중국 투자가들이 크게 컨퍼런스 보드와 이의 새로운 지표의 존재를 잘못 알고 있음으로, 하향 조정과 시장 붕괴는 우연의 일치 일지도 모른다. 그러나 이것은 상서로운 시작은 아니었다. 그리고 다음 달 추가의 계산 오류의 발견은 초기 지표들의 문제들을 악화시켰고 금융신문으로부터 공격을 받았다. 그러나 이것은 발생 초기이고 LEI가 견고한 예측 기록을 확립할 수 있다면 정당한 이유로 주목 받기 시작할 것이다.

10. OECD 경기선행지수

- **시장민감도:** 낮음
- **무엇인가?** 성장에 있어서 변곡점에 집중해 중국경제전망의 광범위한 모습을 제공하는 경기지표
- **인터넷 상 중국 뉴스 발간:** 없음
- **인터넷 상 영어 뉴스 발간:** http://stats.oecd.org/index.aspx
- **발간 시기:** 다음 달 10~15일 경
- **빈도:** 월간
- **원천:** OECD
- **개정:** 있음. 새로운 데이터가 가능해 짐에 따라 잦은 세세한 개정. 전 시리즈는 규칙적인 재검토로 매 5년 개정

1. 왜 중요한가?

수많은 경제학자들은 중국 경제의 미래를 예측하는 모델을 판매하고 있다. NBS는 선행지표를 가지고 있다. 컨퍼런스 보드도 또한 이를 하나 가지고 있다. 경제예언자 집단을 설명하는 것은 OECD이고 그의 경기선행지수이다. NBS와 컨퍼런스보드에 의해 개발된 지표들과 비슷하게 OECD의 통계 장치는 파리의 다른 애널리스트들이 믿고 있는 성장 사이클에 앞서 이동해야 한다는 다른 지표들의 집합을 합친다. 경기선행지수(CLI)에 주시하는 것은 언제 중국 경제 성장이 정점을 향해 하락 또는 급증으로 뛰어들기 시작하는지 시장에 단서를 주어야 한다.

2. 어떻게 데이터가 계산되는가?

경기선행지수(CLI)는 산업산출 성장 사이클에 앞서 이동하는 경향이 있으므로 선택된

지표들로 구성되어 있다. 그 지수가 2006년 출간되기 시작되었을 때 단지 여섯 개 지표들만이 배합에 있었다: M2, 항구에서 다루어지고 있는 화물, 화학비료생산, 회사 예금, 아시아로부터 수입, 비철금속생산. 불행하게도 그 지표들의 집합은 2008년 중국경제 침체 또는 2009년 반등을 예측하는데 역할을 잘 하지 못했다. OECD 그 자체는 원래 선택은 선행지수 보다 동행지수를 더 많이 생산한다는 것을 알고 있었다. 2010년에 파리는 다른 혁명을 위한 사이트를 자체 발견하였다. 몇몇 낡은 지표가 제한되었고 새로운 그룹이 순서를 채우기 위해 도움을 제의하고 나섰다. 지표세계의 무서운 아이들은 여기에 열거되어 있다:

- **M2**: PBOC에 의해 발표되는 광범위한 화폐공급에 있어서 월간 성장 지표. 화폐공급성장은 성장변화를 예측하는데 좋은 성과이고 또한 NBS 선행지표의 한 요소이다.
- **화학비료생산**: NBS에 의해 만들어지는 월간 지표. 이것을 선행지표로 포함하는데 아무런 경제적 직관은 없다. 그러나 OECD의 계량경제 증거는 산업산출성장 순환이 선행하는데 잘 하고 있다고 제시한다.
- **조강생산**: NBS에서 만들어지는 월간 지표. 강철은 중국 산업 산출의 상당한 규모를 설명한다. 그리고 이는 강한 선도적인 속성을 제공하는 제조와 건설 분야에서 주된 투입물이다.
- **5,000개 산업체**: 해외주문수준: PBOC에서 만들어지는 분기지표. 해외주문은 수출분야 선행지수이어야만 한다. 이것이 분기지표이기 때문에 OECD는 데이터가 없을 때 월별 추정을 해야만 한다.
- **건설중인 부동산**: 월간 NBS 지표. 부동산 부분은 중국 경제에 있어서 투자의 20%로 설명이 된다. 그리고 공사중인 건평량은 건축자재 수요의 선행지수여야만 한다.
- **자동차 생산**: 월간 NBS 지표. 국내 자동차 생산은 1990년대 연간 10만대 가량으

로부터 시작해서 2010년에 월간 100만대 이상의 생산으로 지난 10년간 급증하였다. 자동차 산출은 또한 철과 다른 산업 생산을 위한 수요의 추진요인이다.

- **상해주식거래매출량:** 마치 북경오리가 해선장(海鮮醬)으로 가듯이 중국 투자가들은 증권시장으로 향한다. 투자민감도는 경제전망에 있어서 변화에 극도로 민감하다. 중국 본토의 주요 주식시장의 총 매출량은 산업생산에서 2008년 하락에 몇 달 앞서 하강했다. 그 후 2009년 회복의 몇 달 전 개선되었다.

OECD는 여섯 개 요소 각각에 동일한 가중치를 부여할 뿐만 아니라 변동성을 설명한다. 그래서 변동요소들은 숫자를 떨쳐버리지 않는다. 그리고 전형적으로 작은 범위 안에서 움직이는 요소들은 결과에 동일한 결과를 준다. 요소들은 계산에 포함되기에 앞서 계절조정, 스무드(smoothed), 디트렌드(detrend)가 되어진다. 스무딩(smoothing)은 최근 숫자 대신에 지표의 이동평균을 고려하는 것을 의미한다. 디트렌딩(detrending)은 친숙하지 않은 단어이나 이는 기본적으로 장기 트렌드와 맥락을 같이 하는 이것과는 구별되는 이동으로부터 OECD가 이동을 분류하기 위한 시도를 의미한다.

OECD는 그의 지표를 계산하고 발표하는데 규칙적 단계로 이루어진 접근을 하고 있다. 그래서 경기선행지수(CLI) 숫자는 데이터가 가능하다면 그 다음 달에 공개가 될 것이다. 그리고 완벽한 데이터가 가능해 지면 다시 계산되고 다시 공개된다. 각각 새로운 월간 데이터는 또한 OECD의 지난 트렌드의 추정에 영향을 미치기 때문에 과거 데이터는 자주 미세 개정을 하게 된다.

3. 데이터 해석

데이터를 해석하는데 첫 번째 도전은 투박하고 사용자 친화적이 아닌, 웹사이트에서 발견하는 것이 아닌, OECD에서 데이터를 발견하는 것이다.

"OECD CLI"라고 구글 서치 하는 것은 홈페이지에서 그것을 찾기 위해 시도하는 것보다 관계된 웹싸이트 파트에서 보다 더 빠른 길이다.

표 2.13 OECD 경기선행지표들

주제	정규화된(CLI)			
빈도	월간			
국가	호주 ▲▼	오스트리아 ▲▼	[···]	중국 ▲▼
시간	i	i		i
2008년 9월	100.0	98.8		97.5
2008년 10월	99.6	98.3		97.1
[···]	[···]	[···]	[···]	[···]
2009년 11월	99.7	99.8		101.8
2009년 12월	100.0	100.1		101.9
2010년 1월	100.3	100.4		101.8
2010년 2월	100.5	100.7		101.8
2010년 3월	100.7	101.0		101.6
2010년 4월	100.7	101.2		101.5
2010년 5월	100.8	101.5		101.3
2010년 6월	100.8	101.8		101.1

자료: OECD로부터 종합

행복하게도 데이터 해석은 그것을 찾는 것 보다 더 간단하다. 중국 CLI는 OECD 멤버 국가들을 위한 그리고 국제적 전망을 이해하는 것과 관련 있는 OECD가 생각하는 다섯가지 다른 신흥시장 경제를 위한 CLI와 함께 공개된다.

언뜻 보기에는, CLI는 원래 계획된 대로 2008년 위기를 예측하는데 잘했었다. 가능한 하강에 앞서 2007년 12월의 OECD는 지수 0.7 포인트 하락해 약해졌다. 사실 만약 산업 부가가치가 CLI의 요소가 밟아온 같은 길로 트렌드가 제거되었다면 2008년 초에 이는 또한 약하게 되었다. CLI가 원천적으로 선행지표 보다 동행지표를 증명하는데 더 잘 고안이 되었다는 사실은 2010년 초에 대규모 개정을 하게 된 이유들 중의 하나였다.

새로운 CLI는 명백히 2010년 전에 성장순환변화를 예측하는데 잘 했었다. 1990년 이후 기간에, CLI는 산업부가가치 성장에 있어서 CLI는 최고와 최저에 앞서 평균 3-4

개월 바꿨다. 그러나 그것은 놀랍지 않았다: 뒤늦은 깨달음은 20-20이다. 그리고 CLI는 그 기간 동안 데이터에 근거해서 고안되었다. 실질 질문은 얼마나 CLI가 성장에 있어서 미래 트렌드를 잘 예측할 것인가 이다.

재생 CLI의 시작 이래 그 시기에 데이터 시리즈는 그의 선행특성들이 너무나도 짧아서 명백한 지시를 할 수 없다. 그러나 이는 중국 경제의 미래를 응시하는데 어려움의 유용한 실례로 역할을 한다. 2010년 6월 CLI는 5월의 101.3과 2009년 12월 101.9에 비해 하락해 101.1을 가리켰다. 이는 산업산출성장이 2010년 하반기에 느리게 이동을 계속할 것이라는 것을 제시한다. 우연히도, 정부가 그 해 마지막 달에 성장을 유지하기 위해 유동성 수도꼭지를 열면서 2010년 6월의 둔화는 오래가지 못하게 증명되었다.

중국 경제에 있어서 성장의 속도를 결정하는 정책을 위한 중요한 역할은 OECD, NBS, 컨퍼런스보드에 의해 만들어지는 선행지표들로 너무 많이 유입하는 것을 주의해야 할 이유들 가운데 하나이다. 2010년 여름처럼 투자프로젝트의 승인에 속도를 가하든지 속도를 늦추든지 하는 은행들로 하여금 대출을 더 많이 하도록 허락해 주거나 그들에게 대출을 더 적게 하도록 강요하는 정부에 의한 결정은 성장률에 주된 충격을 줄 수 있다. 그러나, 정책 결정이 만들어지기 전에 충격은 데이터에서 어느 곳에서도 나타나지 않는다. 따라서 이는 선행지표에서 반영이 될 수 없다.

4. 시장충격

사전에 이용 가능한 모든 데이터 구성들을 가지고 그리고 실적이 너무 짧아서 새로운 데이터의 예측능력을 판단할 수가 없어서, OECD의 중국 CLI는 현재 시장을 위한 주목의 집중이 아니다. 그러나, 다른 주요 경제를 위한 OECD의 CLI들은 어느 정도 집중을 받는다. 그리고, 만약에 새로운 중국 지표가 경기순환에 있어서 변곡점을 예측하는데 실적을 나타낸다면 이것도 또한 할 것이다.

CHAPTER 03

투자와 부동산

1. 고정자산투자

- 시장 민감도: 중
- 무엇인가? 투자종류와 분야에 의해 나누어진 고정자산 투자에 관한 보고서는 현재 중국 1억 위안단위로 작년 이맘때부터 현재까지 그리고 명목 전월대비(%)와 전년대비(%)로 출판
- 인터넷 상 중국어 뉴스 발간: www.stats.gov.cn/
- 인터넷 상 영어 뉴스 발간: www.stats.gov.cn/English/
- 발간시기: 이듬 달의 11일 오전 10시. 3월, 6월, 9월, 12월 데이터는 분기 GDP데이터와 일치하기 위해 향후에 출판
- 빈도: 월간; 1월과 2월 데이터는 동시에 공개
- 원천: 국가통계국(NBS)
- 개정: 없음

1. 왜 중요한가?

성장을 원하는 국가들은 단지 세가지 선택을 가지고 있다: 자본량의 증가, 노동량의 증가, 또는 두 가지를 합하는 기술력의 진보. 북경에서, 이 발전이론의 기본 교훈은 잘 이해된다. 인구통계학의 급증은 노동량의 증가를 신경 쓰게 되었다. 자본량을 증가시키기 위해 중국은 일본, 한국과 같은 아시아 이웃에 의해 눈부시게 빛나는 저축을 장려하고 투자를 증가시키는 신중한 정책을 가지고 그 경로를 따라왔다.

- 노인연령에 대한 약한 공공서비스와 빈곤의 두려움, 검약에 대한 문화적 경향 강화와 고수준 가계저축의 형성을 강화 한다.
- 국가 소유 은행들은 우선 과제를 향한 저축들을 바꾸기 위해 국가 소유 회사들과 지방정부와 긴밀히 협조하여 일을 추진한다.
- 인위적으로 낮은 예금금리와 대출금리는 가계로 하여금 더 많이 저축하게 만들고 투자를 위한 자본비용을 헐값(특별공급 최저가격)에 유지시킨다.
- 가계저축으로부터의 돼지저금통 자금이 충분하지가 않다면, 국가 소유 기업들은 그들의 독점이윤에 의지하게 된다.

이 자극적인 정책혼합의 결과, 산업에 기반하고 공공 기관에서 좋은 측정을 덤으로 추가하여 부동산에 과도한 투자로 30년 이나 맹렬하게 투자하였다. 중국의 가계는 여전히 가난할 지도 모른다. 그러나 고정자산투자(FAI)에 있어서 급속한 성장은 중국 본토를 빈곤한 후미진 곳으로부터 세계경제의 동력실로 변화시켰다.

성장의 추진동인으로 그리고 소비로부터 더욱 활기없는 실적으로 혈기왕성한 투자에 지나친 의존으로 중국의 불균형 성장모델에 관한 그와 같은 우려로 고정자산투자(FAI) 데이터는 불안한 숫자를 만든다. 2009년에, 부르르 떨며 움직임을 유도하는 1년 전으로부터 30% 이상 오른 그리고 GDP의 56%와 같은 19.3조 위안으로 도시의 FAI는 도래했다. 그러나 중국이 터지기 직전의 과잉 투자된 버블이라고 결론을 내리기 이전에, 반대론자들은 중국 주식자본에 첨가제의 양으로 FAI 데이터의 한계를 고려해야 한다. 고정자산투자(FAI)는 투자지출의 총 양이다. 만약 회사 A가 기계에 투자하고 회사 B에 판매한다면 중국 기계의 주식은 단지 1이다. 자본 측정에 관한 지출측면 GDP 데이터는 단지 초기 투자 만을 포함할 것이다. 그러나 FAI데이터는 회사 A에 의한 초기 투자와 회사 B로의 이동을 모두 포함한다. 그림 3.1이 보여주는 것과 같이, 접근에 있어서의 차이는 수준과 FAI의 성장률이 수준과 자본축적 성장률 보다 높다는 것을 의미한다. 지출 측면 GDP 데이터는 2009년 자본 스톡에 추가는 15.7조 중국 위안으로 합산되었고 전년대비(YoY) 22% 상승했고 이는 GDP의 45%이다. 지출 측면 GDP 데이터는 중국의 자본스톡 변화의 더욱 정확한 측정치이다. 그러나, 이것이 단지 연간 베이스로만 가능하기 때문에 시장은 괜찮은 대체변수로 그리고 전반적 투자활동의 힘의 유용한 측정 양으로 월간 FAI 데이터를 사용한다.

2. 데이터가 어떻게 계산되는가?

데이터 수집의 목적으로 NBS는 투자를 두 범주로 구분한다: 부동산 분야의 투자와 다

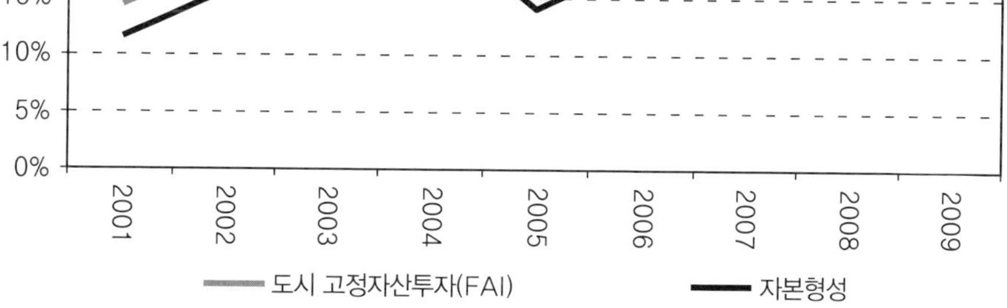

자료: NBS, 저자의 계산

그림 3.1 도시 FAI 대 자본형성(YoY%)

른 모든 사람에 의한 투자.

부동산 분야에서, 그 국가에서 가장 큰 8,000개의 부동산 개발업자들은 그들의 투자 지출을 베이징의 NBS에 직접 보고한다. 더 작은 회사들은 지방 통계청에 보고한다. 그러면 지방관청으로부터 베이징 본부로 이 정보를 보고한다.

모든 경우에, 500만 위안 이상 투자 프로젝트는 조사에 포함되어 있다. 철도부에 의해서 지어지는 철도와 같은 중앙정부의 관할 하에 부여되는 프로젝트들은 베이징 NBS에 직접 보고 된다. 지방의 프로젝트 데이터는 지방통계국에서 수집이 되고 행정상의 경위로 보고된다. 보고서에서 지방 프로젝트를 포함하는 계기는 지방정부에 의한 투자의 행정승인이다.

2011년에, NBS는 FAI 데이터를 향상시키기 위해 두 가지를 변화시켰다:

- 조사에 포함하기 위한 한계점은 50만 위안으로부터 500만 위안으로 높아졌다. 하위 한계점은 2010년 661,000 위안으로 증가된 조사에서 포함된 프로젝트의 숫자를 시현하였다. 이는 1997년 159,000 위안보다 4배나 더 높다. 대다수 작고 약한 데이터 보고능력으로 순수 프로젝트 수는 NBS가 어떻게 진행되어 왔는지를 추적하기란 어렵다.
- 2010년까지 월간 데이터는 총 투자의 80%를 차지하는 단지 도시 고정자산투자만을 포함한다. 2011년부터, 그 데이터의 범위는 조사의 범위를 향상시키는 지방기업들의 투자를 포함하기 위해 확대되었다. 그것은 총 투자의 단지 작은 몫을 차지하는 지방 가계들을 고리로부터 벗어나게 한다. 총 투자에 관한 연간 데이터는 표본조사에서 모아진 이 그룹 데이터에서 지방 가계에 의한 소비도 포함한다.

새로운 접근은 증진된 데이터의 질과 범위를 초래해야 한다. 그러나 샘플 표본을 변화시키는 것은 2011년 사전과 2011년 사후 사이의 FAI 데이터 비교가 주의 깊게 다루어 져야 한다는 것을 의미한다.

표 3.1 고정자산투자(2010년 6월)

	실제 완성		비율(%)	
	1월부터 누적 (1억 위안)	전년 동기 대비 성장률	1월부터 누적	작년 동기간
1▶ **I. 고정자산에서 총 투자량(1억 위안)**	**98,047.38**	**25.5**	**100.0**	**100.0**
2▶ 국가 소유 그리고 국가 통제	40,453.61	21.5	41.3	42.6
3▶ 주택	19747.12	38.1	20.1	18.3
1.산업별				
1차산업	1682.03	17.8	1.7	1.8
2차산업	41517.94	22.3	42.3	43.5
3차산업	54847.41	28.4	55.9	54.7
2.경영의 관할구역				
중앙투자	7443.24	13.0	7.6	8.4
지방투자	90604.14	26.7	92.4	91.6
3.소비형태별				
신규건설	47067.07	28.8	48.0	46.8
확대	14362.35	11.6	14.6	16.5
재건	12283.23	21.1	12.5	13.0
4.구조별				
건설과 설치작업	60364.85	24.2	61.6	62.2
설비와 기구의 구매	20150.52	21.2	20.6	21.3
4▶ 다른 비용	17532.00	36.1	17.9	16.5
II. 택지 (10,000제곱미터)				
건설 중인 건평	500319.21	24.0		
주거용 빌닝	278874.24	23.0		
완성된 건평	43443.71	13.6		
주거용 빌딩	24684.14	17.0		

자료: NBS로부터 종합

3. 데이터 해석

1. 시장들의 주된 관심은 전년동기대비(YoY) 성장 수치이다. 이것은 중국의 투자

프로그램이 멈추었는지 진행되는지를 말하는 숫자이다. 그러나 주요 성장숫자는 몇몇 이유로 조심스럽게 해석되어야 할 필요성이 있다:

- 이는 명목에 근거하여 발간된다. 이는 가격 변화를 간주하지 않는다는 것을 의미한다. 많은 중국의 데이터 시리즈들은 명목으로 발표된다. 그러나 투자 과정에서 투입물인 토지와 원자재 가격이 매우 변덕스럽기 때문에 이것은 FAI 데이터의 특별한 문제이다. 2008년 여름 상품시장 호황의 최고점과 2009년 시작되는 최저점 사이에 중국의 철 가격은 40%나 하락했다. 변화하는 가격의 문제에 관하여 쉬운 길을 없다. 당혹감에서 벗어난 한가지 현실적인 방법은, 만약 완벽하지 않다면, 주요 FAI 성장 숫자를 디플레이트(디플레이터를 써서 실제 가격 변동 구함) 하기 위해 월간 생산자물가지수를 사용하는 것이다. 그 연습은 명목 데이터가 제시하는 것 보다 엄청나게 더 높은 최고점과 더 낮은 최저점을 가지고 실질투자성장 시리즈를 나타낸다.
- 그 데이터는 작년 이맘때부터 현재까지를 기초로 공개된다. 그 해의 초기 개월에서 그것은 큰 차이를 만들지 않는다. 그러나 11월이 지남에 따라, 업무는 성장 숫자에 흠을 남기지 않고 그 국가의 모든 건설 현장에서 서서히 멈출 수 있다. 작년 이맘때부터 현재까지 숫자들로부터 월간 데이터에서 제외되는 것은 공개된 시리즈에서 명백한 것 보다 매우 단순하고 수많은 변동을 나타낸다. 두 가지 이유들이 그 변동성을 설명한다. 첫째, 투자는 천성적으로 변덕스럽다. 시작하는 혹은 끝나는 주된 프로젝트들은 데이터에 주된 충격을 줄 수 있다. 둘째, 정부는 성장세를 조절하는 밸브로 투자 프로젝트의 승인을 이용한다. 만일 성장이 너무 빠르면, 그 밸브는 새 프로젝트의 흐름을 느리게 하기 위해 조여진다. 만일 성장이 너무 느리다면, 그 밸브는 더 많이 통과하게 하기 위해 열린다. 그 결과는 몇몇 개월에 있어서 홍수처럼 많은 투자이다. 2011년 초에, NBS는 월별 FAI의 성장률을 공개하기 시작했다. 전월대비(MoM) 데이터는 작년 이맘때무터 현재까지의 데이터 보다 현재 경제의 추진체에 더 나은

감각을 부여한다. 그리고 전월동기(MoM) 데이터는 시장 관심의 주목이 될 것이다.

- 데이터에 있어서 강한 계절 패턴은 투자 수준에서 반드시 실제 변화를 반영하는 것은 아니다. 공식 데이터에 따르면, 투자성장은 그 해에 빠르게 진행되는 경향이 있다. 투자성장은 봄 여름에는 변함이 없고 9월경에 감속이 시작된다. 이것이 작년 이맘때부터 현재까지 기준에 데이터를 공개하는 것에 의해 감추어 졌음에도 불구하고, 겨울은 전형적으로 급격한 투자에 있어서 감소를 보인다. 한가지 가능한 설명은 계절 패턴이 투자에 있어서가 아니라 보고된 투자에 있어서 변화 때문이라는 것이다. 매년 말에 기업들은 그들의 투자의 한계에 대응해 할당량을 높이고 있다. 그러나 투자의 속도를 늦추는 대신에 그들은 새로운 프로젝트를 시작하기 위해 정부로부터의 승인을 기다리지 않는다. 1월이 지나갈 때 그리고 그들이 새로운 투자 할당을 가질 때, 그들이 마치 신천지를 개척한 것처럼, 그들은 지난 몇 달 동안 발행한 모든 활동을 보고한다. 이 평가는 새로 시작된 전형적으로 믿기 어렵게 연말에 급하게 떨어지는 그리고 초기에 믿기 어렵게 강하게 회복하는 프로젝트에 관한 데이터에 의해 분명해 졌다.

그림 3.2가 보여주는 바와 같이, 작년 이맘때부터 현재까지, NBS에 의해 공개되는 명목 데이터는 투자성장에 있어서 등고가 있는, 조용한 움직임의 오도하는 숫자를 나타낸다. 현재달을 계산함에 의해 보여지는 진실, 인플레이션이 조정된 데이터는 급작스러운 출발과 격렬한 기준을 멈춤으로 매우 변덕스러운 연속이다.

2. 높은 이익, 원활한 신용, 공공재정에 접근은 국가 분야가 항상 투자를 위한 재원을 발견할 수 있다는 것을 의미한다. 2009년 상반기에, 정부가 커다란 빨간 자극 버튼을 누름으로, 정부분야 투자는 전반적인 FAI 성장보다 엄청나게 33% 더 높은 전년대비 41% 이상 급속도로 성장했다.
3. 투자에 가장 큰 하나의 공헌자는 전체의 20% 정도를 차지하는 부동산 분야이다.

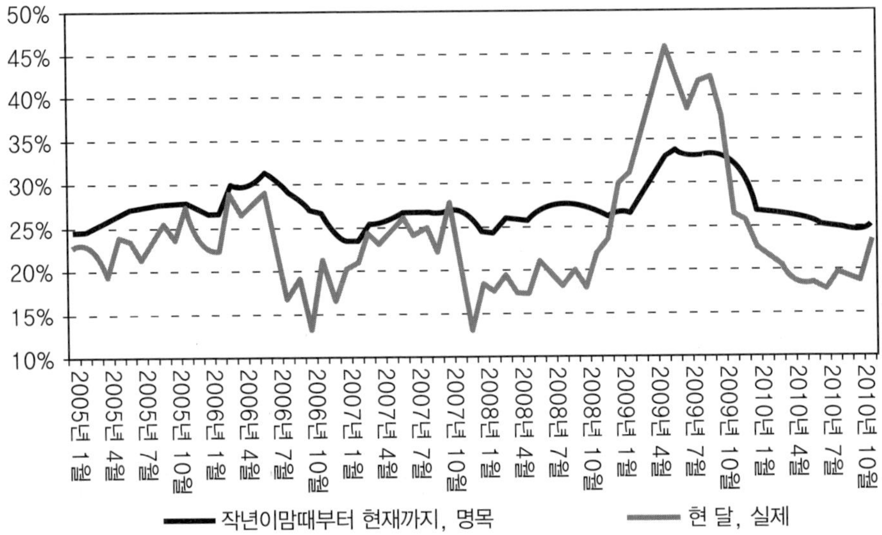

자료: NBS, 저자의 계산

그림 3.2 FAI: 작년 이맘때부터 현재까지 대 현재 달 실제(YoY%)

FAI 데이터와 함께 공개된 주요 숫자와 더불어서 NBS는 건설과 판매에 대한 정보를 포함해서 더 세밀한 명세를 공개한다. 그 데이터는 부동산 가격, 투자, 판매, 건설 분야에 있다.

4. 토지 구매는 월간 FAI 데이터에 포함되어 있다. 그리고 높은 그리고 변덕스러운 토지 가격으로 토지구매는 수준 그리고 성장률에 뚜렷한 충격을 줄 수 있다. 토지에 투자는 FAI 데이터의 행에 "다른 비용"에 나타난다.

1. 모든 사람이 중국 성장 스토리에 관해 낙관적이지는 않다. 금발 어린이들이 그들의 집에 몰래 잠입하는 것 이외에, 밤에 중국으로 하여금 꿋꿋함을 잃지 않게 하는 일들 중의 하나는 거대한 투자지출이 초과수요를 벗어나는 생산능력을 초래한다는 두려움이다. 곰들이 주장하는 그 결과는 차가운 포리지(오트밀)보다 더 악화될 것이다. 중국에서, 과잉생산의 홍수는 피할 수 없는 파산으로 하락한 가격, 낮은 이윤, 산업분야에서의 주식의 폭락을 의미할 것이다. 해외에, 초과 생산

표 3.2 산업별 고정자산 투자(2010년 6월)

		투자		비율(국가 총=100)	
		누적(1억 위안)	전년대비성장	누적	전년동기대비
	[...]				
	제조	**31108.58**	**24.9**	**31.7**	**31.9**
	철금속의 제련과 프레싱	1538.28	9.4	1.6	1.8
	비철금속의 제련과 프레싱	1255.02	34.2	13	1.2
	다목적기계의 제조	2268.00	18.3	2.3	2.5
1▶	특수목적기계의 제조	1780.20	28.2	1.8	1.8
	운송기구의 제조	2721.67	25.4	2.8	2.8
	전기기기와 기구의 제조	2006.40	37.2	2.0	1.9
	통신기구, 컴퓨터, 다른 전자기구의 제조	1508.85	44.1	1.5	1.3
	[...]				
	수송, 저장, 우편	**10265.69**	**25.1**	**10.5**	**10.5**
	철도 수송	2244.50	22.5	2.3	2.3
2▶	도로 수송	5067.83	27.1	5.2	5.1
	도시공공 수송	861.29	7.1	0.9	1.0
	수로수송	756.99	23.9	0.8	0.8
	항공수송	372.36	43.4	0.4	0.3
	[...]				

자료: NBS로부터 종합

능력은 세계 성장 예상에 흠집을 내는 무역 긴장을 증가시키는 결과를 가지고 중국이 세계의 다른 나라들을 희생해서 세계시장 몫을 취득하기 위해 지속한다는 것을 의미할 것이다. 만약 곰들이 맞고 과잉생산에 문제가 있다면, 이것은 가장 확실한 분야수준에서 일 것이다. 그것은 산업 수준 투자 데이터에 주목하게 만들 것이다. 비철금속 투자의 급증은 내년 세계 알루미늄 가격에 희소식이 아닐지도 모르는 중국이 알루미늄 용광로의 어마어마한 집단체를 이미 추가하고 있음을 의미 할지도 모른다. 철금속에 투자 급증은 세계 철 가격 선을 낮추는데 어려움이 있는 세계에서 가장 큰 철 공급자가 더 많은 용광로를 추가한다는 것을 의미할 지도 모른다.

2. 섹터별 분해는 또한 중국의 인프라 지출을 기록하는 방법을 제공한다. 콘크리트를 붓는 것은 본토의 대부분 국가들의 개발 스토리, 수송, 전력, 물 인프라의 부분으로 중요성을 자리매김 해왔다. 인프라 계획들은 정부가 통제능력을 높이는 면적이다. 그래서 투자수준은 성장속도를 통제하는데 사용하는 레버로서 사용될 수 있다. 2009년에 인프라투자의 큰 프로그램은 경제 변화의 핸들을 유지하는 것이다. 도시 고정자산 투자는 30.5%로 성장하고 있으나 철도(상위 67.5%), 도로(40.1%), 도시운송(59.7%)은 각각 이처럼 성장하고 있다.

4. 시장충격

주식: 투자는 중국 경제에 있어서 가장 중요한 성장 인자이다. 그래서 주식 시장은 강한 투자 숫자를 보이기를 좋아하다. 그러나 NBS 월간 공개에서 이것은 경제의 추진체 가이드로 산업부가가치 데이터를 위한 두 번째 조작으로 작용한다.

상품: 투자는 철을 위한 중국 수요의 주된 요소이다. 그리고 이는 에너지 수요와 밀접하게 연관되어 있다. 상품시장은 투자 데이터에 밀접하고 세심한 주의를 지불한다.

통화: 특별히 수입 재화의 가격이 높을 때, 자국에서 강한 성장이 위안화의 더욱 신속한 평가절상을 허락하면서 정부를 격려할 수 있다. 그러나, 투자는 환율의 결정에 영향을 미치는 주요 변수는 아니다. 중국 투자에 있어서 강한 성장은 호주 달러와 같은 상품 화폐에게 긍정적 일 수 있다.

2. 부동산 가격, 투자, 판매, 건설

- 시장 민감도: 높음
- 무엇인가? 가격[현재 달, 전년동기대비(YoY)%, 전월동기대비(MoM)%], 투자(작년 이맘때부터 현재까지, 명목, 1억 위안, YoY%), 판매(작년 이맘때부터 현재까지, 명목, 1억 위안, 10,000m^2, YoY%), 그리고 중국 부동산 시장에서 건설
- 인터넷 상 중국어 뉴스 발간: www.stats.gov.cn/
- 인터넷 상 영어 뉴스 발간: www.stats. gov.cn/English/
- 발간 시기: 투자, 건설, 판매 데이터는 그달 11번째 날, 오전 10시에 공개됨; 가격 데이터는 그 달 18번째 날 공개됨
- 빈도: 월간, 1월 그리고 2월에 투자, 판매, 건설 데이터는 함께 공개됨
- 원천: NBS
- 개정: 없음

1. 왜 중요한가?

2009년 수요일 저녁에, 한 쇼가 중국의 일에 몹시 지친 전문가들로 하여금 그들이 텔레비전 화면에 붙어 있게 한다: 주택협소(Woju). 매주, 수백만의 젊은 교사, 기자, 변호사들은 그들의 직장으로부터 돌아와 그들의 신발을 벗어 던지고 소파에 누워서 Woju의 출연자들이 35개 에피소드를 통해 한때 완전히 재미없어 보이는 그리고 근대 중국의 맥락에서 완전히 손이 닿지 않는 곳에 야심을 알아차리기 위해 몸부림침에 따라 불행한 출연자들의 고통과 시련을 시청했다: 집을 소유하기 위해.

부동산 분야에서 중국의 매력은 이해하기 쉽다는 것이다. 1990년대 말 주택시장의 자유화 이래로 주택가격은 치솟았다. 국가 소유제가 개인소유제로 전환되었을 때 집이 주어진 매우 행운의 그들, 또는 가격이 오르려고 할 때 집을 구입한 매우 스마트한 그들, 이들은 꽤많은 이득을 얻었다. 주택시장에 늦게 진입하려고 한 사람들에게는, 이는

또 다른 이야기 이다. 가격의 급속한 증가는 단지 가장 오래되었고, 가장 작고 가장 불편한 곳에 위치해 있는 시설은 손이 닿지 않는 곳에 있다. 크고 다양한 중국과 같은 국가에서, 평균 가격과 평균 소득에 관해 이야기 하는 것은 어렵다. 그러나, 베이징에서, 중심부로부터 교통정체의 통근거리의, 작고, 장식이 없는, 중고의 아파트는 백만 위안으로 설정할 지도 모른다. 이는 도시 연간 평균 소득의 30배이다. 그것은 엄청나게 더 높은 비율이고 뉴욕의 아파트에서 평균 임금의 약 8배 이상이다. 높은 가격은 중국 부동산 개발업자들에게 두터운 이익 마진을 의미한다. 중국의 부동산 버블은 시장에 더 큰 그리고 더 나은 재산을 가져다 줌으로 치열하게 전 국가를 통한 개발업자들에게 빌딩 붐으로 부채질 하였다. 위험할 정도로 빠른 수년간 투자는 경제 성장에 유일한 국내의 기여자로 부동산을 자리매김하게 하였다. 부동산에 투자는 GDP의 10%에 달한다. 그리고 철, 시멘트, 그리고 다른 빌딩 자재들 수요로부터 간접적인 기여 요소들이 들어간다면 이는 상당히 그 이상이다. 중국의 부동산 건설은 단일 규모로 가장 큰 철광석 수요의 견인차이다. 2000년 중반의 부동산 붐은 GDP 성장을 아무 문제없이 두자리 수로 올렸고 철광석 가격을 최고로 높였다. 2008년 하반기 부동산 급습은 2009년 1분기에 세계 철 가격과 중요한 GDP 성장으로부터 낮은 전년대비 6.6%로 국제금융위기에 대한 국내 보상이었다. 정부의 버블가격을 통제하고자 함에 의해 유인된 2008년 급습은 중국 부동산 분야 발전을 형성하는 정책에 있어서 주요 작용을 보여준다. 거의 60%에 가까운 2010년 말 도시 거주 인구의 49.6%를 차지하려고 하는 정부와 함께 도시화의 계속 진행중인 절차는 더 많은 도시 주택에 대한 수요를 창출하였다. 임금의 급속한 증가는, 비록 그들이 NBS 데이터가 제시하는 대로 빠르지는 않지만, 더 높은 양질의 주택에 대한 수요를 몰아갔다. 그러나 도시화도 증가된 부도 그 자체로 중국 주택시장에서 10년 호황을 설명하지는 않았다. 기본적인 수요는 충족되었는지도 모르나 중국의 억압된 금융시스템에 의해 생성된 수익 추구는 끝마무리를 멋있게 하였다. 중국 은행제도에서 저축에 대한 낮거나 혹은 마이너스 수익에 관한 흥미롭게 되기에는 아주 작음으로, 그리고 본토의 급변하는 주식시장에 대한 너무나 많은 흥미로, 부동산 분야는 좋은 내기인 것처럼 보인다. 부동산 시장을 투자 계획에 대한 대체로 사용하는 저축자들에게 가격은 요동쳤다. 그리고 더 높은 가격은 더 많이 자본으로 빨아 들였다. 주요 도시 물가는 평균 가계 소득의 날뛰는 몇 배에 도달했다. 투기자들에게 그것은 문제가 아니다. 어떻게 높은 가격이 갈 수 있는지에 관한 유일한 제한은 얼마나 많은 자본이 가능한 가 이다. 그러나, 정부에게, 집을 소유하고자 하는 꿈이 버블 가격은 woju qun(제한된 거주 계층)로부터 그들의 분수를 넘어서는 증가하는 불만에서 왔다. 부동산의 성장에 대한 기여 대(vs) 높은 가격 비용의 사회 안정화에 대한 충격 사이의 정부의 이익 계산은 중국 부동산 분야에서 발전의 결정권자이다.

2. 데이터가 어떻게 계산되는가?

중국의 주택 가격 데이터는 몇몇 논란의 주제이다. 공식데이터는 주택 가격 증가의 실제 규모를 축소해서 말했다는 것이 널리 알려져 왔다. 2009년 부동산 가격의 평균 증가가 겨우 1.5%에 불과하다는 NBS의 발표는 중국 시민으로부터 성난 실황방송의 폭발처럼 번득임을 유발했다. 민간 연구소와 미래 가계 구매자들의 실제 증거로부터 데이터는 가격이 엄청나게 빠른 비율로 상승했다는 것을 제시한다. 소우펀(Soufun)으로 불리는 기업에 의해 종합된 종합데이터 셋인 중국부동산지수시스템(CREIS)으로부터의 데이터에 근거한 계산은 중국의 최대 9개 도시들의 새로운 주상복합 부동산 평균 가격이 9.4% 증가하였다는 것을 보여준다. NBS를 지키기 위해 연간 물가상승은 전(全) 해 동안 변화를 나타낸다. 그리고 2009년 5개월 동안 물가는 1년 내내 변화를 끌어내리며 실제로 떨어졌었다. 추가로, 화가 난 해설자들은 전형적으로 투기가 만연하고 가격 증가가 빠른 활기가 넘치는 동쪽 해안 지점에 관심을 집중한다. 투기 활동이 적고 물가 상승이 낮은 중앙 지역과 서부지역을 포함하는 1.5%는 국가 평균이다. 그러나 심지어 동해안 도시들에서, NBS에 의해 기록된 가격 변화와 민간 연구소에서 기록한 그것과 그 차이는 중요하다. 베이징에서, NBS 데이터는 2009년에 물가가 5.7% 올랐다는 것을 보여준다. 중국부동산지수시스템(CREIS) 데이터는 물가가 26.5% 증가했다는 것을 제시한다. 공식 데이터가 구조적으로 하향 편향되었다고 결론을 내리는 것을 피하기란 어렵다.

NBS는 주택가격지수에 있어서 대중의 분위기를 알지 못하는 것이 아니다. 2010년에 국가통계국(NBS)의 국장인 마 지안탕은 엄청난 영향을 가져올 개혁을 약속했다. 2011년 초에 통계학자들은 주택가격데이터를 수집하고 공개하기 위한 새로운 시스템을 출시했다. 그러나 새로운 접근은 대답해야 할 많은 질문들을 제기했다. 가장 논란이 큰 많은 관점은 국가평균 주택가격 변화 숫자의 최종공개이다. 통계학자들에 의해 공개되는 타당한 이유는 국가 평균이 중요한 지역 격차를 제거한다는 것이다. 그것은 맞으나 국가 평균은 또한 가장 솔직하였고 중국의 주택 시장 발전의 측정이 광범위하게 주시되었다. 부정적인 사람들은 실제 목적이 사회적 불만의 소문과 통계학자들의 전문적인 완전성에 관한 질문들의 기초가 되어 온 논란의 숫자들을 없애는 것이다.

2011년 초에 출시된 다른 변화들은 만약 적절하게 이행되었다면 더욱 기술적이고 데이터의 질과 세부를 증진시켜야 한다는 것이다:

- 새로운 부동산을 위해, NBS는 지방 공무원들이 주택가격의 표본조사를 행했던 시스템으로부터 계산의 기초로 사용된 지방 부동산 국에 의해 수집된 데이터 거래 시스템까지 변천하였다. 구식 제도는 보다 새로운 충격을 반영하기에 늦은 그리고 평균 단가가 더욱 비싼 부동산의 표본에 근거하였다. 대표적 거래를 고르기 위한 지방 공무원 재량은 또한 간섭하는 사람들이 가격 증가의 정도를 변경하기 위해 데이터를 하향 편중되었다는 의혹을 제기했다. 거래의 100% 점유에 의해 그리고 관계가 없는 지방 공무원들을 위한 재량에 의해, 새로운 제도는 가격 변화의 정도에 더 자세한 숫자를 공급해야만 한다. 2011년 2월 현재, 새로운 접근은 데이터에서 다루어 지는 70개 도시들 가운데 54개 도시에서 출시해왔다. 그리고 나머지 16개 도시들은 여전히 필요한 준비를 하고 있는 중이다. 중고 부동산 가격에 대한 데이터는 거래의 최저 75%를 차지하는 도시 데이터와 함께 조사를 통해 지속적으로 수집이 될 것이다.

• 데이터는 더욱 세부사항으로 공개된다. 70개 도시를 위한 데이터는 새로운 주거용 부동산, 새로운 주상복합 부동산, 중고 부동산을 위해 공개된다. 새로운 주거용 부동산과 새로운 주상복합용 부동산의 차이점은 전자는 더 값이 저렴하고 성장률 편차를 낮춘 사회적 주택을 포함한다는 것이다. 새로운 주상복합 그리고 중고 부동산을 위해 NBS는 90 m^2, 90~144 m^2, 그리고 144 m^2이상의 가격 변화를 공개한다. 한계점으로 90 m^2와 144 m^2의 선택은 더 작은 아파트가 더 적당하다는 기준에서 이러한 규모 이하로 아파트 개발을 조장하는 정부 규제에 근거한다.

3. 데이터 해석

1. Woju의 불운한 자세의 문제들은 주택가격의 점진적 증가에 의해 제기된 것이 아니거나 혹은 평균 임금 인상보다 더 낮은 물가 상승에 의해 제기된 것이 아니다. 그러나, 그림 3.3이 보여주는 바와 같이 주택 가격에 있어서 점진적인 증가와 평

표 3.3 신규 건설된 주거용 건물의 판매가격지수(2011년 1월)

도시	신규 건설된 주거용 건물의 가격 지수: 이전 지불	전년 대비 (1▶)	고정기준 지수	도시	신규 건설된 주거용 건물의 가격 지수: 이전 지불	전년 대비	고정기준 지수
베이징	100.8	106.8	102.4	탕산	100	103.8	101.1
톈진	100.9	106.7	103.1	친황다오	100.8	110.4	105.8
스좌촹	100.8	111.5	106.3	바오터우	100	108	103.9
타이위안	100.2	102.1	100.8	단둥	100.5	112.3	108.2
후허하오터	100.1	106.8	102.8	진저우	100.8	108.1	103.6
선양	100.4	108.8	104.2	지린	101.7	109.2	105.7
다롄	100	106.6	103.3	무단장	101.5	109.9	106.4
창춘	100.4	106.9	102.6	우시	100.8	103.4	101.9
하얼빈	100.2	107.3	103.6	양저우	101	104.9	102.8
상하이 […]	100.9	101.5	100.8	쉬저우	101	103.4	101.8
시안 […]	101.1	105.6	102.2	싼야	100.4	119.1	100.8 ◀2

자료: NBS로부터 종합

균 임금 보다 더 천천히 상승하는 물가는 공식 통계치가 제시하는 바로 그것이다. NBS가 국가 평균 가격 지수를 여전히 공개할 때, 공식 데이터는 평균 주택 가격이 2006-2010년 사이에 기간 동안 23% 증가 했다라고 주장된다. CREIS 데이터는 반대로 중국의 9대 거대 도시의 평균 가격이 63% 상승한 것을 보여준다. NBS 데이터에 의해 변장되었으나 CREIS 데이터에 의해 밝혀진 진실은 중국에서 가장 큰 도시들의 주택가격이 소득보다 엄청나게 더 빠르게 증가한다는 것이다.

2011년 시작 이래 NBS가 가진 새로운 데이터 수집 시스템은 더욱 더 정확한 가격변화 숫자를 제공하려고 한다. 2011년 2월에, 새 시스템으로 생산된 단지 두 달 간 데이터 만이 이용 가능하였다. 이는 그의 정확성에서 면밀한 관찰을 하기에 충분하지 않았다. 그러나 초기 표시들은 좋은 조짐은 아니다. 2011년 1월, 새로운 시스템을 사용한 그 해의 첫 달에 NBS는 상하이와 광저우의 가격이 작년대비 각각 1.5% 그리고 0.1% 올랐다고 보고하였다. CREIS 데이터는 상하이에서 가격이 23% 상승했고 광저우에서 가격이 31% 상승했다는 것을 보여준다. 지속되는 불협화음은 아마도 NBS가 2011년도 초반기 달들에서 구식 그리고 신식 시스템 하에서 모아진 데이터의 혼합물에 의존했기 때문이다. 2012년부터 NBS와 CREIS 데이터의 비교는 신규 제도 하 공식 데이터가 하향 편향을 유지하는지 혹은 그렇지 않은 지의 더욱 명확한 숫자를 제공할 것이다.

2. 중국과 같이 크고 다양한 국가에서는 수많은 지방 부동산 시장이 있다. 뉴욕의 북동 지역 펜트하우스 아파트들이 켄터키의 이동주택 주차장과 관계가 없는 것보다 상하이의 최고급 아파트의 가격은 간쑤 지역의 가축우리 같은 집값과 더 깊은 관계가 있는 것이 아니다. 70개 도시들 분해는 국가를 통한 집값 변화의 변동을 보여준다. 그 데이터는 중국이 국가 부동산 버블을 가지고 있는지 혹은 버블이 몇몇 부동산과 몇몇 도시들의 범주에 제한되었는지에 관한 논쟁으로 반영이 된다. 표 3.3에서 2011년 1월 데이터는 휴가로 활기 넘치는 지역인 하이난 섬 싼야 가격이 전년대비 19.1% 증가하였음을 보여준다. 그동안 산업 그리고 석탄 광

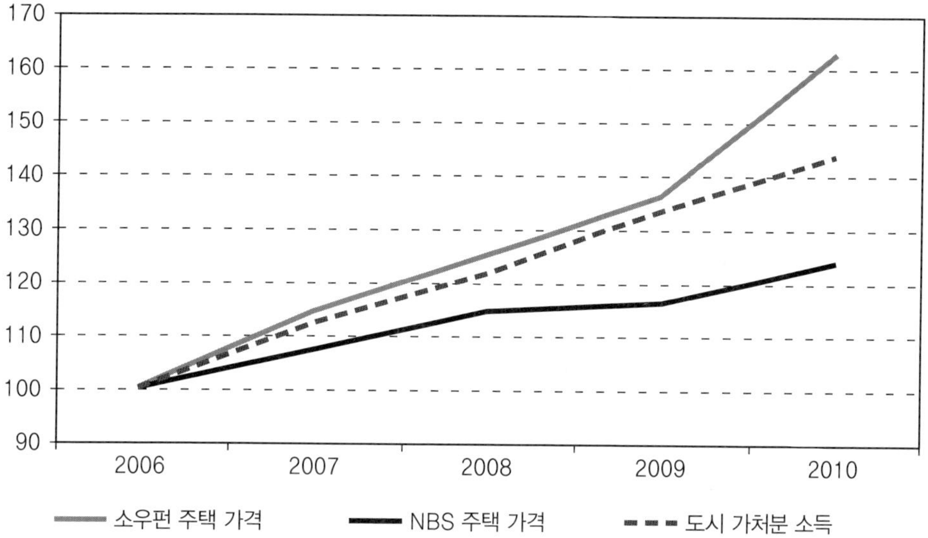

자료: NBS, 소우펀, 저자의 계산

그림 3.3 주택가격 대 도시 인당 가처분 소득 변화 (지수: 2006=100)

표 3.4 신규 건설된 주상복합 건물의 판매가격지수 (2011년 1월)

	신규 건설된 주상복합 건물 판매가격지수				신규 건설된 주상복합 건물 판매가격지수		
도시	이전 지불	전년 대비	고정기초 지수	도시	이전 지불	전년 대비	고정기초 지수
베이징	101	109.1	103	탕산	100	104.1	101.2
텐진	101	107.6	103.5	친황다오	100.9	111.5	106.5
스좌창	100.8	111.7	106.5	바오터우	100	108.1	103.9
타이위안	100.2	102.2	100.8	단둥	100.6	112.3	108.2
후허하오허	100.1	107	102.9	진저우	100.8	108.1	103.6
선양	100.4	109.8	104.6	지린	101.7	109.5	105.9
다롄	100	106.6	103.3	무단장	101.5	110	106.5
창춘	100.4	107.1	102.7	우시	100.9	103.6	102.1
하얼빈	100.2	107.6	103.7	양저우	101.1	104.9	102.9
상하이	101.1	101.8	101	쉬저우	101	103.5	101.9

자료: NBS로부터 종합

산 중심지인 탕산에서 투기자들의 투기가 적었고 물가는 단지 3.8% 올랐다.

중국의 부동산 투기자들에게 모든 아파트들이 동일하게 관심을 자아내는 것은 아니다. 투자를 할 수 있는 사람들에게 가장 바람직한 부동산 투자는 새로 지어진 최고급 아파트들 그리고 부상하는 차선의 도시들이다. 시장에서 최고급에 그들의 관심이 집중된 투기자들에게, 가격 상승이 가장 크고 빠른 곳은 여기이다. 표 3.4에서, 2011년 1월 데이터는 베이징에 새로 지어진 주상복합 아파트의 전년 대비 가격이 9.1% 상승했다는 것을 보여준다. 이는 표 3.3이 보여주는 바와 같이 신규 주거용 아파트 가격 증가가 겨우 6.8%라는 것과 대조적이다. 이 차이의 이유는 신규 주거 데이터가 가격 변화를 하향 편향하는 경향이 있는 저가 사회적 주택을 포함하기 때문이다. 신규 주상복합 데이터는 사회적 주택을 포함하지 않는다. 따라서 이는 사설시장에서 주택가격의 더 세밀한 숫자를 제공한다.

NBS는 또한 중고 주택의 가격 변화에 대한 데이터도 공개한다. 2011년 1월 베이징의 중고 주택 시리즈 가격도 불과 2.6% 상승한 것을 보여준다. 중국 가정은 중고 주택에서 거주 하는데 문화적 불쾌감을 가지고 있다. 기와집 후퉁(hutongs)은 방문하기 아주 훌륭할 지도 모른다. 하지만 어느 누구도 중앙 난방이 아닌 중세의 배관을 가진 아파트에서 살기를 좋아하지는 않을 것이다. 신규 주상복합 아파트에서 살 수 있는 구매자들에게 집중해서, 중고 가격은 매우 느리게 오르는 경향이 있다.

1. 중국 경제 성장의 주된 동력은 부동산 투자이다. 이는 직접적으로 GDP의 10%를 차지하고 철, 시멘트, 그리고 다른 천연자원을 추가한다면 그 이상이다. 부동산 투자 안에서, 가장 중요한 범주는 주거용 투자이다. 이는 2010년 활동의 70% 이상을 차지한다. 왜 이 데이터가 많은 주목을 받았는 지는 쉽게 확인 할 수 있다. 고정자산투자 데이터와 같은 안정된 데이터로부터 주의 깊게 다루어져야 할 필요가 있다.
   - 부동산 투자 데이터는 작년 이맘때부터 현재까지(YTD) 기초로 공개된다. 매년 연초에 그것은 큰 문제가 되지 않는다. 하지만 매년 말, 핵공격이 중국의 전

표 3.5 부동산 개발에 투자 (2011년 2월)

지표	2월		1~2월	
	절대등급	전년대비 증가(%)	절대등급	전년대비 증가(%)
[⋯]				
부동산개발에 투자				
부동산 개발에 투자(1억 위안)	⋯	⋯	4250	**35.2**
1▶ 주거용 건물	⋯	⋯	3014	**34.9**
건설중인 건평(10,000 sq.m)	⋯	⋯	291473	**39.0**
2▶ 주거용 건물	⋯	⋯	224049	**38.9**
신규 시작된 상업용 건물의 건평 (10,000 sq.m)	⋯	⋯	19083	**27.9**
3▶ 주거용 건물	⋯	⋯	14838	**25.4**
완성된 건물의 건평 (10,000 sq.m)	⋯	⋯	6952	**13.9**
주거용 건물	⋯	⋯	5366	**12.1**
판매된 상업용 건물의 건평 (10,000 sq.m)	⋯	⋯	8143	**13.8**
4▶ 주거용 건물	⋯	⋯	7282	**13.2**
사무용 건물	⋯	⋯	192	**26.4**
상업용 건물	⋯	⋯	478	**8.7**
상업용 건물의 판매(1억 위안)	⋯	⋯	5242	**27.4**
주거용 건물	⋯	⋯	4471	**26.2**
사무용 건물	⋯	⋯	244	**46.3**
상업용 건물	⋯	⋯	435	**22.1**
부동산 개발 회사의 자금원천 (1억 위안) o/w:	⋯	⋯	12173	**16.3**
내국채	⋯	⋯	2679	**7.7**
해외투자	⋯	⋯	86	**61.5**
자급자본	⋯	⋯	4184	**21.4**
다른 원천	⋯	⋯	**5223**	**16.6**

동해안을 없앤다 하더라도, NBS의 생존한 구성원들은 여전히 부동산투자의 작년 이맘때부터 현재까지(YTD) 성장이 거의 변화가 없다는 변경된 금융기자의 나머지 부분을 보고하기 위해 방사선 벙커로부터 기어나올 수 있다. 작년 이맘때부터 현재까지(YTD)로부터의 월간데이터를 누락하는 것은 성장의

상당한 차이를 드러낼 수 있다.

- 데이터는 명목 기준으로 작성이 되었고 가격 변화는 간주하지 않는다. 부동산 건설에 있어서 주된 투입물인 원자재 가격과 토지 가격의 변화는 극대일 수도 있다.

2. 건설중인 주택의 표면적에 관한 데이터는 부동산시장에서 공급-수요 균형에 관하여 생각할 수 있는 길을 제공한다. 그림 3.4가 보여주는 바와 같이 판매, 가격, 건설 사이의 움직임 사이에 밀접한 관련이 있다. 판매량과 가격이 올라가기 시작하면 건설 활동은 상승한다. 그것은 상승하는 가격을 억제하면서 신규 공급이 시장으로 들어오는 것을 의미한다. 표 3.5는 2011년 첫 두 달에 건설중인 주거용 건평이 전년 대비 38.9% 증가함을 보여준다. 매우 빠른 투자의 1년 후에 건설에서 지속되는 급속한 성장은 과잉 공급이 부동산 가격을 낮출 수 있다는 것을 제시하였다.

3. 새롭게 시작하는 건평에 관한 데이터는 미래 개발자들의 전망에 식견을 제공한

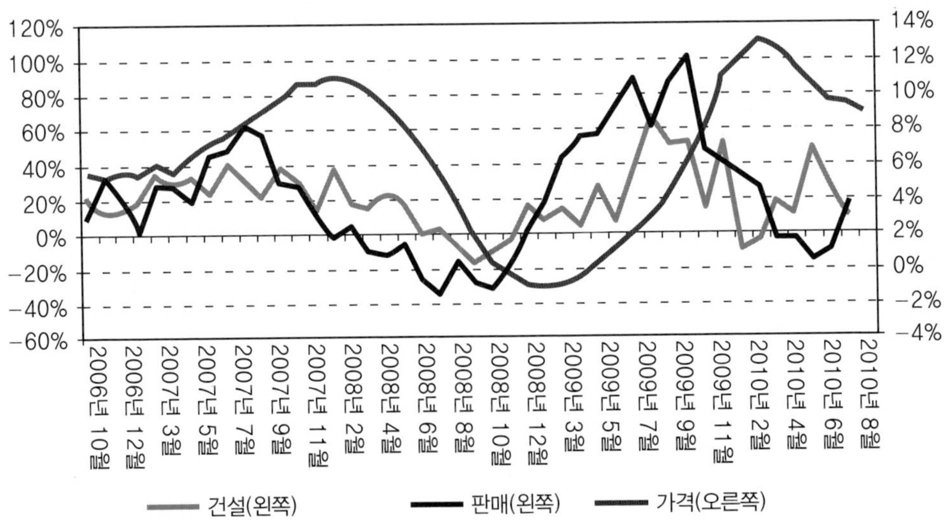

그림 3.4 주거용 부동산의 건설과 판매 대 주택가격 (전년 대비 %)

다. 표 3.5에서 보여주는 바와 같이, 2011년 첫 두 달 데이터는 새로 시작되는 건평이 25.4% 증가했다는 것을 보여준다. 신규 건설에 관한 성장률이 건설 전반에 대한 성장률 보다 더 느리다는 것은 건설업자들이 과잉공급과 신기원을 이루는데 속도를 늦추는 것에 대해 알아차리는 것을 시작할 지도 모른다는 것을 제시했다.

4. 중국의 부동산 개발업자들은 단지 친절한 마음에서 부동산을 건설하지 않는다. 그들은 이윤을 남기기 위해 판매하고자 하는 기대가 있기 때문에 부동산을 건설한다. 부동산 판매는 가격과 투자 모두의 변화에 대한 선행 지표이다. 그림 3.4가 보여주는 바와 같이, 2007년 상반기 그리고 2009년에 다시, 판매의 급속한 증가는 가격을 높였고 개발업자들로 하여금 그들의 투자 지출을 올리도록 용기를 북돋았다. 2007년 말 그리고 2010년 초에 감소하는 판매는 높아지는 가격의 끝을 암시했고 투자에 있어서 더딘 성장을 암시했다.

4. 시장 충격

주식: 부동산 분야는 중국 경제 성장에 있어서 주요 추진체 이다. 그래서 이 또한 주식시장에 영향을 미친다는 데에는 놀랄만한 것이 아니다. 그러나 이 분야에 주된 변화의 결정인자로 정책과 정책 변화에 늦게 반응하는 개발업자로, 주식 시장은 가격, 판매, 건설에 있어서 실제 이동을 기다리지 않고 정책변화에 주로 작용한다. 2007년 8월과 9월에, 정부는 고삐 풀린 주택 가격을 통제하고자 연속된 수치를 발표했다. 본토의 부동산 개발업자들을 위한 그리고 상하이 종합주가지수 전체를 위한 평가들은 다소간 즉각적으로 떨어지기 시작했다. 그러나 2008년 초에야 비로소 주택가격은 하향으로 기울기 시작했다.

상품: 주택가격의 변화는 철, 시멘트, 그리고 구리의 주된 수요 원천으로 세계에서 가장 큰 단일 수요 원천인 중국 부동산 개발업자들에 의한 투자의 변화의 주된 결정인자이다. 상품시장에서 투자가들은 관심을 집중하고 있다.

통화: 환율에서, 주택 가격과 투자의 변동은 중국의 정책입안자들에게 두 가지 다른

방향으로 이끈다. 첫째, 급속히 증가하는 주택가격과 투자에 있어서 성장은 과열의 신호이고 베이징을 더욱 급속한 위안화의 평가절상에 의한 급 브레이크를 밟게 독려한다. 다른 면으로 평가절상된 화폐가 부동산 버블을 부채질하여 투기목적의 자본의 유입을 이끌었을 때 일본의 1980년대 경험의 교훈은 중국 정부에게 주목할 만한 인상을 남긴다. 두 방향으로의 논쟁으로 주택가격에 있어서 변화는 환율을 관리함으로 정부 사고(思考)에 영향을 미치는 주된 영향이 아니다.

3. 중국 부동산 지수 제도

- 시장 민감도: 중
- 무엇인가? 중국 주요도시의 주택 가격 변화에 관한 주간 보고(현재 가격, 제곱 미터 당 중국위안, 전주 대비 %)그리고 거래 량(단위 그리고 10,000m^2)
- 인터넷 상 중국어 뉴스 발간: www.soufun.com
- 인터넷 상 영어 뉴스 발간: 없음
- 발간 시기: 다가오는 주의 월요일
- 빈도: 주간
- 원천: Soufun
- 개정: 없음

1. 왜 중요한가?

부동산 웹사이트인 소우펀(Soufun)은 "주택 탐색"으로 그 이름이 번역이 되는데 이는 중국의 부동산 분야 가격과 거래량의 정교한 데이터베이스를 관리한다. 이는 중국 부동산지수제도(CREIS)라고 불린다. 중국의 대도시와 중급 도시들을 통한 거래량, 팔린 건평, 신규 그리고 중고 부동산을 위한 평균 가격에 대한 주간 데이터는 부동산 분야에 관한 유일한 가장 중요한 정보 원천이다. 총 데이터 셋은 가입자들에게 이용 가능하다. 베이징, 상하이, 광저우, 심천의 4대 대도시를 포함하는 10개 주요 도시에서 신규 부동산 거래를 포함하는 더욱 제한된 데이터 셋은 무료로 공급된다.

2. 데이터가 어떻게 계산되는가?

신규 부동산에 대해, 지방정부 부동산 국은 발생하는 모든 거래에 관한 데이터를 수집한다. 소우펀이 부동산 국과 강한 관계를 발전해 온 도시들에서, 그 정보는 데이터 셋을 위한 기초를 형성하고 소우펀은 모든 거래의 100%를 점유한다. 범위는 중국의 모든 대도시들, 그리고 중 도시들 가운데 100%이다. 부동산 국이 기꺼이 협조하지 않는 몇몇 작은 도시들에서, 소우펀은 데이터를 수집하는데 더욱 어려움이 있고 그 범위는 30%에서 40%로 낮을 수 있다. 지방 부동산 데이터는 부동산 개발업자들과 대리인들로부터 얻어진 정보를 가지고 채워진다.

일정 규모 이상의 프로젝트 만이 계산에 포함된다. 베이징, 상하이, 광저우, 심천에서 거주 프로젝트를 위한 제한은 50,000m^2(약 아파트 550채)이다; 다른 도시들에서 제한은 30,000m^2(약 아파트 330채)이다. 평균 가격의 계산은 가중된다. 따라서 표면적이 더 큰 프로젝트 일수록 계산에서 가중치는 그에 따라 더욱 더 크게 받게 된다. Soufun은 팔리는 아파트의 질에 있어서 변화를 포함하기 위해 역시 조정을 한다. 그래서 그 지수는 가격에 있어서 원래 변화를 측정해야 한다. 중고 부동산에서, Soufun은 다시 1차 데이터를 위해 지방정부 부동산국과 부동산 에이전트에 의존한다. 대도시에 월간 데이터는 월간 도시당 20,000개 거래 이상에 기초한다; 간접 조사에 의해 포함된 작은 도시에서 극소 표본 사이즈는 7,000개 거래이다.

3. 데이터 해석

1. CREIS 데이터는 가격 발전을 위한 NBS 데이터 보다 더욱 시기 적절한, 믿을 만한, 상세한 가이드를 제공한다. 이는 경계숫자에 기여한다. 2009년에 NBS는 주택가격이 거의 전년 대비 1.5% 증가했다고 주장한다. 이 계산은 중국의 가장 큰 9개 도시들이 보여주는 9.4% 증가가 보여주는 CREIS 데이터에 기반을 두고 있다. 그 차이는 공식 주택가격 데이터와 적정한 가격으로 구입할 수 있는 정부의 주택에 관한 걱정으로 공공의 불만을 설명하는데 도움이 된다.

가격 수준에 관한 데이터는 또한 중국의 부동산 버블에 관한 우려와 증가하는 집값 상승에 관한 불만족을 위한 원인을 제공한다. 표 3.6에, 2010년 9월 베이징의 부동산의 1제곱미터 당 평균 가격이 20,039 위안으로 기록된다. 중국 대도시

표 3.6 중국 부동산 지수 제도 가구 가격, 2010년 9월 20일, 주

도시	공급 판매단위 단위	판매 지역 $10,000m^2$	무역 실제교역 단위 단위	실제무역 지역 $10,000m^2$	전주 대비 (%)	교역 가격 평균 가격 위안화	전주 대비 (%) 달러화
베이징	100206	1270.93	2083	24.53	12.48%		
베이징 (저소득 가구 제외)			2068	24.39	14.33%	20039	−7.38%
상하이	46396	652.81	3824	41.51	−2.40%	14500	11.88%
톈진			2073	22.36	6.37%	9612	2.19%
충칭	93944	925.50	7576	65.97	29.18%	6409	5.77%
심천	26790	266.28	1266	10.63	−1.27%	19715	0.72%
광저우	41625	519.77	2806	27.31	0.04%	12450	−3.69%
항저우	19511	279.15	1299	14.34	−1.68%	23177	11.10%
난징	29380	344.53	1061	10.98	−20.91%	14800	−0.55%

자료: 중국 부동산 지수 제도에서 종합

에서 매우 전형적인 사이즈인 90 평방 미터 사이즈의 아파트를 가정하면, 평균 아파트 가격이 180만 위안임을 의미한다.

베이징에서 평균적인 가격의 새 아파트를 구매하기 위해서는, 평균 소득자는 59년 동안 그녀의 혹은 그의 총 소득을 절약해야만 가능할 수도 있다.

가격과 소득 사이의 비율은 전적으로 적당한 가격으로 구입할 수 있는 일방적인 가이드가 아니다. 평균 가격은 약간 높은 가격에 의한 거래로 상향 왜곡되었다. 더 작고 더 값싼 아파트 들은 중고를 구입하려고 하는 이들을 위해, 도시의 가장자리에 사는 이들을 위해, 직장으로부터 몇 시간 동안 매일 출퇴근 하는 그들을 위해 이용 가능하다. 부동산 시장에서 대부분의 행위자들은 평균 소득을 버는 사람들이 아니다. 그리고 상위 10%를 위한 임금에 기초한 비율은 더욱 타당하다. 평균 소득자들이 재산 사다리의 최하층에 도달한다면, 그들은 그들 소득

뿐만 아니라 그들의 동반자의 소득과 부모님들의 양 세트의 저축까지에도 의존할 것이다. 그러나, 이러한 허가에도 불구하고 Soufun 데이터는 평균 소득과 주택가격 사이에 펼쳐진 중국의 부동산 버블에 관한 사람들의 불만의 기초인 상당한 편차를 보여주고 있다.

소우펀 가격 데이터는 최고이다. 그러나 이는 두 가지 이유로 여전히 조심스럽게 해석될 필요가 있다:

- 주간 가격 데이터는 변동성이 심하다. 2010년 4월 중순에, 정부는 주택 가격을 최고로 높였던 부동산 시장에서 투기적 구매에 대항해서 조치를 선포했다. 5월 첫 주에 소우펀 데이터는 베이징의 주택 가격을 19,146/m^2 위안 에서 15,707/m^2 위안으로 떨어졌고 이는 한 주 간 17.9% 하락을 의미한다. 초기 선포의 몇 일 안에 투기자들을 몰아내고 가격을 떨어지게 만들어서 정부의 정책 변화가 사람들의 기대치 보다 빠르게 작용했는가? 실제로는 아니다. 그 다음 주에, 가격은 정부의 엄중단속 전의 수준에 근접하게 21,406/m^2 위안으로 올라갔다. 부동산에 있어서 일종의 전환을 반영하는 끝이 높든지 끝이 낮든지 간에 그 변동성은 매 주 사고 팔렸다. 대형 프로젝트가 시장에 출연하면 수백 혹은 수천 개들이 평균 가격에 영향을 주면서 한 주 안에 동일한 가격지점에서 팔릴 수 있다.
- 주택 버블에 대한 정부의 일부 반응은 가능한 주택의 투자로 이어왔다. 몇몇 도시에서, 가능한 주택의 판매는 평균을 끌어내리고 저가의 잘못된 인상을 만들었다. 문제는 특별히 중국의 가장 부유한 도시이고 부동산 투기를 위한 뜨거운 지점인 상하이에 주목할 만 하다. 표 3.6의 데이터에 따르면 2010년 9월 상하이 부동산 가격은 겨우 14,500/m^2 위안이었다. 이는 베이징 보다 더욱 저렴한 가격이고 또한 상하이의 주변 위성도시인 인근 항저우와 난징 보다 낮은 가격이었다. 월간 데이터 공개로, 소우펀은 나머지로부터 가능한 주택 거래를 구분했다. 그리고 23,000/m^2 위안의 가능한 주택을 제외한 상하이 부동산 가격을 보여준다. 그

러나 주간 데이터에서, 가능한 주택 가격은 나머지 거래들과 뒤섞였다. 그래서 몇몇 도시 평균은 주의 깊게 다루어져야 한다.

2. 거래량에 관한 데이터는 중국 주택 시장의 역동성 대한 대단한 식견을 제공한다. 주택 시장은 때때로 정부가 심판으로 활동하는 구매자와 판매자 사이의 치킨 게임처럼 보일지도 모른다. 만약 정부가 너무나 물가가 빨리 상승한다고 결정하면, 투기자들을 시장으로부터 압박함으로 인해 이는 새로운 통제로 중재할 것이다. 구매자들은 정책변화가 가격 하락을 초래할 것인지를 관망하기 위해 뒤로 물러선다. 개발자들은 감소된 이득이 그들로 하여금 가격을 낮추도록 하기 전에 구매자들이 겁을 먹고 그만두고 시장으로 돌아갈 것이다 라고 희망하며 있는 자리에 그대로 있는다. 거래량은 하락하나 가격은 안정적으로 머문다. 결과는 누가 겁을 먹고 처음으로 돌아가냐에 달려있다. 만약에 구매자들이 돌아온다면, 가격은 그들의 상향 행진을 재개할 것이다. 만약에 개발자들이 압박을 받고 제기능을 못한다면, 가격은 떨어지기 시작할지도 모른다.

2010년 여름에, 정부가 투기를 진압하기 위해 활동한 연후에 거래량은 급속히 떨어졌다. 베이징에서, 3월의 마지막 주에 부동산의 380,000m^2 이상의 거래를 포함하는 3,084개의 높은 거래는 7월 둘째 주에 564개 거래로 낮아져, 67,000m^2 무너졌고, 판매된 제곱 미터의 단위로 82%가 하락했다. 그러나, 그림 3.5가 보여주는 바와 같이, 여름이 지나가고 개발자들이 가격을 낮추는 어떠한 신호도 보여주지 않음으로 구매자들은 솔선하여 처음으로 방향을 틀었었다. 정부로부터 더 간섭을 강요하며 거래량은 치밀어 올랐고 가격은 다시 오르기 시작했다. 거래 데이터에 관해 주목할 다른 점은 이것이 계절 변화에 영향을 받는다는 것이다. 그림 3.5가 보여주는 바와 같이 2월 중국 춘절에 아무도 주택을 구매하지 않지만 10월 국경일은 구매를 위한 최고의 시기이다.

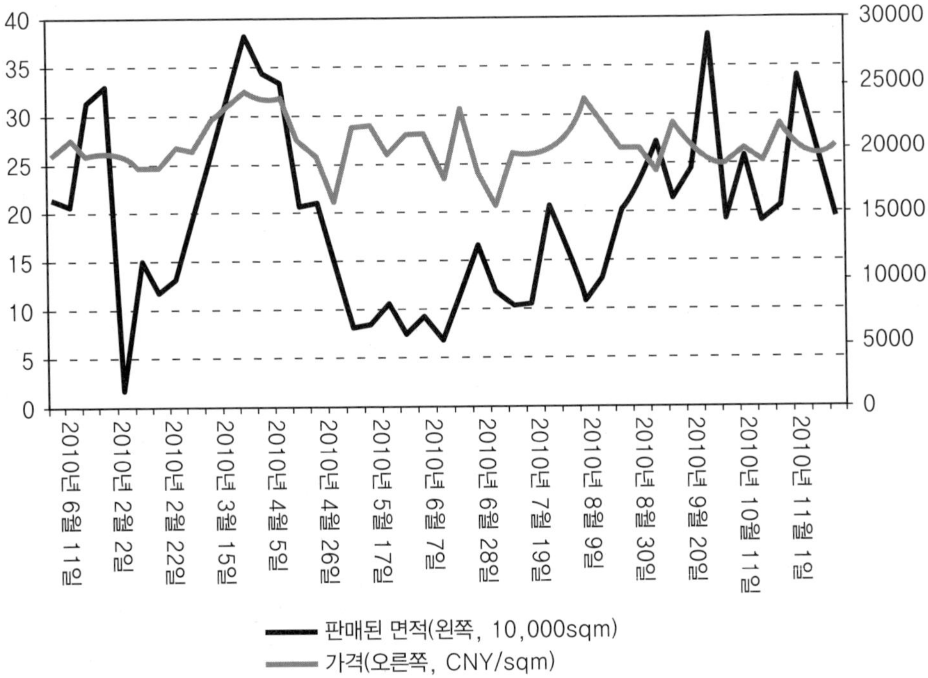

자료: 중국 부동산지수시스템(CREIS)

그림 3.5 베이징: 판매된 주간 바닥 면적 대 평균 가격

4. 시장충격

Soufan 데이터는 NBS 데이터 보다 중국 주택 시장에서 중국의 주택 시장 발전을 위해 더욱 시기적절하고, 정확하고 세밀한 가이드이다. 시장을 움직이기 위한 이의 능력은 이에 상응하여 더욱 커져야 한다. 이것이 아직 마킷 무버가 아닌 유일한 이유는 이는 상대적으로 새롭고 단지 중국에서만 가능하고 지불하는 의뢰인에게만 전적으로 가능하다는 것이다.

CHAPTER 04

가계 부문

1. 소매판매

- 시장 민감도: 중
- 무엇인가? 현재 달에, 1억 중국위안, YoY%, MoM%으로 소매판매 월간 보고서는 명목으로 공개
- 인터넷 상 중국어 뉴스 발간: www.stats.gov.cn/
- 인터넷 상 영어 뉴스 발간: www.stats.gov.cn/english/
- 발간시기: 베이징 시간으로 오전 10시, 이듬 달 11번째 날에 주로 발간. 3월, 6월, 9월, 12월 데이터는 분기 GDP 데이터와 일치하기 위해 나중에 공개
- 빈도: 월간; 1월 데이터와 2월 데이터는 같이 공개
- 원천: NBS(국가통계국)
- 개정: 없음

1. 왜 중요한가?

중국 소비자들은 힘든 시간을 가진다. 회사들의 이득은 높고 근로자들의 임금은 낮다. 약한 사회 안전망은 높고 빈약한 임금율이 사고, 질병, 노령에 대한 보험으로 저축이 되어야 한다는 것을 의미한다. 미국에서 가계소비는 모든 경제활동의 70%를 차지한다. 중국에서 가계 지출의 몫은 GDP의 35%이고 지난 10년 간 대부분 잘못된 방향으로 움직였다. 현금을 상점에서 소비하는 것 보다 빽빽하게 매트리스 밑에 채워 넣는 것을 좋아하는 중국의 무겁게 압박하는 가계로, 투자와 수출은 GDP 성장의 주된 원동력이 되어 왔다.

정부는 이 불균형 성장 모델은 영원히 지속될 수는 없다라고 인식하였다. 갈 곳 없는 다리를 건설하지 않고 만들어 질 수 있는 그리고 생산라인이 전용량으로 결코 경영될 수 없는 공장을 짓는 데는 이 투자에는 한계가 있다. 10년 이상 투자에 정신없이 달려가는 성장으로, 많은 해설자들은 한계가 도래하려 한다고 믿는다. 동시에 세계경제위기에 뒤이어 미국과 유럽의 소비자들은 그들의 신용카드를 가위로 잘라버리고 더 이상 중국의 성장동력에 의존할 수 없다. 중국 정부는 늘어진 내수를 끌어올리기를 원한다. 월간 소매판매데이터는 가계 소비의 강세를 위한 완벽한 가이드는 아니나 높은 빈도 데이터 간에 이것은 최선의 가이드 이다.

2. 데이터가 어떻게 계산되는가?

NBS는 소매판매를 계산하는데 세가지 방향 접근을 가진다. 첫째, 약 5,000개의 초대형 규모 기업들 데이터는 NBS 본부에 직접 보고된다. 둘째, 약 130,000개의 큰 회사들(연간 영업수입이 2천만 위안 이상되는 도매 판매자들, 연간 영업수입이 5백만 위안 이상되는 소매업자들, 연간 영업수입이 2백만 위안 이상 되는 호텔들과 음식점들)을 위해, 지방통계국은 데이터를 모아서 행정라인상 상부로 보고한다. 셋째, 한계점 이하 2,840만개 작은 회사들에게, NBS는 표본 조사를 시행한다. 표본 조사에서 작은 많은 회사들에게, 회계는 강점이 아니다. NBS는 표본 조사에서 회사들을 두 개 그룹으로 나눈다:

신뢰할 만한 숫자들을 그들 스스로 제출하는 신뢰할 수 있는 회사들 조사 팀으로부터 인터뷰를 요구하는 회사들.

3. 데이터 해석

1. 데이터로부터 주요 내용은 이번달 소매판매 상위 성장이다. 이것은 소매활동의 힘을 반영하는 숫자이고 가계들이 판매하는지의 단서를 제공한다. 2011년까지 주된 관심사는 전년대비 성장률(YoY%)이다. 2011년부터 NBS는 전달 대비(MoM) 성장 숫자를 공개했다. 전달대비 성장 데이터는 현재 성장세를 위한 더 좋은 지표이고 전년대비(YoY) 숫자로부터의 몇몇 세상의 주목을 차지할 것이다.

표 4.1 소비재의 소매판매(2010년 9월)

	지표	9월		1월~9월	
		절대등급	전년대비 증가(%)	절대등급	전년대비 증가(%)
	[...]				
1▶	**소비재의 총 소매판매(1억 위안):**	13537	18.8	111029	18.3
	[...]				
2▶	곡물, 석유, 식품, 음료, 담배, 주류	702	31.9	5248	22.3
	의복, 신발, 모자, 니트	459	26.7	4000	24.0
	화장품	78	16.7	635	16.3
	금, 은, 보석류	109	54.9	897	43.4
	일상용품	183	28.9	1467	24.9
	스포츠와 레크리에이션 제품	26	24.9	214	18.0
	가전제품과 AV 장비	334	28.5	2907	28.1
	전통 중국과 서양 의학	279	20.6	2151	22.4
	문화와 사무용기기	101	31.3	799	23.1
	가구	65	39.6	479	38.4
	통신기기	69	14.8	564	17.9
	석유와 관련 제품	937	29.3	7454	35.0
3▶	자동차	1480	29.7	11659	34.9
4▶	건설과 장식 재료	75	39.0	502	31.6

자료: NBS로부터 종합

표 4.1에서 2010년 9월 데이터는 전년대비 18.8% 성장하는 소매판매를 보여준다. 그것은 매우 빨라 보인다. 중국 경제를 전진하도록 나아가게 하는 국내소비엔진이 마침내 결론을 내리도록 유혹할지도 모른다. 그러나 소매판매 데이터는 가계수요를 강하게 만드는 가이드로서 완벽하게 간단하지는 않다. 어떠한 결론으로 도약하기 전에, 몇몇 경고들이 고려되어야만 한다:

- 대부분 사람들에게, 소매판매는 가계에 의해 상점에서 지불한다는 것을 의미한다. 중국에서 이는 스토리의 일부에 불과하다. 소매판매숫자는 가계에 의해 지출되는 것을 포함하는 것 뿐만 아니라 정부 부처에 의한 지출과 기업간 판매에 의한 지출도 또한 포함이 된다. 만약에 인민해방군(PLA)이 3월이 230만 군인들 각각의 새로운 유니폼을 구매하기에 좋은 시기라고 결정이 된다면 이는 의복 판매에서 급등을 의미한다. 그러나, PLA가 미채색이 여름에 적합하지 않을 것이고 따라서 유니폼이 매 계절 마다 업데이트 되어져야 한다고 결정하지 않는 한 이는 지속될 것 같지 않은 급등이다.
- 공개된 숫자는 명목 기준이다. 2010년 9월에 소비자물가지수(CPI)가 3.6%를 가르키는 것을 고려한다면 실질성장은 덜 인상적인 15.2%이다.
- 소매판매숫자는 서비스 지출을 포함하지 않는다. NBS에 따르면 가계지출의 60%는 재화에 대한 지출이다. 이발비, 교육비, 의료비에 속하는 40%는 소매판매 데이터에 나타나지 않는다.
- 소매판매 성장에 있어서 순환적 운동을 감추는 더 큰 구조적 추세가 작동한다. 중국의 가계는 점점 부유해 지고 도시로 이동하고 더욱 더 많이 지출하다. NBS는 이 과정은 소매 판매에서 성장하기 위해 1년에 1% 포인트 가량 추가하는 경향이 있다고 말했다. 그 장기 구조적 경향은 소비자들의 소비지출을 계속 증가시킴으로 인해 쾌활한 소비자들의 오해를 발생시키는 소매판매 성장에 있어서 더 짧은 주기적 운동을 모호하게 한다.

가계 지출을 강하게 하기 위한 더욱 더 명확한 지침은 지출 측 GDP 데이터에서 가계 소비 요소이다. 이 데이터 셋은 정부지출과 사업지출을 배제하고 서비스 분야 가계 지출을 추가하는 장점이 있다. 그림 4.1이 보여주는 바와 같이 지난 10년 동안 매년 소매판매에서의 성장은 가계 소비에서 성장보다 더 빨라왔다. 두 데이터 시리즈 사이의 대조는 가계 소비의 증강을 위한 가이드로서 소매 판매 데이터의 부족함을 나타낸다. 그리고 중국의 소비자들이 성장을 유도하는데 중심적인 역할을 할 수 있기 전에 여행하기에 남겨진 그 거리이다. 두 가지 차이가 크다고 하는 그 갭에서 소매판매의 큰 몫이 정부지출에 의해 소비되는 것을 대표하는 것(아마도 PLA를 위한 새로운 여름 유니폼)은 2008년과 2009년 이었다. 단지 일년에 한번 가능한 지출측면 GDP 데이터를 가지고, 그리고 나서 상당한 지체 후에 가계소득과 지출 데이터(분기로 공개되는)는 소매판매 데이터에 대항하는 더욱 시기 적절한 점검을 한다.

2. 소매지출의 상당한 요소는 비재량적이다. 음식, 의복, 그리고 다른 필수품의 구매

자료: NBS, 저자의 계산

그림 4.1 소매판매 대 가계소비(전년동기대비(YoY)%)

는 경기순환에 영향을 받지 않는다. 이는 산업부가가치 보다 소매판매에서 성장을 상당히 더욱 안정되게 만든다. 그리고 이는 경제의 변화에 덜 민감한 지표이다. 이들이 특이한 성격을 또한 지님에도 불구하고 자동차와 가전제품의 구매에 있어서 변화는 수요 변화의 주요 성장률 보다 더 나은 지표이다.

3. 2007년 11월에, 중국에서 가장 큰 도시인 충칭에서 카르푸 슈퍼마켓에 우르르 몰려들어서 3명이 사망했고 31명이 부상당했다. 이유는? 51.4 위안(미달러로 6.9달러) 가격의 조리용 기름을 11.5 위안(미달러로 1.5달러) 깎아주는 프로모션 제공 때문이다. 중국 사람들은 협상(흥정)을 좋아한다. 그리고 지불하고자 하는 장려책은 소매판매 데이터에 상당한 충격을 줄 수 있었다. 2009년에, 정부는 에너지 효율적인 자동차를 구매하는 모든이들에게 세금감면을 제공했다. 이러한 인센티브는 소비자들의 결과에 영향을 미쳤다. 정체된 임금과 고용 전망에 대한 불확실성에도 불구하고 소매판매에 있어서 전체 성장이 단지 15%인 것과 비교해서 자동차 판매는 전년대비 33% 급증했다. 이것은 자동차 판매는 소매판매에 있어서 주요 성장에 약 1.5% 기여했음을 의미했다. 미국의 "노후차량 보상 프로그램" 제도와 같이 세금우대조치는 위기를 통해 소매판매를 강하게 하는데 도움을 주었다. 그러나 세금우대조치는 가계수요의 근본적인 힘의 그릇된 생각을 발생시켰다. 더 넓은 관점은 정부 전략과 인센티브는 소매판매 성장률에 실질적 충격을 줄 수 있다는 것이다.

4. 중국의 소매판매 데이터의 추가적인 이상함은 이는 건설과 장식 자재 지출을 포함한다는 것이다. 벽돌과 시멘트 지출은 일반적으로 투자 지출이라고 한다. 중국의 GDP 계산에서, 이는 투자 범주에 포함이 된다. 이를 소매판매에 포함시키는 것은 주요 수치를 높이는 또 다른 요인이다. 건물과 장식자재에 지출이 총 소매판매 비율에서 미소함으로, 그 왜곡은 심각하지 않다. 그러나 표 4.1의 2010년 9월 데이터에서 보여주는 바와 같이, 성장이 빠를 때, 주요 성장에 그것은 추가적으로 0.5%를 추가할 수 있다.

4. 시장충격

주식: 가계, 정부 혹은 기업이 상점을 공략하는 지 여부는 문제가 아니다; 더 높은 판매는 더 높은 이윤을 의미하고 강한 경제 성장을 가리킨다. 소매판매에서 강한 성장이 주식에 긍정적이다.

상품: 소매 판매는 산업부가가치와 고정자산투자에 뒤이어 상품시장을 위한 제2차 지표이다. 그러나 자동차와 가전제품은 그들이 만들어 질 때 철과 플라스틱을 요구하고 그들이 사용될 때 에너지가 요구된다. 즉, 소매판매는 또한 상품시장으로부터 어느 정도 주목을 받는다.

통화: 화폐시장에서, 소매판매는 2차 지표이다. 숫자는 심각한 차이가 교역자의 주목을 받게 될 지도 모른다는 점에 의해서 상향 또는 하향에 놀라게 한다. 그러나, 일반적으로 NBS 월간 공개에서 화폐시장에서 집중은 다른 곳에서 이다.

2. 도시와 지방 가계 조사

- 시장민감도: 낮음
- 무엇인가? 도시와 지방 가구의 소득에 관한 분기 보고. 작년 이맘때부터 현재까지(YTD), 현재가격 그리고 명목 전년대비(YoY%) 증가를 공개.
- 인터넷 상 중국어 뉴스 발간: www.stats.gov.cn/
- 인터넷 상 영어 뉴스 발간: www.stats.gov.cn/english/
- 발간 시기: 다음 분기 중간 즈음
- 빈도: 분기
- 원천: NBS
- 개정: 없음

1. 왜 중요한가?

얼마나 빨리 중국 가계 소득이 증가하는가? 그 질문에 대한 답은 다음 두 이유로 중요하다:

- 소득이 증가하는 가계는 행복한 가계이다. 그리고 소득이 감소하는 가계는 행복하지 않은 가계이다. 평균 도시 가계는 실질로 30년 전 보다 일곱 배나 부유하다. 그 성장 수준은 수많은 사회 안정성을 구매한다. 그러나 소득이 더욱 느리게 성장해온 몇년 동안에 혹은 실질수준으로 떨어졌을 때, 몇년 동안 불안정한 속도로 싸울 준비가 되었다. 학생들과 근로자들이 베이징의 거리로 간 그 해들인 1988년과 1989년이 중국의 가계들이 그들의 실질 소득이 떨어질 때 개혁기간에서 유일한 연도라는 것은 우연의 일치가 아니다.
- 소득이 급속하게 증가했음을 누린 가계들은 상점에서 지불할 돈이 더욱 더 많았다. 그리고 정체된 임금으로 어려움을 겪고 있는 가계들은 그렇지 않았다. 수요

의 원천으로 외국 소비자들을 이용하기 위한 중국의 능력의 한계로, 정부는 국내 가계가 주된 성장의 원동력으로 중앙으로 진출하기를 바란다.

사회 안정성의 기본으로 그리고 경제성장의 지주로서, 중국의 가계소득 이해는 새로운 중요한 의미를 가지고 있다. 도시와 지방 소득의 NBS 분기 조사는 이 이야기를 해 준다.

2. 어떻게 데이터가 계산되는가?

도시와 지방 가계 조사는 분리해서 이루어진다. 도시 조사를 위해 NBS는 476개 도시와 65,000개의 가계 표본을 가지고 있다. 조사에 참여하는 가계는 NBS에 의해 제공되는 표준 형식으로 그들의 소득과 지출의 일일 기록을 유지할 것이 기대되고 있다. 지방 NBS 조사 팀들은 가계로부터 완성된 양식들을 수집하고 이들은 초기 검토에 대한 책임이 있다. 증명된 데이터는 자치 주로부터 주도(성) 그리고 전국의 NBS로 전달된다. 매년, 표본에서 가계의 1/3은 밖으로 순환된다. 따라서 전 표본은 3년 마다 재생된다.

검토들이 이루어 지나 그것이 조사가 문제가 없음을 이야기 하는 것은 아니다. 그들 가운데 첫번째는 중국의 가장 높은 소득자들의 그들 소득의 세부사항을 조사팀들에게 공개하기를 꺼려한다는 것이다. NBS는 국가세무총국이나 경비국이 아니다. 그러나 기껏해야 의심스러운 그리고 최악으로는 불법의 원천으로부터 그들 소득의 대부분을 차지하는 (혹은 심지어 그들 소득의 대부분)중국의 엘리트 계층 소득으로, 그들은 자연스럽게 공무원 배지를 차고 있는 아무에게도 세부사항을 제공하도록 마음이 내키지 않는다. 결과는 조사가 평균 소득 수준을 축소해서 말하고 가진 자와 가지지 못한 자의 구분의 정도를 축소해서 말한다.

지방 조사에서, NBS 표본은 국가를 통틀어서 68,000개의 가계를 다루고 있다. 도시 조사의 경우와 같이, 가계는 그들의 소득과 지출의 세부사항에 대해 매일 양식을 작성한다. 이 정보는 지방 조사 팀에 의해 매달 수집이 되고 베이징에 있는 NBS 본사로 백업해 전송된다.

도시와 지방 가계를 분리해서 다룬다는 것은 이해가 된다. 중국의 도시와 지방의 조건은 매우 다르다. 그러나 특히 국제 비교를 가능하게 하기 위해서 국가 전체를 대표하는 하나의 숫자를 가지는 것 또한 이해가 된다. 결과가 아직 공개되지는 않았지만, 2010년부터, NBS는 통일된 접근을 시도하고 있다.

3. 데이터 해석

1. 도시 가계 일인당 평균 총 수입은 세 전 소득과 국가보험지불이 만들어졌다는 것을 보여주고 있다. 중국 가계들은 4가지 주된 소득의 원천을 가지고 있다. 임금은 전체의 약 2/3를 차지하고 있다. 다음으로 가장 큰 기여는 이전으로 이는 정부로부터의 복지 지출을 포함한다. 이는 가계 소득의 1/4을 차지한다. 어떠한 가계가 운영하는 기업으로의 소득인 운영 소득은 약 8%를 차지한다. 투자 수입은 부동산으로부터 지대, 주식투자로부터의 수입, 입금계좌의 이자를 포함한다. 평균 가계에, 이는 소득의 약 2% 이상을 차지한다. 상이한 시기에, 상이한 요소들은 소득

표 4.2 도시 가계의 지역별 소득(2010년 1분기, 2분기)

				1	2
	가계 수	평균 가계 규모(명)	가구 당 평균 구성 수	일인당 평균 총 소득(위안)	일인당 가처분 소득(위안)
국가 전체	65607.2	2.88	1.49	10699	9757
베이징	5000.0	2.79	1.58	16864	14750
[...]					
3▶ 상하이	999.7	2.9	1.6	18273	16360
[...]					
후난	1250.0	2.91	1.41	8967	8438
[...]					
쓰촨성	2650.0	2.87	1.51	8941	8168
[...]					
간수	880.0	2.76	1.37	7016	6447

자료: NBS로부터 종합

의 변화에 다소간 기여한다. 2009년에 임금의 증가는 밋밋했다. 그러나 국가 연금에서의 엄청난 증가는 이전 소득을 높게 하였다. 그리고 주식과 부동산의 강한 연도에는 자본 투자로부터 소득을 상승시켰다.

2. 가처분 소득은 세후 소득과 국가 보험이 지불된 후 소득이다. 표 4.2에서 2010년 상반기에 평균 도시 거주자는 9,757 위안($1,434)의 가처분 소득을 가졌다. 이는 2009년 동기간 대비 10.1%가 상승한 수치이다. 2010년 상반기 전년 대비 2.6% 상승한 소비자 물가의 변화를 고려한다면 실질 도시 임금은 7.5% 상승했다.

그림 4.2가 보여주는 것과 같이, 도시 가처분 소득 데이터는 가계 소비의 힘에 관한 소매 판매 와는 다른 이야기를 한다. 2010년 상반기에 도시지역 소매 판매는 전년 대비 18.6% 증가했다. 만약 도시 소득이 단지 10.1% 증가했었다면(중국 가계가 지출보다 저축을 더 많이 한다는 사실을 믿기는 어렵다), 중국의 가계가 소매판매에서 18.6%를 창출하기 충분하게 강하게 상점을 강타할 수 있을 지도 모

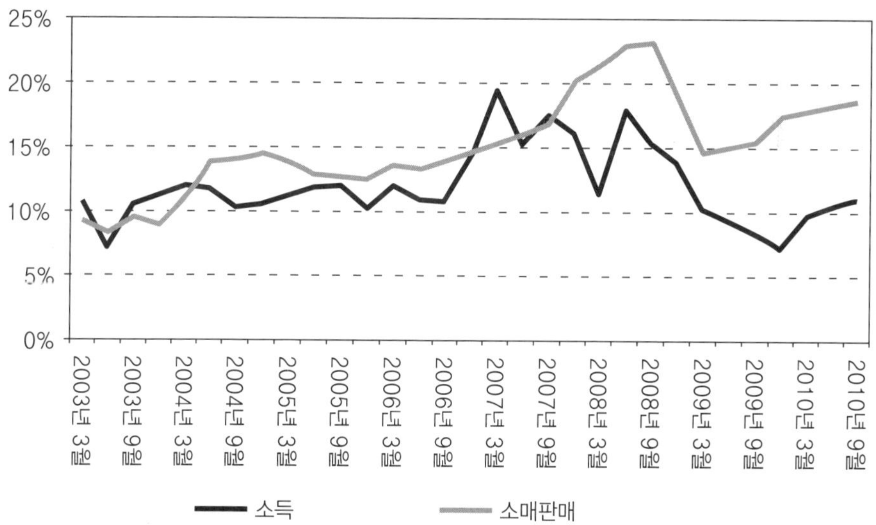

자료: NBS, 저자의 계산

그림 4.2 도시 일인당 가처분 소득 대 소매 판매(YoY%)

른다. 그것은 정부 지출과 기업 지출이 소매판매 성장에 강하게 작용했다는 것을 제시한다.

도시 가처분 소득 데이터는 6억 6천 5백만 중국 도시 거주자의 증가하는 지출의 힘을 위한 유용한 지침이다. 그러나 이것은 몇 가지 이유로 또한 조심스럽게 해석되어야 할 필요가 있다:

- 중국 가계들은, 특별히 중요한 가장 부유한 가계를 위한 실종된 소득을 가지고, 제도적으로 그들의 소득을 축소해서 이야기 한다. 중국 경제체제개혁 기금회의의 왕 샤오루(Wang Xiaolu) 교수에 의한 조사는 2008년에 인구의 상위 10%에서 회색 수입(gray income)이 1일당 소득에 95,000 위안($ 13,970) 추가되었다는 사실을 발견하였다. 당시 일인당 소득은 139,000 위안($ 20,441)이다. 그림 4.3이 보여주는 바와 같이, 이는 보고되는 공식데이터의 세배가 넘는 수준이다. 상류층을

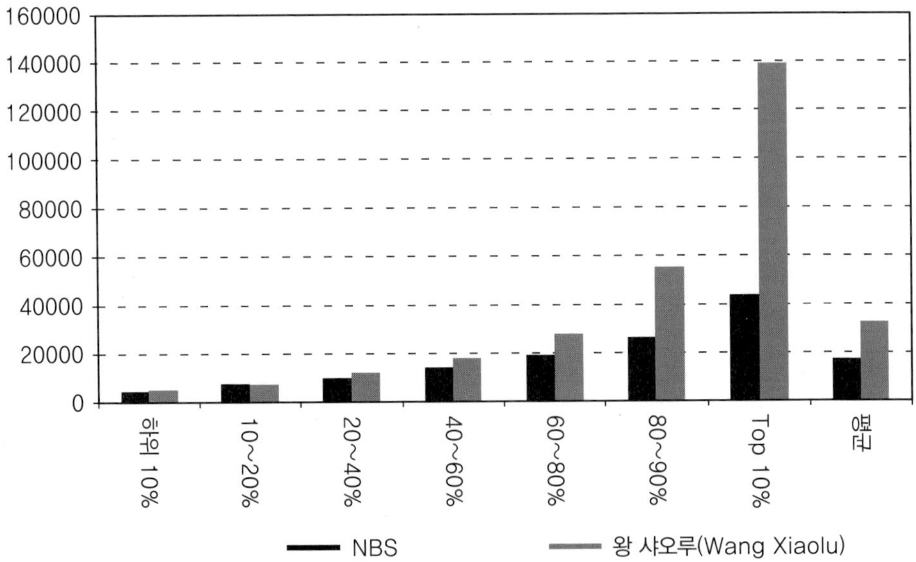

자료: NBS, Wang Xiaolu

그림 4.3 백분위 수로 가계 소득: NBS 대 왕 샤오루(Wang Xiaolu) 추정(2008, 중국위안)

위한 엄청나게 높은 소득이 평균을 끌어 올렸다. Wang 교수의 방법론은 비대표적인 표본 집단으로 덜 완벽했다. 그러나, 왜냐하면 공식적인 데이터가 제시하는 최고 층은 43,613 위안($6,413)을 벌었기 때문에 구찌, 루이뷔통, 벤틀리는 중국을 그들의 세계성장 전략의 중심으로 만들지 않았다. Wang 교수는 정확하게 적중하지 않았을 지도 모른다. 그러나 그의 숫자들은 NBS의 숫자보다 수긍이 간다.

- 분기데이터에서 NBS에 의해 공개된 단순 평균은 상이한 인구의 분야 사이에 소득의 넓은 분포를 위장했다. NBS로부터 연간 데이터는 이 국가에서 최고 부자와 최고 가난한 가계를 위한 소득의 분해를 제공한다. 2008년 데이터는 가계의 최고 부자 10%가 43,613 위안($ 6,413)의 일인당 가처분 소득을 가졌다 라고 보여줬다. 이는 최빈층 10%의 소득인 4,753 위안($ 698)보다 아홉배나 더 큰 숫자이다. 이 소득 분포는 중국에게 약 0.45의 지니 계수를 계산하게 되었고 이는 미국의 숫자와 비슷하다. 그러나 만약 Wang 교수의 연구가 믿어 진다면, 가진 자와 가지지 않은 자 사이의 차이는 사회적으로 불안한 최하위 10% 보다 25배 더 많은 최상위 10%로 공식데이터가 주장하는 바 보다 심지어 더 광대할 수 있다.
- 중국 가족에 숨겨진 많은 세금으로, "가처분 소득"이라는 단어는 무언가 부적절한 명칭이다. 공식 세율은 낮을 지도 모른다. 하지만 공공서비스와 복지준비가 약하고 질적으로 고르지 못한 상태에서 중국 가계는 그들 소득의 대부분을 자녀 교육, 좋지 못한 건강의 위험에 대비한 보호를 위해 그리고 노년을 준비하기 위해서 저축하도록 강요 당한다. 과도하게 높은 부동산 가격은 또한 중국 가계에 감추어진 세금이다. 집사다리의 맨 아래 가로대에 빌을 얹기를 원하는 평균 소득자들은 수년 동안 절약해서 저축하는 방법 밖에 없다. 도시 가계의 가처분 소득은 도시 가계의 가처분에서 전부는 아니다.

3. 성에 의한 경계는 눈부신 동해안과 더욱 퇴보하는 중부 그리고 서부 내륙지역 사이의 소득에서 상당한 차이를 부여한다. 번창하는 동해안인 상하이의 일인당 소득은 가난한 북서쪽에 가장 낮은 소득인 간수(Gansu)지역보다 2.5배나 높다.

1. 중국의 6억 7천 4백만 소작농들은 가난하다. 2009년 현금수입은 단지 일인당 6,270 위안($922)이었다. 상당기간 집으로부터 떨어져서 사는 가족 구성원들의 표본에서 포함은 (1년에 7-8개월 동안 농장을 떠나 공장에서 일하는 남편이나 성인 자녀들) 심지어 그렇게 낮은 숫자가 아마도 상향 편이 되어있을지도 모른다는 것을 의미한다. 평균 지방 소득은 세계은행이 말하는 절대 빈곤인 1일에 $1 수치 그 이상이다. 그러나 이는 중국의 도시에서 향유하는 평균 연간 소득 18,858 위안 ($2,773) 보다는 상당히 낮은 수치이다. 낮은 교육 수준, 지방 지역에 낮은 투자, 노동이동성의 장벽 모두는 중국의 지방 소득이 낮아지도록 공모한다. 지방 소득이 도시 소득 보다 낮은 비율로 성장함에 따라 중국의 도시와 시골 쥐 사이의 차이는 또한 점점 넓어진다. 중국의 대다수 지방은 그들의 개혁 시기의 초기에 지방 보다 절대치로 매우 부유해 졌다. 그러나 상대적인 개념으로 그들의 위치는 매우 악화되었다. 증가하는 불평등은 본토의 사회적 안정을 위협하는 것 들 가운데 하나이다.

표 4.3 지역별 지방 가계의 일인당 현금소득(중국 위안, 2010년 1분기)

1 ▼ 2 ▼

지역	총 현금 소득	임금과 급여로부터 소득	현금소득: 가계 운영으로부터 소득 총계	농업	임업	축산업	어업	부동산 소득	이전 소득
국가 총계	**1814.3**	**761.6**	**855.2**	**360.8**	**15.5**	**228.2**	**29.1**	**59.4**	**138.0**
베이징	4308.5	2684.8	673.8	77.5	12.9	302.6	9.9	357.6	592.4
[···]									
상하이	5671.1	3989.7	290.3	95.5	0.0	39.1	21.5	420.6	970.5
3▶ [···]									
티벳	563.5	154.7	308.2	60.7	20.2	98.6	0.6	11.4	89.2

자료: NBS로부터 종합

2. 지방 가계의 가장 큰 소득의 원천은 가족 농장으로 알려진 그들 자체 기업으로부터 나온다. 영업수입은 지방 가계 수입의 약 50%를 차지한다. 고용으로부터 소득은 두 번째로 큰 자금의 원천이다. 건설현장, 도로변 거래, 서비스 분야의 비공식적인 일에 그들의 시간을 고용함으로 인해 근로자들이 더 이윤이 높은 길을 발견하기 때문에 대도시 근처의 지방 가계에 그 비율은 반대로 될 수 있다. 베이징 부근에, 지방 가계는 그들 소득의 거의 2/3를 고용으로 벌고 있다. 지방 가계에게는 일반적으로 그들 토지의 일부를 빌려줌을 의미하는 투자 수입은 전체의 약 3%이다. 이전(transfers)은 농업 보조금과 복지 수당을 반영하고 이는 총 소득의 약 7%이다.
3. 지방 소득은 지방 간 매우 다양하다. 크고 부유한 동부 도시들에 거주하는 소작농들은 고급의 고용 기회와 높은 임금으로부터 이득을 보고 있다. 덜 발달된 중부와 서부 지방에 거주하는 소작농들은 그렇지 않다. 지방 티벳의 미개한 주민들은 상하이 부근에 사는 이들의 현금 소득의 1/10도 안 되는 액수로 그럭저럭 살아가고 있다. 가장 부유한 마을과 가장 가난한 마을 사이의 소득 격차는 가장 부유한 도시와 가장 가난한 도시 사이의 소득격차보다 더욱 더 크다.

4. 시장충격

10년 전에 도시와 지방 가계 조사는 사회학자와 정치학자에게 주된 관심이었다. 현재, 중국의 가계들이 성장의 동인으로 중심무대로 그 위치를 옮겨감에 따라 조사는 투자가들로부터 또한 주목을 점점 더 많이 받고 있다. 그러나 그 데이터는 매우 긴 지연과 시장을 움직이기에는 정확도에 관해 너무나 많은 질문들 때문에 매우 드물게 나온다.

3. 국가통계국 소비자 신뢰지수

- 시장민감도: 낮음
- 무엇인가? 소비자신뢰조사
- 인터넷 상 중국어 뉴스 발간: www.stats.gov.cn/
- 인터넷 상 영어 뉴스 발간: www.stats.gov.cn/english/
- 발간시기: 다음 달 늦게
- 빈도: 월간
- 원천: NBS
- 개정: 없음

1. 왜 중요한가?

미국에서 소비자신뢰는 중요하다. 확신하는 소비자들은 사업에 능숙하다; 그들은 새로운 자동차, 컴퓨터 또는 세탁기를 구매하려는 더 많은 의사가 있다. 자신이 없는 소비자들은 사업에 능숙하지 않다; 그들은 그들의 자금을 상점에서 구매하는데 사용하는 것 보다 신용카드 대금을 갚는데 더 많이 사용하려는 경향이 있다. 가계 소비가 GDP의 70%를 차지하는 가운데, 소비자 신뢰의 변화는 단지 미국 성장과 고용을 변동시키는 것을 예측하는 것 만은 아니다; 그들은 미국 성장과 고용을 이동시키도록 만든다. 이는 소비자 신뢰가 시장의 주목을 받게 한다.

가계 소비가 GDP의 35%에 불과한 중국에서 소비자 신뢰는 여전히 중요하다. 그러나 지금까지 이는 그렇게 중요하지 않았다. 중국 소비자들은 커다란 경제 총액을 미국의 사촌들이 하는 방식으로 움직일 지출의 힘을 가지지 않았다. 그러나 그것이 변화하려 하고 있다. 소득은 증가하고 있고 재량 지출은 그들과 함께 증가하고 있다. 중국 기업들은 국제 시장에서와 같이 내수에도 많은 관심을 가지기 시작한다.

만일 중국 소비자들이 경제 성장의 새로운 아이돌로 중앙 무대로 진출한다면, 소비자 민감도 여론조사는 새로운 중요성으로 자리잡을 것이다. 두 개의 기관들이 이미 중국 소비자 신뢰가 증가하는 것에 돈을 걸기 시작하였다. NBS는 1991년 이래 소비자 신뢰 조사를 수행하고 있다. 2007년에 민간 연구 회사인 INTAGE가 독립적인 조사로 설전에 가담했다.

2. 어떻게 데이터가 계산되는가?

NBS 조사는 단지 6개 도시에 기초한 표본을 가지고 매우 허름하게 시작했다. 그러나 매년 이는 14개 이상 도시로 확대 되어 총 20개 도시로 확대 되었다. 당국은 표본의 정확한 크기와 구성에 대한 정보를 누설하지 않았다. 그러나 그들은 중국의 6억 6천 5백만 도시 주민의 교차세트를 대표한다고 주장하고 있다.

소비자 신뢰지수(CCI)는 두개의 분리된 지표의 조합이다. 하나는 소비자 만족도이고 하나는 소비자 기대이다:

- **소비자 만족도 지수(CSI)**는 가계의 현재 상황에 대한 견해를 측정한다. 참여자들은 현재 경제, 임금, 삶의 질에 대한 조건에 대한 견해를 물어본다.
- **소비자 기대 지수(CEI)**는 가계의 미래에 대한 견해를 측정한다. 참여자들은 경제, 노동시장, 삶의 질, 소비자 내구재 구매에 관한 그들의 미래 연도의 기대에 대해 물어본다.

지수를 계산할 때, 만약 긍정적인 그리고 부정적인 답변들이 똑같다면, 그 점수는 100이 될 것이다. 100 이상 되는 점수는 가계가 긍정적인 견해를 가지고 있음을 의미한다; 100 이하의 점수는 가계가 부정적인 견해를 가지고 있음을 의미한다.

CCI는 CSI와 CEI를 단일 지표로 묶는다. 두개 지표들은 약간 다른 가중치가 주어진다. CEI에는 60% 가중치가 부여되는데 이는 CSI에의 40% 가중치 보다 약간 더 무거운 가중치이다. 기대에 대한 더 높은 가중치는 CCI에게 전향적 포장을 한다.

3. 데이터 해석

데이터 셋의 가장 좋은 부분은 최근 CCI 숫자이다. 표 4.4에서 2010년 8월 지수 107.3의 점수는 소비자가 지속적으로 긍정적인 전망을 가지고 있다(점수가 100 이상이었다)는 것을 제시했다. 그러나 여름에는 이전 보다 약간 덜 긍정적이었다(8월에 107.3은 7월에 107.8 그리고 6월 108.5로부터 하락했었다)는 것을 제시했다.

이론적으로 소비자들은 경제 변화에 매우 민감해야만 한다. 그리고 소비자 신뢰는 산업부가가치와 소매 판매와 같은 경제 활동의 주요 측정치에 선행해서 움직여야 한다. 사실, 그림 4.4가 보여주는 바와 같이, NBS CCI는 경제 전망을 하기에 일치하는 가이드를 제공하지는 않는다. 2003년 5월에 CCI를 언뜻 살펴보면 가계가 사스(SARS)의 위협으로부터 반응함에 따라 세계가 종말하려고 하였다. 소매 판매도 또한 하락했다. 그러나 소매 판매는 매우 빨리 회복되었다. 금융위기 일년 전인 2007년 말에, 중국 소비자들은 신뢰를 잃기 시작하였다. 그리고 지표에서의 하락은 도래하는 재앙의 선행지표였다. 그러나 2009년에 소비자 신뢰의 반등은 실질 경제에서 회복을 뒤쳐진다.

왜 CCI는 경제활동을 예측하는데 잘하지 못하는가? 몇몇 요인들이 작용한다:

- 가장 명백한 이유는 소비자들이 특별히 중국 성장 스토리의 중요한 부분이 아니라는 것이다. 소비자 쇼핑 리스트에 높지 않은 철강과 시멘트 산업 부분은 투자

표 4.4 소비자신뢰지수(CCI, 2010년 8월)

날짜	소비자기대지수 (CEI)	소비자만족도지수 (CSI)	소비자신뢰지수 (CCI)
[...]			
2009.12	104.0	103.8	103.9
2010.01	104.6	104.8	104.7
2010.02	104.5	103.7	104.2
2010.03	108.2	107.5	107.9
2010.04	106.8	106.2	106.6
2010.05	108.2	107.7	108.0
2010.06	108.9	107.8	108.5
2010.07	108.6	106.4	107.8
2010.08	107.9	106.2	107.3

자료: NBS로부터 종합

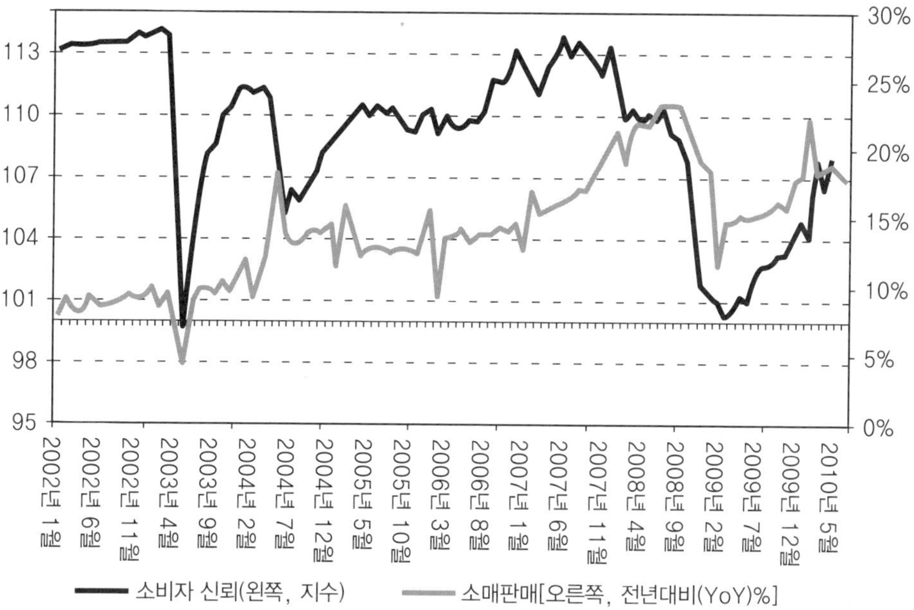

자료: NBS

그림 4.4 소비자신뢰지수 대 소매판매

재를 공급하기 위해 추진된다. 제조업 부분은 외국 소비자들에게 수출에 적합하게 만든다. 중국의 산출물의 대부분 생산을 담당하는 기업들은 국내 소비자들이 확신하는지 아닌지에 관심이 없다.

- 소매판매로, 가계소비자들은 유일한 수요의 원천은 아니다. 소매 판매 데이터는 가계에 의해 지출되는 것 뿐만 아니라 정부와 기업들에 의해 지출되는 것까지 포함한다. 소비자 신뢰는 NBS CCI가 제시하는 바와 같이 상향 그리고 하향할 지도 모른다. 그러나, 가계가 저축할 때 지출과 가계가 지출할 때 저축은 경기순환과 반대하는 역할을 함으로 인해 정부의 소비자 신뢰의 소매판매에 대한 효과는 모호하다.
- 가계 지출의 큰 부분은 비재량적이다. 신뢰를 하든 안 하든 간에, 가계는 여전히 음식, 의복 그리고 다른 필수재화를 구입할 것이다. 단지 사치재와 값비싼 소비자 내구재에 대한 지출과 신뢰의 변화에 따라 다르다. 중국에서 평균 소득이 여

전히 낮음으로 그 재량지출은 상대적으로 전체의 낮은 비율을 차지하고 있다.

- 마지막으로, 정책은 가계 지출 결정을 하는데 중요한 역할을 하고 있다. 만약에 정부가 2009년에 행했던 것처럼 자동차 구매에 관해 엄청난 세금우대조치를 제공한다면, 이는 소비자 신뢰 조사가 예측할 수 없었던 것처럼 소비자 전망을 변화시키고 더 많은 판매를 발생시키게 된다.

4. 시장충격

NBS 소비자 신뢰조사의 결과는 소매판매, 산업산출지표 이후에 그 달에 늦게 나타나게 된다. 그리고 INTAGE로부터 소비자 신뢰의 대안 측정은 이미 공개된다. 경제 활동에 있어서 예측하는 변화의 불일치 기록은 또한 매력적인 것은 아니다. 소득이 증가함에 따라 그리고 재량적 지출이 증가함에 따라 이 지표는 상승된 홍염을 얻을 지도 모른다. 그러나 현재 이는 시장 관심의 집중은 아니다.

4. INTAGE 중국소비자민감조사

- 시장민감도: 낮음
- 무엇인가? 소비자 신뢰 조사, 2007년 4월에 지수는 100
- 인터넷 상 중국어 뉴스 발간: www.intage-china.com
- 인터넷 상 영어 뉴스 발간: www.intage-china.com
- 발간시기: 지불한 가입자들은 매달 마지막 날에 완벽한 데이터 셋을 받음; 주요 데이터는 14일 이후에 회사 웹사이트에서 무료로 제공
- 빈도: 월간
- 원천: 중국 INTAGE
- 개정: 없음

1. 왜 중요한가?

INTAGE 소비자 민감 조사는 경제 지표 파티에서 늦게 오는 것이다. NBS CCI는 1991년 이래 등장했다. INTAGE는 2007년에 도래했다.(그시기에 *ezidata* 브랜드로) 그러나 이는 빈손으로 오지 않았다. 더 정교한 데이터 셋은 그리고 중국의 재량적 지출의 총괄계정인 고소득자들을 향해 왜곡된 샘플은 INTAGE가 공식적인 NBS 데이터에 추가하여 무엇인가를 공급함을 의미한다.

2. 데이터가 어떻게 계산되는가?

월 초에 INTAGE는 중국의 30개 가장 발전된 도시의 거주자를 상대로 약 1,000번의 전화 인터뷰를 수행한다. 인터뷰는 약 10-15분 정도 지속된다 그리고 30개 질문이 포함되어 있다. 인터뷰 대상자들은 18-64세이고 재무와 투자에 있어서 가계 결정에 책임을 지고 있는 사람들이다. 그리고 그들은 층화추출표본으로 무작위로 선택이 된다. 소비자민감지수는 다음의 5개 질문에 근거한다:

1. 당신의 가족의 재무 상태가 1년 전 보다 증가되었나요 아님 감소되었나요?
2. 미래에, 당신 가족의 향후 1년 재무 상황이 나아질까요? 또는 악화될까요?
3. 그리고 지금으로부터 1년 후에, 지역 전체로 당신은 사업 조건이 현재보다 더 좋아질까요? 아님 더 악화될까요? 또는 같을까요?
4. 향후 5년 동안 이 지역의 사업 조건에 관해 어떻게 생각하는가요? 당신은 5년 후에 사업 조건이 좋아질 것으로, 같을 것으로, 혹은 악화될 것으로 생각하시나요?
5. 소비자들이 가계를 위해 구입하는 가구, 가전제품, 컴퓨터, TV와 같은 대형 소비자 내구재에 관해 사람들이 그와 같은 주요 가정 용품들을 구매하기에 좋은 시간인가? 나쁜 시간인가?

지수질문들에 대한 모든 대답은 매우 좋음(VF), 좋음(F), 중간, 적합하지 않음(U), 매우 적합하지 않음(VU), 모르겠음/거절의 5가지 범주로 구분이 된다. 각 대답의 비율은 먼저 계산되고 각 질문에 점수를 매기기 위해 다음의 식을 사용해 가중한다:

$$점수 = 100\% + 1.0 \times \%VF + 0.5 \times \%F - 0.5 \times \%U - 1.0 \times \%VU$$

점수는 양의 대답 퍼센티지와 음의 대답 퍼센티지 사이의 차이를 설명한다. 만약 양의 대답비율과 음의 대답비율이 같다면, 점수는 100이다. 만약 양의 대답 비율이 음의 대답 비율보다 크다면 그 점수는 100 이상이다. 만약 양의 대답 비율이 음의 대답 비율보다 작다면 점수는 100 이하이다.

소비자 신뢰지수에 도달하기 위해, INTAGE는 모든 다섯 개 점수를 더해서 기준 달(현재는 2007년 4월)의 숫자로 나눈다.

NBS 조사와 INTAGE 접근 사이의 주된 차이는 다음과 같다. NBS는 대표적인 인구의 단면을 표본조사 하려고 하는 반면에 INTAGE 표본은 더 높은 소득 계층에 편향되어 있다. 처음에는 왜곡된 표본집단은 (판매에 있어서) 커다란 장점처럼 들리지 않는다. 그러나, 중국에서 부자들과 가난한 자들의 빈부격차는 매우 크다. 따라서 가난한 사람들의 소비력은 매우 제한되었다. 따라서 부자들에게 편향된 표본 집단은 어느 정도 이해가 간다. 란저우의 거리 청소부에게 그의 월 소득이 그를 겨우 입혀주고 먹여주기에 빠듯한데 그가 자동차를 구매할 계획이 있는지 여부를 질문할 필요가 없다. 중국의 부유한 중산층에 의한 지출이 소매판매 데이터를 움직이고 있다면, 중국의 중산층은 조사의 대상이 되어야만 한다.

3. 데이터 해석

1. INTAGE의 월간 데이터 공개의 주요내용과 비가입자들에게 공개되는 유일한 주요내용은 지수의 주요 숫자이다. 지수 증가는 소비자들이 이번 달에 지난 달 보다 더욱 신뢰한다는 것을 의미한다. 지수의 감소는 소비자들이 이번 달을 지난 달 보다 덜 선호한다는 것을 의미한다. 표 4.5에서, 2010년 9월 데이터는 지수가 그 해 2월 이후 가장 높은 수준인 8월에 96.1에서 103.0로 급속으로 증가한 것을 보여준다. 불분명한 시작으로부터 3분기까지 지표의 급속한 증가는 소비자들이 미래에 관해 신뢰가 증가하였다는 것을 나타낸다.

   이론상, 그 지수는 소매 판매에서 움직임을 예측하는데 좋은 방법이어야만 한다.

표 4.5 소비자민감지수와 요소들(2010년 9월)

[…]	11월 2009년	12월 2009년	1월 2010년	2월 2010년	3월 2010년	4월 2010년	5월 2010년	6월 2010년	7월 2010년	8월 2010년	9월 2010년
개인 금융: 현재	121.9	125.7	109.9	129.8	115	117.6	118.3	126.2	124.4	121.6	131.7
2▶ 내구재 소비조건	115.1	113.1	114	115.3	109.2	107.4	105.5	111.4	109.2	107.9	116.5
현재 지수	104.3	105.1	98.6	107.9	98.7	99	98.5	104.6	102.8	101	109.3
개인금융: 예측	128.1	129.7	123.5	135.1	126.3	126.4	129.5	129	126.7	126.8	132.6
사업조건: 1년	127.3	127.2	128.4	132.1	130.8	126.5	125.7	130.2	127.3	122.3	134
사업조건: 5년	143.5	138.9	146.2	146.9	146.9	141.6	144.3	150.4	150.2	136.5	144.3
기대 지수	96.6	95.8	96.4	100.3	97.8	95.5	96.7	99.2	97.9	93.4	99.5
1▶ **총 지수**	**99.3**	**99.1**	**97.2**	**103**	**98.1**	**96.8**	**97.4**	**101.1**	**99.6**	**96.1**	**103**

자료: INTAGE로부터 종합

미래에 대해 확신하는 소비자들은 더 많이 구매하는 경향이 있다; 미래에 대해 불확실한 소비자들은 적게 구매한다. 실제는, NBS 소비자 신뢰 조사를 몹시 괴롭히는 것 같은 문제들이 INTAGE 지수에서 작용하고 있다. 소비자구매변화의 충격, 낮은 재량적 가계지출 비율, 대형 구매의 시기를 형성하는 정책의 역할을 없애는데 있어서 정부구매의 경기순환경향과 반대되는 역할은 모두 예측 도구로서 소비자 신뢰의 신뢰성을 감소하게 한다. INTAGE 조사가 진행되는 단기에 그의 예측 기록은 섞였다. 소매판매가 감소하기 전 거의 1년 간 2007년에 지수는 10월에 낮아졌다. 2008년 12월 증가하는 지수와 함께, 2009년 3월에 소매판매가 회복되기 3개월 전, 2008년 말에 선행기간은 다소간 빠듯했었다.

2. INTAGE 서비스 가입자들에게, 더욱 더 세밀한 데이터가 이용가능하다. 가입자들은 소비자들의 현재 그리고 미래 조건의 추정, 현재와 미래 그들의 개인금융 상태, 단기, 중기 사업 조건, 주요 소비자 내구재(컴퓨터나 자동차 같은)의 구매에 적절한 시기인지에 관한 월간 소비자들의 추정치 숫자를 얻는다. 이들 하부지표들의 일부는 소매판매의 주요 요소들 안에서 움직임과 매우 상관관계가 있다. 특별히, 그림 4.5가 보여주는 바와 같이, 소비자들의 내구재 구입에 관한 태도 지수는 2008년 말에 자동차 판매의 급증을 추격하고 있다.

4. 시장 충격

시간이 지남에 따라, 중국 경제에서 성장의 추진체로 가계의 중요성은 증가할 것이고 시장은 소비자 신뢰의 측정에 더욱 주목할 것이다. 만약 INTAGE 조사가 소매 판매의 예측 변화의 강한 기록을 나타낼 수 있다면 그 주목을 받을 것이다. 현재, 이는 시장을 움직이는 자는 아니다.

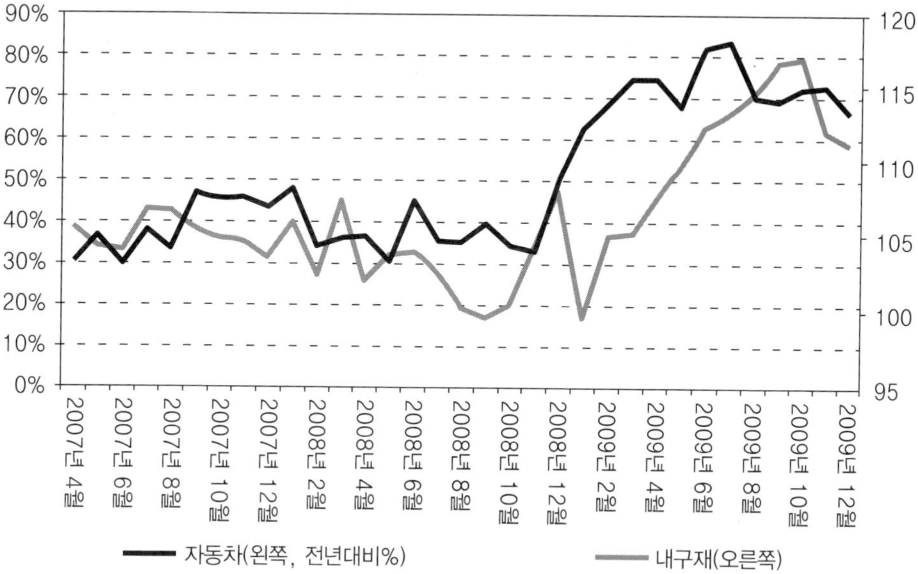

자료: INTAGE, 블룸버그, 저자의 계산

그림 4.5 내구재 구매 조건 지수 대 자동차 소매 판매

CHAPTER 05

대외 부문

1. 무역

- 시장민감도: 높음
- 무엇인가? 수출, 수입, 무역 흑자에 관한 보고. 현재가격으로 1억 미달러로 공개되고 이달, 그리고, 작년 이맘때부터 현재까지를 위한 명목 전년대비 증가(YoY%)
- 인터넷 상 중국어 뉴스 발간: www.customs.gov.cn/publish/portal0
- 인터넷 상 영어 뉴스 발간: http://english.customs.gov.cn/publish/portal191/
- 발간시기: 다음달 10일, 오전 약 10시
- 빈도: 월간
- 원천: 해관총서
- 개정: 없음

1. 왜 중요한가?

요새 이것이 믿기에 어려울 지 모르지만, 국내 산업의 커다란 부분은 심하게 중국의 2001년 WTO 가입과 반대이다. 중국의 통신, 기계, 자동차 생산자들과 그들의 정부 대표자들은 조치에 대항하여 이를 악물고 싸웠다. 중국의 WTO 가입에 대해 협상을 주도한 주룽지 총리는 국익을 판 반역자로 비난 받았었다. 10년 후, 2009년 2위 독일을 따라 잡아 중국은 세계 최고의 수출국이 되었다. 저부가가치 직물, 장난감, 공구 산업은 WTO 가입이 여전히 그 자리에 있을 때 10년 전 수출 분야의 중심이었다. 그러나 중국이 가치사슬을 이동함에 따라 다른 산업들이 눈에 띄게 성장했다. 중국은 세계 최대 휴대폰 수출국이고 기계류 생산자들은 세계시장 지분을 위해 일본과 한국 회사들에 도전하고 있고 광저우와 선전의 부두들은 중국 브랜드 자동차들의 무리들로 늘어서 있다. 세기 초에 WTO 가입에 대항해 이를 악물고 필사적으로 싸운 동일한 산업들은 10년 후에 최대 승리자들이 되었다. 중국의 수출은 자국내 GDP의 매 3위안 가운데 1위안이고(즉 자국내 GDP의 1/3임) 세계 수출의 9%이다. 수출 데이터는 중국 경제 상태의 중요한 판단기준 뿐만 아니라 세계 수요력의 판단기준이기도 하다.

중국 수출업자들에게 WTO 진입은 세계 시장에 대한 문호를 개방하도록 했다. 그러나 빠른 지위 상승은 다른 요인들의 범위로부터 지지 없이는 불가능했을지도 모른다. 낮은 임금, 토지, 에너지 사용료는 중국의 수출업자들로 하여금 그들 생산품 가격을 낮게 유지하게 하였다. 자본에 대한 낮은 비용과 지적재산권에 대한 자유로운 접근은 수출업자들이 그들 생산에 있어서 규모를 얻게 될 수 있다는 것과 새로운 기술을 재빠르게 소화해 낼 수 있다는 것을 의미한다. 저평가된 위안화는 경쟁력을 증강시켰다. 그러나 폭등하는 수출을 초래하는 같은 정책들은 수입성장을 제한했다. 낮은 임금은 외국 소비재 수요를 제한한다. 국내 산업에 있어서 낮은 자본 비용은 지방 생산 개시가 해외로부터 얻는 것에 대해 상대적으로 저렴한 대안이라는 것을 의미한다. 그리고 저평가된 위안은 국내 생산자들이 찬성하여 결정적인 역할을 한다. 산업엔진을 공급하는 상품, 중국 제조업자들에게도 점점 증가하는 고기술 생산 수, 그리고 항구 근처에 위치한 공장에서 조립되어 그들의 최종 목적지로 재수출되는 중간재는 중국 수입의 압도적인 수를 구성한다. 즉, 수입데이터가 국내 소비력이 아닌 중국의 산업 분야와 해외수요 전망의 수출업자들의 추측으로부터 수요력을 반영한다.

2. 환율: 4막 드라마

급등하는 수출과 급락하는 수입 사이의 차이는 고도 정치 드라마인 중국 무역 흑자를 창출했다. 경제학 교과서에 따르면 무역 흑자인 국가는 그 나라 통화의 평가절상을 하게 된다. 이는 흑자규모가 소멸될 때까지 수출을 더욱 비싸게 하고 수입을 더욱 저렴하게 한다. 금융 위기 이전 몇 년 동안, 중국의 무역 흑자규모는 비대해 졌다. 그러나, 베이징의 정책입안자들은 그들의 경제학교과서를 읽지 않았거나 혹은 읽었지만 다른 견해를 표명했다. 결과는 세계무대에 나가는 서사시 규모의 드라마이다.

- I막, 무역불균형을 바로잡기 위해 위안화의 상향 변동환율제를 허용하는 대신에, 베이징은 환율을 엄격하게 통제 유지하였다. WTO에 가입한 2001년과 2005년 7월 사이에 위안화는 1달러에 8.27 위안으로 고정 되었다.
- II막은 더욱 신났고 심지어 약간의 논의가 포함되었다. 2005년 7월부터 2008년 8월까지, 위안화는 21% 상승하여 마지막 기에 1달러는 약 6.83 위안이 되었다. 이 평가절상에도 불구하고 무역 흑자는 계속 증가해 2005년 GDP의 4.5%에서 2007년 GDP의 7.7%로 상승했다. "이는 당신이 위안화를 충분히 평가 절상하게 하지 않았기 때문이다."라고 워싱턴 D.C.는 말했고, "아니다," "이것은 환율이 무역수지를 결정하는 주된 요소가 아니다."라고 베이징은 말했다.
- III막, 경제 위기는 드라마의 역동을 변경시켰다. 3년간 위안화의 평가절상은 끝이 났다. 내수 부양이 수입 증가를 견인함과 동시에 해외 수요의 붕괴는 중국 무역 흑자의 수축을 초래했다. 위기가 자리를 잡히는 것을 허용하며 월가의 역할에 의해 그리고 연준의 느슨한 통화정책에 의해 누그러진 미국은 입을 다물어 버렸다. 그러나 2010년 초에 위기의 원천이 기억에서 서서히 지워져 짐에 따라 그리고 미

국의 실업이 높아짐에 따라 워싱턴 D.C.로부터의 반감의 이구동성은 증가했다.

- 2010년 6월은 IV막을 위한 시간이었다. 베이징은 달러화에 대한 고정이 끝나고 위안화의 가치를 결정하는데 시장의 역할이 더 확대되는 환율 관리의 새로운 장이 시작되었다고 선언하였다.

현재 문제는 마지막 장에 무슨 일이 일어날 지 이다. 베이징의 견해는 더 작은 흑자로의 전환은 구조적인 것이고 심각한 위안화 평가절상에 대한 기초는 없다. 워싱턴 D.C.로 부터의 견해는 중국의 흑자는 여전히 매우 상당하고 위안화의 심각한 평가절상은 균형관계 회복을 위한 필요 조건이다.

3. 데이터가 어떻게 계산되는가?

중국해관총서의 기록에 따르면, 2009년 중국의 미국으로의 수출은 2,200억 달러에 달한다. 미국 통계국에 따르면 미국의 중국으로부터 수입은 2,960억 달러에 달해 760억 달러가 중국 측에 의한 기록 보다 더 많다. 동 연도에 중국 세관은 일본과의 무역적자가 320억 달러라고 보고했다. 이는 일본으로 하여금 중국과의 무역에서 무역 흑자를 자랑하는 G8의 유일한 국가라는 것을 창출하였다. 그러나 일본의 데이터에 따르면 그 상황은 반대였고 중국은 120억 달러의 쌍무무역 흑자를 향유하였다. 어떻게 된 것인가? 통계적 날쌘 손재주의 다른 경우? 중국의 무역 흑자의 심각성을 숨기기 위한 시도 그리고 이의 환율제도의 비판 모면? 실질 이유는 더더군다나 일상적이다.

미국 상무부와 중국 상무부는 무역 데이터에 있어서 불일치를 두 가지 요소로 예측하였다. 첫째, 해관총서에 의해서 만들어진 숫자의 영토 기준은 중국 본토와 독립 지역으로 운영되는 홍콩, 마카오이다. 많은 중국의 수출들은 최종 목적지로 향하기 전에 홍콩에서 잠시 들른다. 이러한 재화들은 중국 측면에서 홍콩으로의 수출로 기록되지만 미국에서는 중국으로부터의 수입으로 기록된다. 홍콩을 통과하는 수출은 미국과 중국 데이터 사이의 불일치의 약 25%이다. 중국으로부터 제 3국을 경유해서 미국으로 수출은 또 다른 25%이다. 나머지 50%는 무엇인가? 불일치의 나머지 설명은 중국에서 값싸게 구매해서 미국에서 가격을 인상해 판매하는 중개인 무역에 있다. 중국에서 팔리는 재화의 낮은 가격은 중국 세관에 보고되는 가격이다; 미국에서 판매되는 높은 가격은 미국 세관에 보고되는 가격이다. 공산주의자 음모가 아닌 통계적 예외는 중국의 수입 수출데이터와 무역 파트너들과의 데이터 사이의 불일치를 설명하다.

가치, 생산 범주, 세관 제도, 기업 소유권, 기원, 목적지에 관한 세부 데이터는 모든 수출된 그리고 수입된 재화에 대해 수집된다. 그리고 이는 세관원에 의해 확인된다. 수출에 대해, 재화들은 재화를 선박에 인도하는 비용은 포함되지만 다른 비용들은 포함되지 않는 FOB(선적운임이 포함된)에 기초하여 평가된다. 수입에 대해, 가치의 기초는 CIF(운임보험료포함가격)이다. 이름이 제시하는 것과 같이 이는 보험과 화물운송비를 포함한다. 해관총서는 전국 각 세관 구역에 통계사무실을 가지고 있다. 이러한 사무실들은 베이징에 있는 본사로 전송되기 전에 초기 수집과 데이터 검증의 책임이 있다.

4. 데이터 해석

1. 시장의 첫번째 관심은 수출의 전년대비 성장(YoY)이다. 위기 전에 버블 년도에,

표 5.1 무역 요약 표(2010년 7월)

2010년 7월 전국 수입과 수출 표

단위: 1억 달러

	항목	현재 달	작년 이맘때 부터 현재까지 총 가치	현재 달 지난 달 대비 % 변화	현재 달 작년 대비 % 변화	작년 이맘때 부터 현재까지 작년 대비 % 변화
	총 수입과 수출	2,623.08	16,170.47	3.00	30.8	40.9
1▶	총 수출	1,455.19	8,504.90	5.90	38.0	35.6
2▶	총 수입	1,167.89	7,665.57	−0.40	22.7	47.2
3▶	무역 흑자	287.3	839.33	−	−	−

주: 1. 무역 흑자에 대해, "+"는 흑자를; "−"는 적자를 의미함
2. 조정 후에 7월 수입과 수출은 전년 대비 33.7% 증가했음. 이중 수출은 39.4% 증가했고 수입은 27.3% 증가했음
총 수입과 수풀은 전달 대비 1.9% 감소했음. 그중 수출은 1.2% 증가했고 수입은 5.6% 감소했음
자료: 해관총서로부터 종합

시장들은 터보차저가 달린 성장에 익숙해 졌다. 2003년부터 2007년 말까지, 수출에 있어서 전년대비 성장 20%와 30%는 일반적인 것이었다. 세계금융위기의 국면에서 2008년에 외부 수요의 붕괴는 그 성장스토리의 종말을 불러왔었다; 2009년에 중국의 수출은 실제로 감소했었다. 2010년에 그 성장은 다시 회복되었다. 그러나 중국 수출의 주요 시장인 유럽과 미국의 성장 기대가 추락함에 따라, 위기 전의 호경기 연도로의 회복은 일어날 듯하지 않았다. 전망은 전세계 공급망이 더 높은 부가가치 부분으로 진출함에 의해 빠르게 성장하는 남미, 동유럽, 아시아 신흥국의 몫을 확보함으로 새로운 지리적 시장에 의한 수출업자들의 새로운 생산 시장을 발견하는 능력에 달려있다.

수출 데이터를 해석하는데 주의해야 할 사항은:

- 수출은 현재가격으로 발표된다. 이는 물가상승이 높을 때 수출 성장이 잘못 높게 왜곡될 수 있다는 것을 의미하고 물가상승이 낮을 때 잘못 낮게 왜곡 될 수 있다는 것을 의미한다. 문제들 가운데 하나의 불완전한 방식은 수출 성장을 디플레이트하기 위해 월간 생산자지수(PPI)를 이용한다는 것이다. 표 5.1에서, 데이터는 중국의 7월 수출이 명목으로 감명 깊은 비율인 전년 대비 38.1% 증가했다는 것을 의미한다. 그러나 7월에 생산자 가격이 전년 대비 4.8% 증가한 것을 간주해서 실질 수출은 약간 덜 증가해서 33.3% 증가했다. 더 노력하지만 보상 접근은 몇몇 분석학자들이 좋아하는 성장률을 디플레이트 하기 위해 관세국이 발간하는 가격지수 데이터를 이용하는 것이다.
- 주요 데이터는 계절변동으로 조정되지 않는다. 관세국은 데이터 공개를 위한 각주(footnote) 안에 계절 조정된 성장 숫자를 공개한다. 중국 춘절을 전후 한 계절변동을 조정함으로 인해, 몇몇 해에서는 1월에 다른 해에서는 2월에 일주일이나 긴 휴일과 10월 국경일은 난제로 남는다.
- 수출 오더는 선적에 앞서 일반적으로 이루어 진다. 이는 수출에 있어서 강한 성장은 반드시 그것이 운송되었을 때가 아닌 수출 주문이 되었을 때 강한 수요를

반영한다. 2008년 10월에 수출은 전년대비 19.2% 증가했다. 그러나 그것은 10월에 세계수요가 강했기 때문이 아니다; 이는 2008년 7월과 8월에 중국의 무역 파트너들이 리먼 화산의 붕괴로부터 수요의 붕괴를 예측하는데 실패했었기 때문이고 그들의 중국 제품 주문을 늘렸기 때문이다.

2. 주요 수출 이후에, 다음 기항지(잠시 들르는 곳)는 중국의 산업과 수출분야 수요력의 중요한 기록인 수입데이터이다. 수입데이터를 읽을 때 명심해야 하는 몇 가지 면은 다음과 같다:

- 수입은 현재가격에 기초하여 공개된다. 수입어음(import bill)의 상당한 양을 차지하는 상품과 변동하는 물가로, 주요 수입성장 수치는 주의 깊게 해석될 필요가 있다. 한 예로 원유를 생각해 보자. 2008년 6월에, 국제석유가격은 전년도의 배럴 당 140 달러를 밀고 나갔다. 2009년 2월에 국제석유가격은 배럴 당 60 달러 이하였다. 중국이 약 10억 배럴의 원유를 매달 수입함으로 이는 모든 수입어음에 주목할 만한 충격을 주는 가격의 변화를 가져왔다. 수입된 철광석, 구리, 그리고 다른 비슷하게 변덕스러운 상품들의 가격과 가격 변화에 상대적으로 반응하지 않는 중국의 수요로, 상품 가격의 변화는 중국 수입 어음에 상당한 충격을 줄 수 있었다. 세관은 실질 성장률을 계산하는데 사용될 수 있는 수입 재화를 위한 가격지수를 발표하였다.
- 중국 회사들은 가격이 낮을 때 엄청난 양의 원유와 철광석을 구입함으로써 그리고 가격이 높을 때 그들의 저장을 소진함으로써 저장에 의해 변덕스러운 상품가격의 충격에 대항하여 그들 자신을 방어한다. 수입에 있어서 급격한 변동은 근본적인 수요의 변화라기 보다는 오히려 저장을 반영한다.
- 중국 춘절과 10월 국경일 주변에 수입에 관한 지난 달 대비 변화의 특별히 주목할 만한 충격으로 계절 변화도 또한 수입에 영향을 미친다.

3. 수출 빼기 수입은 세계 경제에서 가장 큰 논란의 원천 가운데 하나가 된다: 중국의 무역 흑자. 위기 전 경이로운 해에, 200억 달러 이상 월간 무역 흑자는 흔한 일이었

고, 2008년 말에 중국의 수출이 수입보다 1개월 혹은 2개월 이상 높게 지속된다면, 무역 흑자는 지난 400억 달러를 밀어붙일 것이다. 2009년과 2010년에 중국의 회복이 세계를 선도할 때에 수입은 수출보다 더 빠르게 제자리를 찾아갔다. 그 결과는 대부분의 달에서 더 작은 흑자였고 심지어 2010년 3월에는 놀랄만한 적자였다.

그 흑자는 두 가지 이유로 중요하다. 첫째, GDP를 계산하는데 있어서 지출에 기초한 접근에서 순 수출 (무역 흑자를 말하는 또 다른 방법)은 또 다른 계산이다. 증가하는 흑자는 GDP 성장에 있어서 약간의 십진법의 소수점을 추가한다. 움츠리는 흑자는 다른 방향으로 밀어부친다. 둘째, 무역 흑자는 중국의 환율제도에 대항한 케이스에서 증거물 A(제1호)이다. 엄청나게 큰 무역 흑자는 위안화가 과소평가 되었다는 것을 보여주고 중국의 무역 파트너로 고정됨은 베이징을 통제하는데 사용할 수 있다. 중국의 지도자들은 본토의 무역수지에 원천적 불균형은 없다라는 증거로서 그리고 중요한 위안화 평가절상의 기본은 없다라는 증거로 흑자를 줄일 것을 시사한다. 2010년 3월 놀

표 5.2 관세제도별 수입과 수출(2010년 10월)

제도 별 수입과 수출의 총 무역가치 단위: 1억달러, %

	현재 달		작년 이맘때부터 현재까지 총 가치	
수출	가치	전년대비 %	가치	전년대비 %
총 가치	1359.8	22.9	12705.9	32.7
1▶ 가공 무역	658.7	15.6	5975.1	28.4
일반 무역	600.1	30.5	5791.1	36.5
[…]				
	현 달		작년 이맘때부터 현재까지 총 가치	
수입	가치	전년대비 %	가치	전년대비 %
총 가치	1088.3	25.3	11228.1	40.5
일반 무역	571.9	28.0	6127.1	43.6
2▶ 가공 무역	354.3	18.6	3413.9	34.3
[…]				

주: 해관총서로부터 종합

라운 무역 적자는 달러화 대비 위안화의 평가절상을 재개하는데 지연에 기여하는 한 요인이었다. 원자바오 총리는 3월 적자는 관세 데이터 공개에 앞서 그가 스스로 발표하였듯이 그렇게 심각하지 않았다고 생각했다.

1. 중국 수출의 중요한 부분은 수입되는 요소들의 실행을 가리키는 "가공무역"으로 구성되어 있다. 여기서 실행이란 수입요소들을 조립하고 최종 생산물을 수출함을 의미한다. 발전의 초기에는, 낮은 기술 노동력, 낮은 자본 스톡, 그리고 제한된 기술 접근은 중국으로 하여금 세계 공급망에서 가장 낮은 가치 결합으로 제한했다. 한국, 일본, 그리고 대만으로부터 수입된 부품을 조립하는 일은 표준이었다. 1996년과 2000년 사이에 가공무역은 총 수출의 55%에 달했었다. 수입대체의 공격적인 정책은 중국의 현재 더 많은 투입물들은 제조 과정에 투입할 수 있음을 의미하였다. 그리고 가공무역의 몫은 감소했다. 그러나 2010년에 이것은 여전히 총 수출의 47%를 차지했었다.
2. 가공무역 수입의 증가는 수출을 위한 전망의 선행지표이다. 높은 숫자는 중국의 수출업자들이 그들의 완성품에 대해 강한 수요를 예측하고 있다는 것을 의미한다; 낮은 숫자는 반대방향을 가리킨다. 가공무역을 단일 범주로 종합하는 표 5.2에서 보여주는 데이터에 더하여 관세국은 또한 수출 과정에 사용되는 기계류 수입과 부품과 원자재 수입을 포함하는 상세한 세부내용을 발표한다.

표 5.3에서 보여주는 주요한 수출제품의 월간 명세는 33개 상이한 제품의 범주를 포함한다.

1. 가치의 측면에서, 가장 중요한 제품 범주는 전기제품이며 중국 총 수출의 가치에서 약 60%를 차지한다. 이 데이터는 전기제품을 위한 총액 숫자와 제품 범주에 의한 명세를 제공한다. 컴퓨터, 이동전화, 텔레비전은 가장 중요한 범주이다.
2. 반도체와 스마트폰 보다는 덜 매력적이지만 여전히 총 수출에 중요한 기여자는 중국의 수출업자들이 전통적으로 우세하였던 저 부가가치 제품이다: 옷, 직물,

표 5.3 제품별 수출(2010년 7월)

2010년 7월 전체 국가 수출량과 가치 표 단위: $1,000

항목	집계 단위	현재 달		작년 이맘때부터 현재까지 총 가치		2009년 작년 이맘때부터 현재까지 총 가치		작년 이맘때부터 현재까지 전년대비 % 변화	
		수량	금액	수량	금액	수량	금액	수량	금액
정제된 석유	10,000톤	254	1,596,646	1,689	10,852,691	1,257	5,387,223	34.4	101.5
플라스틱 제품	톤	703,517	1,760,427	4,210,802	10,179,088	3,663,439	7,816,672	14.9	30.2
[…]									
2▶ 의복		–	13,603,910	–	66,827,181	–	56,924,729	–	17.4
신발		–	3,803,492	–	19,419,738	–	15,717,485	–	23.6
[…]									
3▶ 철	10,000톤	455	4,010,632	2,813	22,683,583	1,116	11,790,907	152.1	92.4
알루미늄	톤	68,786	139,947	419,008	826,561	107,325	181,000	290.4	356.7
휴대폰과 부품		–	5,476,567	–	33,065,595	–	27,683,059	–	19.4
컬러TV	10,000대	570	1,323,175	3,442	7,347,944	2,492	5,029,370	38.2	46.1
집적회로	10,000개	780,291	2,543,802	4,696,682	16,225,444	2,735,702	11,594,764	71.7	39.9
[…]									
장난감		–	1,034,150	–	4,754,681	–	3,658,183	–	30.0
자동데이터 가공 기계와 부품	10,000세트	15,070	14,290,848	90,488	87,898,486	65,055	60,627,812	39.1	45.0
전기모터와 발전기	10,000세트	34,828	698,530	201,759	4,071,132	139,891	2,776,199	44.2	46.6
가구		–	2,907,705	–	18,543,425	–	13,744,658	–	34.9
[…]									
1▶ 기계와 전기 제품		–	83,830,271	–	500,694,976	–	367,713,578	–	36.2
첨단기술 제품		–	42,675,409	–	260,086,519	–	187,184,280	–	38.9

주: *"기계와 전기 제품" 그리고 "첨단기술제품"은 표에 표시된 제품 포함

신발, 장난감, 연장. 더 높아지는 요소투입비용은 이러한 제품 범주에서 중국의 경쟁력을 약화시키고 있다. 그러나 그들은 중국 수출의 상당한 몫을 차지하고 있고 수많은 근로자들을 고용하고 있다. 하나로 합쳐서 생각하면, 중국의 옷과 직물 수출은 여전히 컴퓨터 수출보다 더욱 가치가 있다. 직물 분야는 컴퓨터와 이동전화 제조를 합친 것 보다 더 큰 4백 50만 근로자들을 고용한다. 이와 같은 많은 전통적 수출 부문의 많은 이익 폭은 박빙이다. 만약 주장강과 양쯔강 삼각주의 공장들이 파산으로 몰아넣게 된다면 대량 실업과 사회적 불안전의 위험은 환율 정책을 결정하는데 있어서 중요한 베이징의 고려사항이다.

3. 중국은 세계의 가장 큰 철과 알루미늄의 생산지이다. 이의 대부분은 내수를 의도

하고 있다. 그러나, 내수가 올라가게 된다면 중국의 초과 생산은 세계 시장을 넘쳐나게 할 수도 있다. 이는 가격을 낮추게 된다. 수출 숫자들은 세계 철 시장에서 관심의 주목이다.

표 5.4에서 보여주는 바와 같이 수입 위한 생산실패는 중국의 계속되는 외국 상품 공급과 몇몇 첨단기술 제품에 의존을 반영한다:

1. 수입의 가장 큰 단일 품목은 석유이다. 중국은 하루에 8백만 배럴 이상 석유를 소비하고 그 양의 반 이하를 생산한다. 나머지는 수입으로 채워져야 한다. 대부분 나머지 수입량은 사우디아라비아로부터 온다. 그러나 상당량이 이란, 수단, 앙골라와 같은 버림받은 국가들로부터 수입되는 양들은 국제 관계에서 다툼거리가

표 5.4 제품별 수입(2010년 7월)

2010년 7월 전체 국가 수입량과 가치 표(단위: $1,000)

항목	집계 단위	현재 달		작년 이맘때부터 현재까지 총 가치		2009년 작년 이맘때부터 현재까지 총 가치		작년 이맘때부터 현재까지 전년대비 % 변화	
		수량	금액	수량	금액	수량	금액	수량	금액
[...]									
3▶ 대두	10,000톤	495	2,091,050	3,076	13,502,286	2,648	11,170,987	16.2	20.9
[...]									
2▶ 철광석	10,000톤	5,120	7,238,833	36,041	41,803,779	35,511	26,865,293	1.5	55.6
1▶ 원유	10,000톤	1,900	10,276,344	13,697	77,029,029	11,027	40,890,982	24.2	88.4
정제된 석유제품	10,000톤	278	1,596,011	2,132	12,547,746	2,339	9,393,215	-8.9	33.6
화학비료	10,000톤	32	113,883	404	1,453,106	294	1,517,319	37.0	-4.2
[...]									
철	10,000톤	140	1,788,422	983	11,752,144	987	11,053,195	-0.4	6.3
구리	톤	342,901	2,413,863	2,574,929	19,015,979	2,643,419	11,953,592	-2.6	59.1
동 스크랩	10,000톤	38	1,029,696	241	6,631,125	219	2,329,330	10.2	184.7
알루미나	10,000톤	27	94,178	262	906,652	329	781,882	-20.4	16.0
알루미늄	톤	67,462	309,855	587,093	2,309,148	1,611,359	3,351,998	-63.6	-31.1
알루미늄 스크랩	10,000톤	27	393,966	165	2,453,507	121	1,105,274	36.6	122.0
[...]									
자동차와 차대	대	71,417	2,513,602	458,885	16,983,972	181,666	6,521,853	152.6	160.4
항공기	대	34	1,312,041	193	6,195,538	164	4,616,623	17.7	34.2
기계와 전기제품	-	-	57,706,157	-	360,281,039	-	252,364,350	-	42.8
첨단기술제품	-	-	35,992,880	-	224,781,746	-	157,367,047	-	42.8

주: *"기계와 전기제품"과 "첨단기술제품"은 표에 제시된 몇몇 목록들을 포함
자료: 해관총서로부터 종합

되었다. 중국 수요는 상대적으로 비탄력적이다: 2008년 여름에 석유가격이 배럴당 140달러의 최고점에서 조차, 수입은 지속적으로 증가했다. 그러나 국제 시장은 중국의 구매 변화 제안에 극도로 민감하다. 2008년 여름으로 돌아가서, 가솔린과 디젤의 규제가격 상승에 대한 정부의 발표는 석유의 국제 배럴 가격을 인하하기에 충분했다. 2010년, 중국으로부터 석유 수입의 기록 수준은 더딘 국제 성장의 증거에도 불구하고 국제 석유가격을 안정시키는데 도움을 주었다.

중국의 석유 수입은 때때로 근본적인 수요력으로 거의 명백한 관계가 없는 방법으로 접근해 들어간다. 2010년 9월, 산업생산 둔화가 기대됨에도 불구하고 석유 수입은 최고를 경신했다. 그 이유를 이해하기 위해 중국의 가솔린과 디젤 가격설정 메커니즘으로의 간단한 여행이 필요하다. 중국의 가솔린과 디젤 가격은 시장에서 결정되지 않고 강력한 정부 계획 당국에 의해 결정된다: 국가발전개혁위원회(NDRC). NDRC는 국제석유가격 바스켓의 평균과 관련하여 가격을 설정한다. 평균 가격이 22일 기간 동안 4% 이상 움직인다면 이는 NDRC 국내가격을 조정하는 것을 감안하라는 신호이다. 국내 가솔린과 디젤 시장에서 참가자들은 가격 조정 계기를 잘 알고 있다. 그들이 국제가격 조정이 곧 일어나는 것을 제시하는 방향으로 움직일 때, 그들은 그에 따라 행동한다. 만약 가격이 증가할 것으로 기대가 된다면, 그들은 가격이 오른 후에 팔아서 이윤을 얻을 것을 기대하면서 낮은 가격으로 구입한다. 만약 가격이 떨어질 것으로 기대가 된다면, 향후에 더 낮은 가격으로 구매할 수 있다는 희망으로 그들은 구매를 시작하지 않고 그들의 재고를 끌어내린다. 2010년 8월과 9월에 국제 석유가격은 빠르게 폭등하였다. 내수시장은 가격이 오를 것으로 기대했고 수입 원유에 대한 더 강한 수요를 만들며 많은 양의 가솔린과 디젤을 구입할 것을 기대했다.

2. 원유 이후에, 중국의 쇼핑 리스트 상에 있는 다음 상품은 철광석이다. 중국은 세계 최대 철 생산국이다. 그러나 국내 철광석 공급은 수요를 맞추기에 수량과 질에서 적절하지 않았다. 중국 철광석의 70% 이상은 주로 호주와 브라질, 그리고

세 번째로 인도로부터 수입된다. 원유와 마찬가지로 중국의 철광석 수입에의 의존은 가격의 변화에 민감하지 않다는 것을 의미한다. 2008년 여름에 철광석 가격이 상승함에 따라 중국의 수입은 지속적으로 성장하기 시작했다. 반대로, 국제 가격은 중국 수요에 극도로 민감하다. 철광석 수입 급증을 촉발시킨 중국의 투자 주도의 자극은 2010년 4월에 가격이 최고로 오르게 하는 기폭제였다. 중국의 투자 붐을 둔화시키기 위한 위협은 가격을 원래로 돌아가게 하는데 충분했었다. 금속에서 다른 곳에서, 칠레의 광산은 중국의 구리 수요로부터 이익을 얻는다. 호주는 많은 양의 알루미늄을 중국의 알루미늄 제련소와 시장에서 중국에 비해 상대적으로 저품질 생산자들에게 여전히 남겨진 차이로부터 이득을 얻고 있는 한국과 일본의 고품질 철 생산자들에게 판다.

3. 음식 생산에 있어서 자급자족은 거의 피해 망상적인 결정으로 중국 정부가 추구하는 우선사항이다. 작은 면적의 농지, 아주 낮은 물 부존량, 세계 최대 인구에도 불구하고 정부는 정도의 차이는 있어도 목적을 달성했다. 중국의 수입 목록에서 크게 다가오는 유일한 농산물은 대두이다. 대두는 돼지, 가금류, 어류에게 상업적 양육을 위해 먹이를 주는 주된 투입물이다. 중국의 증가하는 부로 고품질 식이요법으로 옮겨지면서 그리고 중국의 정육업이 농장안마당의 시궁창에서 길러지는 돼지로부터 상업적 생산으로 전환됨에 따라 대두 수요는 증가할 것으로 예측되었다. 이것은 미국, 브라질, 아르헨티나에서 중국 돈을 더 많이 차지하려고 하기 위한 기회를 다투는 대두 생산자들에게는 좋은 소식이다.

마지막으로, 표 5.5에서 보여주는 것처럼 세관 데이터는 국가별 무역명세를 제공한다. 국가명세는 중국의 환율 제도의 부당성에 관한 미국에서의 많은 관심에 대해 설명한다. 2008년에, 중국의 세계무역 흑자는 거의 3,000억 달러에 달하고 중국의 대미 무역 흑자는 1,700억 달러였다. 2009년에 중국의 세계 무역 흑자는 2,000억 달러 이하로 붕괴되었으나 대미 쌍무무역흑자는 1,430억 달러에서 상승세를 유지하였다. 워싱턴 D.C.의 잔혹한 현실은 미국 가계가 중국으로부터 구입

표 5,5 국가별 수출과 수입(2010년 7월)
2010년 7월 전체 국가의 국가별 수입량과 가치 표(단위: $1,000)

~로부터 수입	수출과 수입		수출		수입		작년 이맘때부터 현재까지 %		
~로 수출	현재 달	작년 이맘때 부터 현재까지 총가치	현재 달	작년 이맘때 부터 현재까지 총 가치	현재 달	작년 이맘때 부터 현재까지 총 가치	수출과 수입	수출	수입
총 가치	262,308,256	1,617,047,178	145,519,322	850,489,914	116,788,934	766,557,264	40.9	35.6	47.2
홍콩	19,883,847	118,999,674	18,998,146	112,514,173	885,728	6,485,502	34.2	33.8	42.2
인도	5,058,167	35,462,345	3,685,927	22,143,451	1,372,240	13,318,894	51.6	40.1	75.3
일본	25,213,037	161,705,210	10,047,510	64,145,985	15,165,527	96,559,224	34.9	24.7	42.8
한국	17,937,243	115,833,972	6,042,675	38,456,458	11,894,568	77,377,514	42.6	36.5	45.8
대만	12,538,608	81,912,826	2,614,010	16,264,354	9,924,598	65,648,472	55.9	62.6	54.3
아세안	24,507,961	161,002,465	12,142,203	76,735,896	12,365,758	84,266,569	49.6	43.2	56.1
인도네시아	3,697,819	23,212,829	2,163,107	11,998,164	1,534,712	11,214,665	60.8	60.8	60.7
[...]									
EU	43,789,386	263,155,472	28,673,916	169,366,907	15,115,471	93,788,565	36.6	36.4	36.9
영국	4,544,683	26,635,676	3,546,777	20,537,204	997,907	6,098,472	32.1	28.6	45.5
독일	12,774,001	78,030,554	6,348,874	37,046,944	6,425,127	40,983,610	40.9	42.5	39.5
프랑스	4,184,417	25,516,615	2,384,294	15,607,564	1,800,122	9,909,051	38.9	38.5	39.5
[...]									
러시아	5,007,677	30,704,415	3,212,391	15,008,768	1,795,286	15,695,648	49.6	70.7	33.7
남아프리카	2,234,570	13,045,249	975,152	5,766,026	1,259,418	7,279,223	56.2	50.9	60.7
브라질	6,127,833	32,509,907	2,600,809	12,917,054	3,527,024	19,592,853	54.6	102.1	33.9
캐나다	3,524,737	20,191,630	2,285,235	12,218,967	1,239,502	7,972,663	23.7	27.8	18.0
미국	35,269,750	207,230,861	27,350,019	151,840,139	7,919,731	55,390,722	30.6	29.4	34.0
호주	8,209,653	46,141,163	2,478,732	14,156,467	5,730,921	31,984,697	46.3	36.4	51.1
뉴질랜드	606,192	3,662,564	263,390	1,418,262	342,801	2,244,302	46.6	29.9	59.4

자료: 해관총서로부터 종합

하는 일종의 소비자 기초의 수요가 비탄력적이라는 것이다. 날씨나 경제 상황이 어떠할 지라도, 미국 가계는 월마트에서 항상 쇼핑을 할 것이다. 즉 미국 가계들은 중국산 제품들을 항상 구입할 것이다. 반대로, 2009년에 그러했던 것처럼, 중국의 수입이 호황기일 때, 삐걱거리는 사양화된 미국 러스트 밸트(미북부의 사양화된 공업지대)의 제조업자들이 아닌 호주와 브라질의 상품 수출자들은 주된 수혜자들이다. 국가데이터는 대미 그리고 대유럽 중국 흑자의 이야기를 말해 준다;

이의 동아시아 이웃들과 복잡한 상호관계; 그리고 이의 사우디아라비아, 호주, 브라질의 상품 수출자들에 의존성.

5. 시장 충격

주식: 수출은 중국 경제에 있어서 주된 성장동력이고 높은 수출 수치는 또한 세계 수요가 상승기류에 있다는 것을 보여주는 지표이다. 수출에 있어서 높은 성장은 국내시장을 위해서 뿐만 아니라 세계 주식시장을 위해서도 긍정적이다. 주요 데이터 이상으로, 주식 투자자들은 국가 수준 그리고 분야별 한 국가에서 무슨 일이 벌어지는지를 보기 위해 세부사항들을 조사한다.

상품: 높은 수입 수치는 낙관적 신호인 일반적으로 상승하는 원자재 수요를 반영한다. 상품 투자자들은 또한 중국의 석유, 철광석, 구리, 대두의 수입에 무슨 일이 벌어지는지를 보기 위해 세부사항들을 조사한다.

화폐: 무역 흑자는 중국 환율 제도의 국제적 비판을 위한 관심의 집중이다. 높아지는 흑자가 더 급속한 평가절상을 허용하기 위한 베이징의 압력을 증가시키는데 워싱턴 D.C.가 사용할 수 있는 래칫(한쪽 방향으로만 회전하게 되어 있는 톱니바퀴)이다. 줄어드는 흑자는 환율에 있어서 근본적인 조정불량은 없다는 베이징으로부터 논의를 지지한다. 무역 데이터는 호주 달러와 한국 원화와 싱가포르 달러에서 중국의 성장의 대리변수들과 같은 상품화폐들을 위해 긍정적인 강한 수입수치들의 집합으로 또한 더 넓은 통화시장을 위한 암시를 가진다.

2. 미국 수입가격지수

- 시장민감도: 낮음
- 무엇인가? 중국으로부터 미국 수입가격에서 변화 측정, 2003년 12월 = 100
- 인터넷 상 중국어 뉴스 발간: 없음
- 인터넷 상 영어 뉴스 발간: www.bls.gov
- 발간 시기: 다음달 중순 동부표준시간(EST) 오전 8시 30분 경
- 빈도: 월간
- 원천: 미국 노동국
- 개정: 3개월에 이어지는 월간 발간은 개정과 정정을 포함할 수 있음

1. 왜 중요한가?

중국 중앙은행이 위안화 평가 절상을 발표했었던 2005년 7월부터 세계 금융위기가 평가절상을 서서히 멈추게 했던 2008년 8월까지 기간에, 위안화는 달러화 대비 21% 강세였다. 위안화의 가치가 더 높아짐에 따라 중국의 수출이 미국 소비자들에게 더욱 더 값비싸짐을 그리고 미국의 수출은 중국 가계에게 값싸졌다는 것을 의미했다. 결과는 중국이 더 작은 흑자를 향유하고 미국이 더 작은 적자 하에서 노동에 종사하는 더욱 동등한 무역관계이어야만 했다. 미국의 대중 수출은 2005년 480억 달러에서 2008년 810억 달러로 명확히 성장했다. 그러나 그들은 중국의 대미 수출과 같이 빠르게 성장하지는 않았다. 중국의 마린(세계 랭킹 1위 중국의 제1의 탁구선수)과 게임하는 Mark Hazinksi(세계 랭킹 427위 미국 제1의 탁구선수)의 미국의 수출 성장으로, 중국의 대미 무역 흑자는 2005년 1,140억 달러로부터 2008년 1,700억 달러 이상으로 증가했다.

위안화 평가절상이 중국 수출업자들의 경쟁력을 감소시켰음에도 불구하고 어떻게 무역수지가 중국 쪽으로 더 이동했을까? 대답은 환율은 중국의 수출의 경쟁력을 결정

하는데 단지 하나의 요소이기 때문이다. 많은 상이한 영향력들이 작용하는 상황에서, 중국 수출 부문의 경쟁력 변화를 사로잡는 수치들은 환율이 아니다. 운좋게도, 그들이 배에 선택되기 때문에 제품의 가격을 기록하기 위해 상하이에 정박하기 위한 클립보드를 내릴 필요가 없다. 미국 노동통계국은 클립보드를 손에 쥐고 이미 거기에 있다. 그리고 그들의 작업의 결과는 월간 수출가격지수로 공개된다.

2. 데이터가 어떻게 계산되는가?

매달, BLS는 6,000개 이상 회사로부터 20,000개 제품 이상의 수입과 수출 가격 데이터를 수집한다. 상이한 제품과 무역 파트너를 다루는 7~8개 지수 가운데 하나인 중국 지수는 이러한 제품들의 약 3,500~3,750개의 하부집합에 기초한다.

지수에서 제품의 가중치는 중국으로부터 수출의 달러가치에 기초한다. 이는 컴퓨터, 가전용품, 기계류, 의복, 그리고 다른 제조품에 높은 가중치를 의미한다. 지수에서 생산의 가중치는 2년 전 무역 데이터를 기초로 매년 1월에 재계산된다. 따라서 2010년 지수 가중치는 2008년 무역 가중치를 반영한다.

수출 가격은 중국 항구에서 수입가치를 반영하는 "FOB"에 기초로 일반적으로 보고된다. 이는 제품이 미국에 도착했을 때 가격이 매우 변덕스러울 수 있는 교통비용이나 도매 혹은 소매에 의해 추가된 마진 중 하나를 포함하지 않는다는 것을 의미한다. 지수는 2003년 12월 가격에 기초한다.

3. 데이터 해석

데이터는 미국의 중국으로부터 수입의 대표적인 배스킷 가격 변화를 보여준다. 2010년 9월까지 4개월을 포함하는 표 5.6에서, 데이터는 미국의 중국으로부터 수입 가격은 전년대비 그리고 전달대비 기준으로 0.2% 하락한 것을 보여준다. 언뜻 보기에는, 수입가격에서 그 하락은 풀리지 않는 무언가를 제시한다. 2010년 9월에, 달러대비 중국 화폐가 1.5% 이상 가치가 오르면서 그 달 중에 위안화 평가절상의 속도는 매우 빠르게

표 5.6 미국 수입가격지수(2010년 9월)

설명	미국 수입의 퍼센트	지수				퍼센트 변화				
		2010년 6월	2010년 7월	2010년 8월	2010년 9월	연간	월간			
						2009년 9월~2010년 9월	2010년 5~6월	2010년 6~7월	2010년 7~8월	2010년 8~9월
[...]										
중국(2003년 10월 = 100)	16.449	100.4	100.5	100.5	100.3	−0.2	−0.2	0.1	0.0	−0.2

자료: BLS로부터 종합

상승했다. 수입가격 하락이 지속하였다는 그 사실은 미국에게 편안하지 않은 사실을 가르켰다: 수입 가격 움직임에 대한 환율에 있어서 움직임의 통과지점은 불안전하다. 그림 5.1이 보여주는 바와 같이 환율의 움직임은 수입 가격의 변화에 즉각적으로 반응하지 않고 완벽하게 결코 반응하지 않는다.

달러대비 위안화의 평가절상은 2005년 7월에 시작했다. 그러나 2007년 8월이 되어

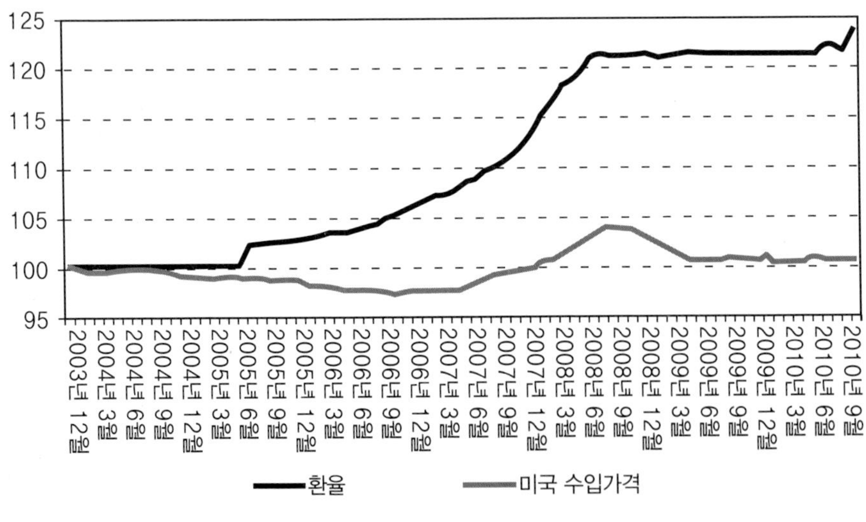

그림 5.1 위안 달러 환율 대 중국으로부터 미국 수입가격(지수: 2003년 12월 = 100)

자료: BLS, 미국 외환거래센터, 저자의 계산

서야 비로서 중국으로부터 미국 수입가격은 2005년 7월 수준을 넘기 시작했다. 2008년 8월까지, 평가절상이 위기를 유도하며 서서히 멈추었을 때 중국의 대미수출 비용은 단지 5% 이상 올랐다. 날카로운 위안화 평가절상에도 불구하고 중국 수출 가격의 특이한 안정성을 설명하는 것은 무엇인가? 하나의 원인은 중국은 완성품만 주로 수출한다는 것이다. 그리고 완성품의 가격은 천성적으로 원자재의 가격보다 더욱 안정적이라는 것이다. 일본도 또한 주로 미국에 완성품을 수출한다. 그리고 BLS 데이터는 달러-엔 환율에 있어서 커다란 변동성에도 불구하고 일본으로부터 수입가격은 또한 안정적이라는 것을 보여준다.

그러나 중국 수입가격의 안정성은 더 많은 설명을 요구한다. 지속되는 노동과 자본의 낮은 비용, 회사로 하여금 최선을 다하게 만드는 생산성 증진, 시장 몫을 보호하기 위해 낮은 마진을 기꺼이 받아들이기는 모두 그림의 일부이다. 이러한 요소들은 더 비싼 수출가격을 위한 더 비싼 위안화의 창구(past through)를 지연하고 감소하기 위해 공모한다. 워싱턴 D.C.의 연방의회에 통화후원을 위해 그리고 미국 러스트 벨트(미 북부의 사양화된 공업지대)의 산업들의 근로자들을 위해, 우울한 현실은 위안화 가치가 더 높게 상승하더라고 중국 수출의 경쟁에 대한 충격은 제한될 것이다.

값싼 수입: 생산자들에게는 나쁜 소식, 소비자들에게는 좋은 소식

생산자 측면에서 미국은 미국 기업들을 파산시키고 미국 노동자들을 실업으로 몰고 간 저평가된 위안화를 악으로 본다. 2010년 하원 세입위원회의 공청회와 환율관련 공청회로 제출 중 하나는 중국의 통화 조작이 진주만 보다 미국에 대한 더 악질적인 공격으로 묘사했다. 그러나 소비자측면에서는, 미국은 값싼 중국 전자제품, 의류 그리고 월마트, 타겟, Kmart에서 판매되는 다른 제품들로부터 이득을 향유한다.

중국으로부터 수입이 미국 총 수입의 16% 이상을 차지하는 가운데, 낮은 가격은 소비자들에게 단지 요긴한 것은 아니다-그들은 인플레이션 압력을 통제하도록 도와준다. 2003년 12월 이래로, BLS가 그의 지수를 공개하기 시작했을 때 중국으로부터 수입

비용에서 1% 미만 증가와 비교했을 때, 미국 수입가격은 전반적으로 30% 이상 증가하였다. 중국으로부터 수입가격의 제한된 변화는 더 높은 석유와 다른 원자재 수입비용으로부터 인플레이션 압력을 억제하도록 도와주는 대항력이 있는 힘이다. 그러나 이것은 영원히 의존될 수 없다. 만약 위안화 평가절상과 중국 회사들을 위한 더 높은 투입가격이 중국 수출 경쟁력을 약화시킨다면, 그 과정의 다른 면은 미국 소비자들에게 더 비싼 쇼핑 바구니이고 더 높은 수입된 인플레이션 압력 수준이다.

4. 시장 충격

이것은 이용하기 위한 데이터 포인트 보다는 숙고하기 위한 데이터 포인트이다. 현재까지 주된 관심은 환율에서의 움직임으로부터 가격까지 제한된 통과지점 안에서 였다. 시간이 지나갈수록 더 비싸지는 위안화와 노동과 자본의 더 높아진 비용은 중국의 수출 부분 경쟁력을 위해 그리고 미국의 물가상승을 위해 더 주목할 만한 충격을 주었을지도 모른다.

3. 외국인 직접투자

- 시장민감도: 중
- 무엇인가? 직접투자의 유입과 유출에 관한 데이터. 현재물가기준 1억 달러. 현재 달 명목 전년대비 성장. 작년 이맘때부터 현재까지
- 인터넷 상 중국어 뉴스 발간: www.mofcom.gov.cn/
- 인터넷 상 영어 뉴스 발간: http://english.mofcom.gov.cn/
- 발간시기: 일반적으로 다음 달 15일
- 빈도: 월간
- 원천: 상부부(MOFCOM)
- 개정: 없음

1. 왜 중요한가?

개혁기간 초기에 중국은 외국자본과 전문지식을 갈망했었다. 동시에 외국자본들은 중국의 낮은 생산비로부터 이익을 얻기를 원했었고 중국의 어마어마한 내수의 문 안으로 발을 들여놓기를 원했었다. 해법은 명백했다, 그리고 등소평이 유명한 문호개방정책을 도입하였을 때 그 결과는 외국인 직접투자(FDI)가 안으로 쏟아지는 것이었다. 1990년대 최고점에서, FDI는 지출되는 총 중국 투자의 약 11%를 차지했고 근대 산업기반을 설립하는데 상당 부분 공헌을 했었다. 당신이 돌보는 분야는 외국자본과 전문지식의 유입으로부터 이득을 보았다. 광동의 해변으로 라인을 이루는 홍콩 소유의 직물 노동력착취의 현장으로부터 중국의 우상적 택시를 만들기 위한 상하이 자동차 산업과 폭스바겐과 동반자관계까지 그리고 중국의 첫 번째 투자 은행을 형성하기 위한 모건 스텐리의 중국건설은행과 동반자 관계까지, 외국 회사와 외국 자본은 중국 개발스토리에서 기본적 역할을 하였다.

30년 이상 이후에, 외국인 투자의 문은 여전히 열려있다. 그러나, 중국 회사들이 현재 자원을 소유하고 있고 그들 경영을 그들 스스로 할 수 있는 경영 기법을 소유하므로, 매우 같은 정도의 열정으로 환영은 더 이상 나오지 않는다. 2008년에 외국 투자 세율과 국내 회사 세율을 같게 하는 새로운 법규와 규제의 연속은 강한 새로운 노동자 권익의 보호를 소개했고 외국 투자를 금지하는 목록을 위한 더 많은 부분을 추가했다. 외국 투자가들에게, 중국의 13억 고객 수요를 두드리는 꿈은 남았다. 오래된 합작투자의 구속으로부터 벗어나 외국 회사들이 그들 소유의 가게를 만들 것을 허용하기 위한 규정의 변화는 또한 환영 받았다. 그러나 극복해야 할 더 높은 규제 장벽으로, 덜 선호하는 과세와 더 높은 노동비용으로, 그 꿈은 많은 광택을 잃었다. 중국의 복잡하고 불투명한 관료주의와 관련된 일반적인 문제들을 거저 포함시키면 이는 GE의 최고경영자에게 중국 정부가 외국 회사들이 본토에서 또한 돈을 벌 수 있도록 하기를 원하는지 여부에 대해 의문을 갖기에 충분했을 것이다. 개발의 문이 닫힘으로써 총 투자의 일부분으로 FDI는 1990년대 중반 약 11%의 최고점으로부터 2009년 2% 미만으로 떨어졌을 것이다. 자본의 흔들림을 해결하기 위해 출발 준비를 하고 있는 백기사 즉, 기업 매수의 위기에 있는 회사를 구제하기 위해 나선 투자가로서 중국 회사들 그리고 도움이 필요한 여자의 역할로는 미국과 유럽에서 한때 위대했던 회사들을 금융위기는 묘사한다. 백기사는 길을 가다 몇몇 악인을 우연히 마주칠지도 모른다. 호주 채광 거대조직인 리오틴토의 광산 지분을 위한 중국의 알루미늄 회사의 대담한 노력, 미국 네트워크 회사 3Com 화웨이의 대담한 노력은 힘겨운 정치적 반대에 부딪쳤다. 그러나 더 작은 인수의 일련들은 중국 투자자들의 강점과 천연자원, 기술을 획득하는데 그들의 관심, 그리고 중국 발전의 다음 단계를 부채질하는데 필요한 브랜드 네임을 증명한다. 그림 5.2가 보여주는 바와 같이 투자를 회복하기 위한 그 문은 좌우로 흔들리며 서서히 닫힐지도 모른다. 그러나 떠나는 투자를 위한 그 문은 현재 확실하게 열려 있다.

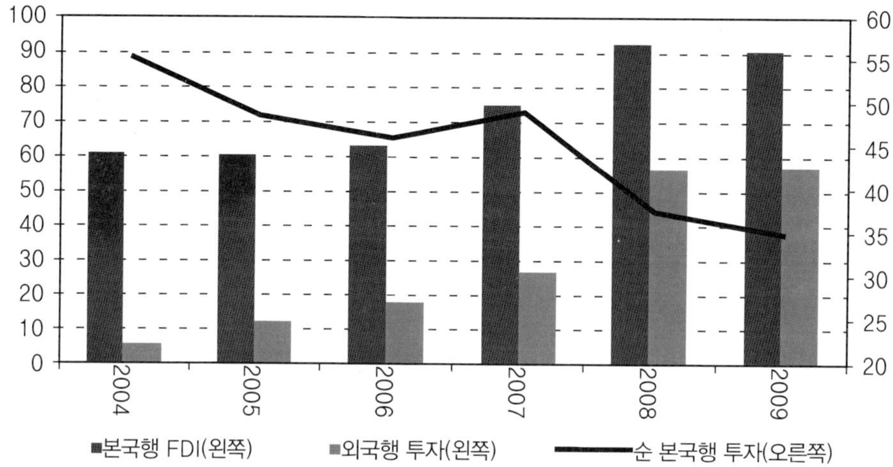

그림 5.2 본국 행 대 외국행 투자(미국달러, 백만)
자료: MOFCOM, NBS, 저자의 계산

2. 데이터가 어떻게 계산되는가?

중국의 월간 FDI데이터의 수집과 공개 책임은 부분적으로 지방 정부가 제공하는 데이터에 의존하는 MOFCOM이다. OECD에 따르면, FDI는 10% 외국 지분이 프로젝트에 있자마자 측정되어야 한다. 중국에서, FDI를 계산하는데 한계점은 외국지분 25%이다. 그 시작점은 중국 데이터가 국제 표준이 사용되었으면 모을 수 있을지도 모르는 FDI 수준을 과소평가한다는 것을 의미한다.

평상시 보다 더 높은 한계점 뿐만 아니라, 세가지 문제들이 정교한 FDI 데이터를 수집하는데 다소 복잡하게 만든다. 그리고 MOFCOM 데이터가 줄잡아 간주되어야 한다는 것을 제안한다.

- 중국의 지방정부는 통제적 사실을 아무렇게나 대하는 것으로 잘 알려진 경향이 있다. 지방 공무원의 성과가 판단되는 본국 행 투자가 주된 열쇠로, 정부는 실제 투자 수준을 과장하는 명백한 동기를 가지고 있다. 이는 "활용된" FDI 뿐만 아니라 MOFCOM이 "축약된" FDI를 보고했을 때, 2006년 전에 특별히 심각한 문제

였다. 축약된 FDI 숫자는 종종 극도로 과장되었고 사실과 거의 관계가 없어 지루하게 되었다.

- FDI의 대부분은 실제 투자프로젝트로 간다. 그러나 사실 상당한 부분은 투기적 유입으로 가장된다. 본토의 거품이 일은 부동산과 주식시장에 걸기를 원하는 그리고 위안화 평가절상으로 몇 퍼센트를 벌기를 원하는 투기자들에게, FDI 프로젝트는 펀드가 그 국가로 들어가게 하고 나가게 하는 명백한 개폐구이다. 실제 FDI와 투기적 자본유입 사이의 차이를 구별하는 것은 불가능하다.
- 2008년 법이 변경되기 까지, 외국인 투자기업은 더 낮은 세율로 국내 회사들 보다 이득을 얻었다. 이는 국내 투자자들은 그들의 자본을 역외로 가져가고 나서 위조해서 외국 자본으로 가지고 오기 위한 동기를 가졌을지도 모른다는 것을 의미했다. 그래서 그들 투자는 세금 감소로부터의 이득을 얻었을 지도 모른다. 어느 정도 이 라운드 트립핑 즉, 낮은 금리로 빌린 자금을 높은 금리로 빌려주면서 얻는 이익이 진행되었는지는 불확실하다. 그리고 외국 그리고 국내 회사들을 위한 세율이 같아진 연후에 얼마나 진행될지는 여전히 불확실하다. 그러나, 몇몇 해에서는 총 FDI의 거의 50%에 달하는 홍콩으로부터 들여온 많은 양의 자본 그리고 버진 아일랜드와 같은 역외 금융 중심으로부터 들어온 많은 양의 자본은 FDI의 상당한 양이 사실은 잠시 휴가를 마치고 돌아온 국내 투자라는 것을 제안한다. 2004년 아시아개발은행(ADB) 연구는 라운드 트립핑이 총 FDI의 30%-50% 라고 추정되었다.

국가외환관리국(SAFE)은 국제수지 보고서에서 대안적인 FDI 데이터 셋을 공개했다. SAFE 데이터는 광범위한 FDI의 정의에 기초하고 이 데이터는 국가(지방 정부로부터 보고되는 대신에)로 들어가고 나가는 데이터의 기초로 실제 자본 흐름의 기록 사용으로부터 이득을 얻는다. 이는 그 숫자에 영향을 미치기 위한 지방의 과장을 위한 더 적은 범위를 의미한다. MOFCOM과 SAFE 숫자 사이의 차이는 엄청날 수도 있다. 2008년에 MOFCOM 데이터는 FDI가 923억 달러라는 것을 보여준다. 동 연도에

SAFE에는 1,470억 달러가 유입되었다는 것이 기록되었다. SAFE 데이터는 확실히 정확성에 있어서 이긴다. 그러나 이는 시기적절함에 있어서 상실한다. MOFCOM 데이터는 매달 이용 가능하다. 국제수지 보고는 분기에 한번 발생한다.

3. 데이터 해석

데이터는 MOFCOM 웹사이트에 두 가지 상이한 표현으로 나타난다. 하나는 본국 행 투자를 다루고 다른 하나는 외국행 투자를 다룬다. 본국 행 투자를 다루는 진술은 귀항하는 투자프로젝트의 숫자, 귀항하는 투자의 총가치, 대륙별 그리고 원산국 별 투자의 명세를 포함하여 약간 더 세부적이다.

투자 유입

FDI 수준은 투자민감도에 관해 많은 이야기를 한다. 높은 숫자는 진짜 프로젝트를 가지고 장기에 혹은 위안화 평가절상으로 내기를 함으로 인한 단기에 혹은 주식 혹은 부동산 시장의 계속됨으로 투자자들이 달러를 얻을 수 있는 기회를 본다는 것을 의미한다. 낮은 숫자는 아마도 투자자들이 중국 경제에 대한 희미한 전망을 가진다는 것을 의미할 지도 모른다. 장기 투자 대신에 유입의 몇 퍼센트가 투기적 자본임을 대표하는지를 아는 것은 어렵다. 그러나 급격한 이윤을 얻기를 바라는 투자자들의 집중인 부동산 부분에서, 부동산 부분 투자는 제대로 된 대리일 지도 모른다. 2009년에 FDI는 160억 달러 혹은 전체의 18%에 달하는 부동산 부분에 목표를 두었다.

투자자 민감에 관하여 데이터가 무엇을 이야기 하는가에 대해 월간 데이터는 가치가 있다. 그러나 이 또한 주의 깊게 다루어 져야 한다. 1개월 주된 프로젝트는 다음 달에 주요 프로젝트가 없으면 완전히 없어지는 FDI의 상승으로 이끌 수도 있다. FDI에서 전년대비 성장은 2007년 9월에 2% 하락했다. 4개월 후인 2008년 1월에 100% 이상 올라갔다. 2월까지 38% 성장이 추락했다. 그것은 5개월 내에 투자심리가 매섭게 얼어붙음으로부터 격렬하게 뜨거움까지 그리고 다시 미온으로 돌아가는 등 과격하게 흔들리고 있다는 것을 의미하지는 않는다. 이는 투자 프로젝트가 몰려있고 여러 달에 걸쳐 똑같이 분포되어있지 않은 것을 의미한다. 각 개별 달에 FDI에 있어서 급속한 증가 또는 느닷없는 추락에 과도하게 의미를 부여하는 대신에, 추세의 감을 얻기 위해 몇 달의 데이터를 보는 것은 그럴 듯 하다.

투자 유출

유출량에 관한 진술은 더 짧아지고 단지 중국 기업들이 1년간 총 투자 가치뿐만 아니라 해외에 투자해 온 국가 수와 프로젝트 수를 언급한다. 국내 유입 수치와 같이, 외국으로 유출된 수치들이 몰려있다; 7-8개월 데이터를 함께 보는 것은 추세에 더 나은 감각을 준다. 투자 유출을 국가별 섹터별로 분해하는 것에서, 투자가들은 연간데이터를 기다려야 한다. 연간 섹터 분해는 원자재와 금융이 여태까지 중국투자의 주된 관심이었다는 것을 보여준다.

4. 시장 충격

주식: FDI 유입은 현재 총 투자 지출의 너무나 작은 부분이어서 경제의 성장궤도에 충격을 줄 수 없다. 그러나 FDI 데이터는 국제 투자가들의 견해에 대한 기준으로 중요하다.

핫머니인 단기성 자금은 FDI로 위장해서 이동한다. 이는 주식시장에 들어가는 길에 상향 증가시킬 수 있고 이는 주식시장에서 나오는 길에 하향 시킬 수 있다.

상품: 강한 FDI 유입은 중국 경제를 위한 낙관적인 신호이고 부동산 섹터에서 또한 긍정적인 투자심리 신호이다. 둘 다 모두 상품에는 좋은 소식이다. 그러나 FDI 데이터와 상품가격 사이의 관계는 강하지 않다.

통화: 알려지지 않은 그러나 상당한 FDI의 비율은 핫머니 유입으로 위장되었다. 그리고 심지어 실제 투자도 위안화 평가절상 전망에 의해 영향을 받았다. FDI 유입은 투자자들이 위안화에 낙관적인 전망을 가지고 있다는 것을 제시한다.

4. 국제수지

- 시장민감도: 중
- 무엇인가? 중국의 국제무역과 자본흐름 측정. 현재기준 1억 달러기준으로 공개
- 인터넷 상 중국어 뉴스: www.safe.gov.cn/model_safe/index.html
- 인터넷 상 영어 뉴스: www.safe.gov.cn/model_safe_en
- 발간 시기: 분기 말 이후 약 6주 경에 최초 공개. 7-8개월 후에 최종 데이터 공개
- 빈도: 2009년까지 1년에 두 번; 2010년부터 분기
- 원천: 국가외환관리국(SAFE)
- 개정: 초기 추정으로부터 마지막 공개까지 상당한 개정. 과거 개정은 방법론 변화에 근거함

1. 왜 중요한가?

국제수지 보고는 중국의 다른 모든 국가와 거래에 대한 종합적인 기록이다. 무역이 되고, 투자가 되고, 또는 중국 국경을 통해 보내진다면 보고서 안에 있어야 한다. 무역과 투자 흐름이 모두 극히 한 방향으로, 국제수지 보고는 세계 정치 안에서 가장 논란이 많은 숫자들 가운데 하나로 발상지가 되었다: 중국 경상수지 흑자

2. 데이터가 어떻게 계산되는가?

SAFE는 국제수지 보고를 종합하는데 가장 선두에 있고 국제통화기금(IMF)의 국제수지 매뉴얼 안에서 시작된 국제 표준 접근을 따르고 있다. 데이터는 다른 정부 부처의 조합, SAFE의 자체 거래 기록제도(은행으로부터 모아진 데이터에 근거한), 몇몇 아이템들, 표본 조사로부터 나온다.

경상계정의 가장 큰 부분은 재화 교역이다. 레포트의 이 부분 데이터는 관세국의

기록으로부터 나온다. 경미한 차이는 관세국은 FOB 기초로 수출의 가치를 측정하고 CIF의 기초로 수입의 가치를 측정한다. SAFE는 FOB 기초로 수출과 수입을 모두 측정한다. 부당하다고 외치기 전에, 다음 사실을 주목할 필요가 있다. FOB는 실제로 CIF 보다 수입에 더 낮게 값을 매긴다(왜냐하면 이는 보험과 화물 비용을 배제하기 때문이다). 따라서 SAFE 접근은 관세 접근 보다 더 큰 경상수지 흑자를 기록한다.

SAFE의 계산은 상당할 수도 있는 개정 대상이다. 2009년 SAFE의 초기 데이터는 GDP의 5.8%에서 경상수지 흑자를 설정한다. 이는 2008년 9.8%로부터 상당이 떨어진 수치이나 여전히 충분히 충실하다. 2011년이 돼서야 비로서 사내 유보이익의 회계처리 변화에 기초하여 SAFE가 2009년 흑자가 GDP의 5.2%로 낮추는 개정을 차분하게 발표하였다. 그 변화는 정당할 지도 모르고 SAFE의 방법론 개선에 그 기초를 두었다. 그렇지만 냉소주의자들은 기술진보가 (실제로 모든 과거 데이터를 2005년으로 돌아가서) 중국이 그의 계정을 세계 나머지와 균형을 맞추도록 강요당한 그 해 경상수지 흑자를 감소하는 효과를 가졌다는 것이 편리하다고 언급하였다.

3. 데이터 해석

1. 왜 중국의 경상수지 흑자가 많은 논란과 분노를 발생시키는가? 거시경제 교과서는 GDP를 국내소비, 투자 그리고 순 수출의 합이라고 정의한다. 마지막 항목은 경상수지와 비슷하게 한다. 한 국가에서 경상수지 흑자는 다른 곳에서의 적자에 의해 대응되어야 한다. 만일 중국이 흑자를 향유한다면, 그것은 몇몇 다른 국가들이 적자로 고생하고 있기 때문이라고 할 수 있다. 단순하게 이야기 하면, 중국의 경상수지 흑자는 중국의 GDP에 추가가 되고 이는 단지 다른 국가의 GDP로부터 삭감된 것이다.

   중국이 WTO에 가입한 2001년에, 그림 5.3이 보여주는 바와 같이 중국의 GDP는 세계 전체의 미천한 부분이었다. 중국의 경상수지 흑자는 GDP의 1.3%로 영향을 미치지 않는 수준이다. 2007년에, 중국은 불쑥 세계 경제 5위로 등극했고

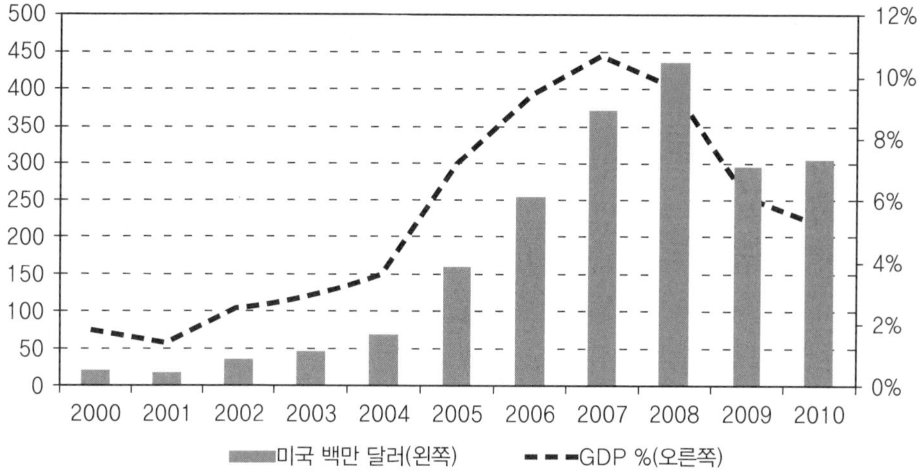

그림 5.3 경상수지 흑자: 절대치 그리고 GDP의 비율
자료: SAFE, 저자의 계산

경상수지 흑자는 GDP의 10.1% 규모로 부풀어 올랐다. 2010년에 중국의 환율제도 제정법 제안에 관한 미국 상원 토론에서, 한 거리낌 없는 상원의원이 베이징을 미국의 230만 일자리를 희생시킨 "국제 강도"라고 비난했다. 만약 경상수지 흑자가 다른 국가로부터 훔쳐온 수요로 대표한다면, 단기 몇 년 간 공간에서, 중국은 가벼운 소매치기에서 중절도로 변화했다.

표 5.7에서 2009년 데이터는 2,971억 달러의 경상수지 흑자를 보여준다. 이는 GDP의 5.8%이다. (이는 SAFE의 방법론 변화로 2,610억 달러로 하향 개정되었다. 이는 GDP의 5.2%이다.) 금융위기 이전의 해 들 보다 GDP의 퍼센트로 2009년에 엄청나게 더 작은 흑자는 두 가지 요인들을 반영한다. 첫째, 위기의 결과로 급격한 국제수요의 축소는 중국 수출이 폭락했다는 것을 의미했다. 두번째, 투자 주도 국내 자극은 중국의 원자재와 기계류 수입이 급등했다는 것을 의미했다. 더 낮아진 수출과 더 높아진 수입은 자연스럽게 흑자규모를 수축시킨다.

세계 경제가 위기유형으로부터 벗어나 이동함에 따라 정책입안자들을 혼란스럽

표 5.7 국제수지 보고(2009년)

중국 국제수지 2009년 (단위: 1억 달러)

	항목	숫자	순포지션	대변	차변
1▶	경상수지	1	2,971	14,846	11,874
	A. 재화와 서비스	2	2,201	13,333	11,132
2▶	a. 재화	3	2,495	12,038	9,543
3▶	b. 서비스	4	2294	1,295	1,589
	[…]				
4▶	B. 소득	18	433	1,086	653
	1. 노동소득	19	72	92	21
	2. 투자소득	20	361	994	632
	C. 경상이전	21	337	426	89
	1. 일반정부부분	22	2	0	3
	2. 다른 부분	23	340	426	86
	자본과 금융계정	24	1,448	7,464	6,016
	A. 자본계정	25	40	42	2
	B. 금융계정	26	1,409	7,422	6,014
5▶	1. 직접투자	27	343	1,142	799
	1.1 국외투자	28	2439	42	481
	1.2 국내투자	29	782	1,100	318
	2. 포트폴리오투자	30	387	981	594
	[…]				
	3. 다른 투자	41	679	5,299	4,620
	[…]				
	준비자산	64	23,984	0	3,984
	3.1 화폐용 금	65	249	0	49
	3.2 특별인출권	66	2111	0	111
	3.3 IMF준비포지션	67	24	0	4
6▶	3.4 외국환	68	−3,821	0	3,821
	3.5 다른 청구	69	0	0	0
7▶	오차 및 누락	70	−435	0	435

자료: SAFE로부터 종합

게 만드는 질문은 다음에 무엇이 일어나는가? 이다. 워싱턴 D.C.에서 금융범죄수사반에 따르면 중국은 개혁된 특징의 징후를 보이지 않았다. 중국의 자극페이딩

(stimulus fading)의 효과로 IMF는 세계 수요가 다시 안정되고 위안화가 여전히 심각하게 저평가되고 경상수지 흑자가 10년 안에 다시 8% 정도로 회복될 것이다. 베이징의 정부는 주된 정책 조정이 필요없이 개과천선하고 흑자는 GDP의 4%로 주저앉을 것을 맹세한다. 국제수지 보고는 누가 맞는지를 보여줄 것이다.

2. 세계의 공장이라는 중국의 명성은 그럴만한 가치가 있다. 거의 모든 경상수지 흑자는 재화 무역으로부터 나온다. 중국의 동해안을 따라 생산되거나 조립되고 상하이, 선전, 닝보 항으로부터 유럽과 미국으로 운송되는 휴대폰, 컴퓨터, 텔레비전, 자동차, 공구, 가구, 옷, 장난감, 신발은 대부분 행동을 설명한다.
3. 중국이 WTO에 가입했을 때, 다른 멤버들은 본토의 제조업자들이 세계 재화시장의 커다란 몫을 차지할 것이라는 사실에 대해 동의하였다. 그러나 미국과 유럽 정부는 그들 소유의 사업분야가 서비스에서 경쟁우위로 약간의 차이를 형성할 것이다라고 추론했다. 중국의 국제수지 보고는 그들이 반타작했다는 것을 보여준다. 중국은 서비스 계정에서 적자를 시현함이 확실하다. 그러나 서비스 적자는 재화 부분에서 중국이 향유했던 규모와 비교하면 경미하다. 표 5.7에서 2009년 데이터는 재화계정에서 2,495억 달러의 흑자와 서비스계정에서 2,940억 달러의 적자를 보여준다. 한가지 이유는 서비스는 천성적으로 재화보다 무역하기에 더 어렵다는 것이다: 외국에 가서 이발하는 사람은 거의 없다. 그러나, 또 다른 이유는 외국 회사들이 경쟁우위를 갖는 금융, 통신, 물류 분야에서 본토 시장으로 문은 굳게 닫혀 있다.
4. 명백하게 무역에서 두 번째이지만 여전히 경상수지의 중요한 부분은 소득계정이다. 투자측면으로부터 오는 가장 큰 기여로 소득계정은 외국 투자로부터 소득과 외국에서 벌어들인 임금으로부터 소득으로 나누어 진다. 외국투자 수입은 중국의 외환보유고와 함께 성장하였고 SAFE는 2011년 1분기에 3조 달러 이상 성장하였던 잘 알려진 은닉처는 해외 투자 수입의 주된 원천이라고 인정했다. 투자수입과 중국 외환보유고 규모에 대한 데이터를 모두 종합해 보면, SAFE가 그의

투자를 위해 받은 수입의 대략적인 계산이 가능하다. 2009년에 중국은 외국 투자 수입으로 994억 달러를 벌었다. 2008년 말 외환보유고는 1조 9천억달러였다. 만약에 대부분의 소득이 중국의 외환보유고에 대한 이자지불에 그 근거를 둔다면, 이는 SAFE가 투자에 약 5% 수입을 번다는 것을 제시한다. 이 숫자는 가능성 영역의 최고에서 일 것이다.

5. 자본과 금융 계정은 포트폴리오와 직접 투자의 흐름이 보이는 곳이다. 이는 미국에서 매 분기마다 국가로 들고오고 나가는 수천억 달러의 자본흐름으로 생기 넘치는 분야일 것이다. 중국에서, 1994년 멕시코 페소 위기와 1997년 아시아 금융 위기의 교훈은 쉽게 사라지지 않고 지속된다. 특별히 1997년에, 중국 지도자들은 주변 국가들이 갑작스럽고 불안정한 외자의 유출에 의해 무릎을 꿇리게 됨을 보았다. 유사한 종류의 일이 그들에게 발생할 것을 허용하지는 않는다.
본토의 자본계정은 완전히 닫혀있지는 않다. 가계, 기업, 그리고 투자자들은 상당량 어려움으로 모든 자본에 대해 그 국가로부터 유출입이 가능하다. 위안화를 국제 통화로 만들기 위한 정부의 지지는 자본 계정 전환을 향한 행동을 가속화하는 결론일지도 모른다. 무역과 직접 투자 채널이 국내외로 투기적 자본을 광범위하게 끌어오는데 오용됨에 따라, 남아있는 통제의 효력은 또한 의심의 여지가 없다. 그러나 자본계정 개방과 현재 통제에서 불 완벽성을 향한 증가하는 행동에도 불구하고, 포트폴리오 투자의 흐름은 매우 제한되었다. 현재, 자본계정에서 보이는 주된 거래는 직접 투자이다.

6. 경상수지 흑자는 국제수지 보고에서 유일한 논쟁적 숫자는 아니다. 보고서는 또한 환율에 대항하는 경우에서 증거물 B에 대한 데이터를 포함한다: 중국의 외환보유고. 외환보유고 성장에 데이터는 국제수지 보고서가 이용가능해지기 전에 중국중앙은행(PBOC)에 의해 공개된다. 그래서, 국제수지 보고서에서 무엇이 부가가치인가? 그 질문에 대답을 얻기 위해, 중국 외환보유고에 관한 결산방식을 우회할 필요가 있다. 중국 외환보유고 가치는 두 가지 방식으로 변화 가능하다.

SAFE가 보유고 가치를 위해 자산을 구입하거나 판매하는 거래에 관여할 수 있거나 혹은 시장과 환율의 변동은 SAFE가 이미 가지고 있는 자산의 가치를 변화시킬 수 있다. 총 외환 보유고에 관한 중국인민은행 숫자는 거래와 가치 변화 모두의 기여를, 둘 사이의 구분 없이, 포함한다. 2010년 초부터 SAFE의 국제수지 보고서는, 시장가치와 환율에서 움직임의 충격을 포함하지 않고, 거래부터 외환 보유고의 가치변화를 포함한다. 그림 5.4가 보여주는 바와 같이, 두 숫자는 매우 차이가 있을 수 있다.

표 5.7은 2009년에 3,821억 달러가 중국 외환보유고 가치에 포함되었음을 보여준다. 이는 동기 대비 4,490억 달러로 성장하는 중국의 외환보유고를 보여주는 중국인민은행 데이터와 대조를 이룬다. 두 숫자 사이의 차이는 환율과 시장 물가의 변화로부터 가치조정은 중국 외환 보유고 가치에 669억 달러를 합해야 함(4,490억달러 − 3,821억달러 = 669억 달러)을 의미한다. 이것은 맞다.

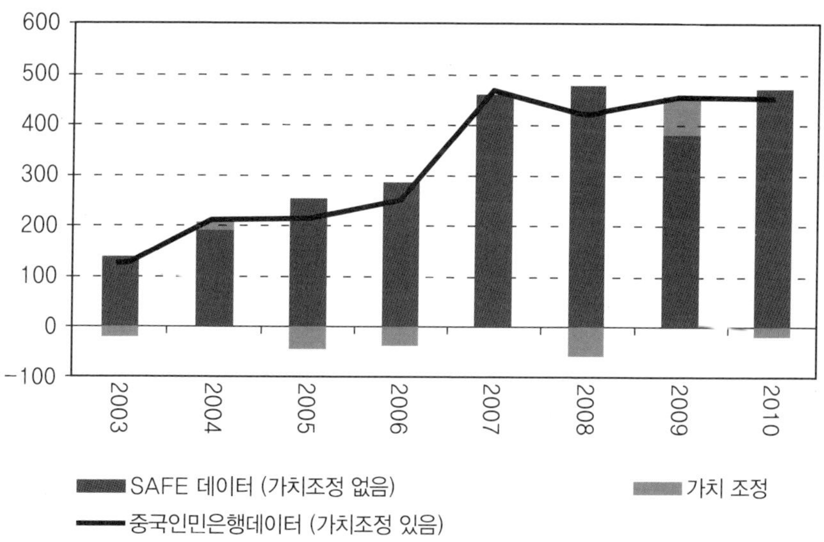

그림 5.4 외환 보유 성장:SAFE 대 중국인민은행 데이터(십억달러)
자료: SAFE, 중국인민은행, 저자의 계산

달러가치는 2009년에 유로 대비 하향했다. 그래서 환율 동향은 중국의 유로화 표시 보유의 달러가치를 약간 높일지도 모른다.

이 모든 것은 상당히 불가사의하다. 그러나 외환보유고 성장이 거래에 따른 것인지 그리고 얼마나 많은 것이 가치조정에 의한 것인지 아는 것은 상당히 유용하다. SAFE는 미 재무성과 다른 국가부채 시장에서 주된 참가자이다. 이러한 시장에서 투자가들은 SAFE가 얼마나 많은 돈을 낭비하고 있는지 알기를 원한다. 이는 가치조정으로부터 추가나 삭제가 아닌 거래로부터 보유고에서 변화를 보는 것을 의미한다. 얼마나 많은 보유고에서 변화가 가치 조정으로부터 유래하는지를 아는 것은 분석학자들이 그들이 가장 좋아하는 실내 게임 중의 하나를 또한 아는 것을 돕는다: SAFE의 숨겨진 통화 구성 추측. 이는 매우 복잡하나 간단하게, 더 높은 가치 조정은 대부분이 더 위험한 자산 군 그리고 달러 이외의 자산(왜냐하면 이들은 달러가치가 시장과 환율의 운동에 의해 대부분 영향을 받을 지도 모르게 때문에)에 투자되어야 한다는 것을 암시한다; 더 낮은 조정은 달러로 표시된 국가부채에 조정된 투자의 몫은 더 커진 다는 것을 제시한다.

7. 국제수지 보고서의 마지막 기입은 오차 및 누락이다. 오차 및 누락의 가치는 매우 클 수가 있어서 몇몇 분석학자들은 SAFE가 핫머니 유입을 설명하는 곳이 여기라고 믿는다. 투자가들의 동기에 대해서 우리가 안다고 가정하고, 오차 및 누락 범주에 의해 제시되는 핫머니의 흐름 패턴은 이해가 간다. 2007년과 2008년 상반기 양의 오차 및 누락은 위안화의 급속한 평가절상으로부터 그리고 본토의 주식과 부동산 시장의 급속한 성장으로부터 이득을 얻고자 하는 투자자로서 자본 유입을 제시했다. 2008년 하반기에 음의 오차 및 누락 전환은 리먼 브라더스社의 붕괴를 이해하게 하는 그리고 하락하는 미국 금융제도를 위기로 몰아서는 자본 유출을 제시한다. 표 5.7은 회복이 안정을 찾게 되고 국제 자본이 중국 경제에 흥미를 새롭게 하면서 유출이 계속되지만 2008년 마이너스 보다는 적은 2009년 마이너스에 머무르는 오차 및 누락 항목을 보여준다.

4. 시장 충격

증권시장과 상품시장을 움직이기에는 너무나 작은 새로운 정보를 가지고 국제수지 보고는 매우 늦게 나온다. 그러나 경상수지 흑자규모는 환율에 대한 논란의 여지를 형성하는 주요 요인이 되었다. 그래서 화폐시장은 긴밀한 관심을 가진다.

5. 외환과 금 보유고

- 시장민감도: 중
- 무엇인가? 중국의 외환보유고(현재 1억 달러)와 금 보유(10,000 트로이 온스) 변화에 관한 보고
- 인터넷 상 중국어 뉴스: www.pbc.gov.cn
- 인터넷 상 영어 뉴스: www.pbc.gov.cn/publish/english/963/index.html
- 발간시기: 다음 분기 첫 번째 달 10일과 15일 사이
- 빈도: 분기
- 원천: PBOC
- 개정: 없음

1. 왜 중요한가?

중국은 얼마나 외환보유고가 필요한가? 몇 달간 수입비용을 처리하기에 충분한가? 환율 제도 하에서 금융대란에 대응한 그리고 투기적 공격에 대응한 완충장치를 공급하기에 충분한가? 이와 같은 범주에 대응하여, 2011년 초에 3억 달러 이상 도달은 필요한 것 이상이다. 중국의 외환 보유고는 2년 반 총 수입비용을 커버할 수 있다. 그들은 개혁기간에 중국에 투자된 모든 외국 달러를 상환할 수 있다. 그들은 포춘 500의 상당량을 구입할 수 있다. 중국의 폐쇄된 자본 계정은 이미 아시아 금융위기에 인도네시아, 태국, 한국에 대해 굴복시킨 투기적 공격에 대한 증명이다. 그러나, 그렇지 않아도, 세계 최대 외환보유는 가공할 만한 제지를 증명할지도 모른다.

중국의 거대 외환보유 축적의 역설(아이러니)은 의도에 의해서가 아닌 우연히 발생했다는 것이다. 개혁 기간을 통해, 중국은 수출 주도형 성장 전략을 추진했다. 그 전략의 일부로, 베이징은 위안화의 가치를 중국 수출의 경쟁력을 지지하기 위해 환율을 이

용해서 인위적으로 달러화에 대비해 낮은 수준을 유지했다. 그러나, 급등하는 경상수지 흑자의 국면에서 안정된 환율을 유지하는 것은 외환시장에서 계속되는 개입이 요구된다. 중국 외환보유고 변화는 중국의 경상수지 흑자 변화에 밀접하게 연관되고 이는 우연이 아니다. 단지 목표 환율에서 흑자 진행을 매점함에 의해 중국은 위안화를 평가절상으로 유지한다. 중국인민은행이 외환 시장에서 구매하는 달러는 중국 외환보유의 기초이다. 그러나, 외국 자산의 엄청난 축적을 높이기 위한 약간의 욕구가 아니라 수출 주도 성장 전략과 정치적 변화에 대한 저항은 중국의 보유고 축적 뒤에 숨은 추진력이다.

2. 데이터가 어떻게 계산되나?

외환 보유고 가치를 계산하기 위해 SAFE는 IMF 국제수지 매뉴얼에서 준비된 방법을 사용한다. 그러나 국제 표준의 도입은 투명성을 증진시키는데 많은 역할을 하지 못했다. 그리고 중국의 외환보유고에 관한 것 이상으로 그 정확한 계산법은 비밀에 가려져 있다. 거래로부터 외환보유고에 대한 추가 혹은 삭감의 가치를 결정하는 것은 상대적으로 쉽다. 만약 SAFE가 100억 달러를 미 재무성에서 구입한다면 이는 보유가치에 100억 달러를 추가한다. 주된 질문은 보유자산 시장가치 안에서 움직임으로부터 그리고 환율 변동 충격으로부터 가치 조정을 하기 위해 SAFE가 취하는 접근이다.

환율 이슈에서, 중국인민은행은 달러화 외환보유고 가치를 보고한다. 그러나 보유고는 수많은 화폐들에 묶여 있다. 이는 환율 변화는 달러 보유가치에 영향을 미쳐야 한다는 것이다. 단순화를 위해 중국의 외환 보유의 70%가 달러 자산에 평가(고정)되었다고 가정하자. 그리고 나머지 30%는 유로 자산에 고정되었다고 가정하자. 달러가 유로화 대비 10% 평가절상 되었다고 하자; 유로화로 표기된 달러화 가치의 보유 비율은 10% 하락해야만 한다. 이는 전반적인 보류양의 달러가치는 3% 하락(−10% × 30% = −3%)해야 한다는 것을 의미한다. 반대로, 만약 달러가 유로화 대비 10% 하락한다면 이는 그의 보유량의 총 달러가치에 3% 추가되어야만 한다. 정확한 통화 보유의 구성을 모르는 상황에서, SAFE가 환율 변동을 위한 제도적 조정을 하는지를 아는 것은 불가능하다. 그러나, 대부분의 분석학자들은 그렇다고 가정을 한다.

시장 가치 이슈에서, 오늘날 자산의 가치는 그 자산이 구입되었을 때의 가치와 반드시 같은 것은 아니다. 포트폴리오의 현재가치에 대한 개인투자자금보고는 "시가평가" 일 것이다. 다시 말하면 이는 그들이 만들어 졌을 때 가치가 아니라 그 투자의 현재 시장가치를 보고할 것이다. SAFE는 적어도 포트폴리오의 무역 파트에 있어서 이 관행을 따른다고 주장한다. 중국의 외환 보유의 구성에 관해 알려진 상태에서, 만약 그들이 모든 그들의 시장에 대한 투자 가치를 만든다면, 몇몇 숫자는 납득이 가지 않을 것이다. 복잡성에서 벗어나기 위한 하나의 길은 SAFE가 주식으로 구성된 그리고 높은 위험자산으로 구성된 작은 무역포트폴리오를 가진다고 가정하는 것이다. 그리고 이 포트폴리오의 부분은 시가평가가 된다는 것이다. 미국 재무성과 다른 국가채무로 구성된 보유고의 더 큰 부분은 교환되지 않는다. 따라서 SAFE는 시가평가를 하기 위한 의무감을 느끼지 않는다. 이 설명은 2008년과 2009년 가치조정의 정도와 방향에서 SAFE 데이터와 일치한다.

3. 데이터 해석

매우 간단한 수준에서, 중국의 외환보유고 데이터 해석은 매우 간단하다. 중국인민은행 데이터는 중국 총 외환보유고 가치가 달러화로 매달 말에 보여준다. 표 5.8에서

표 5.8 금과 외환보유(2010)

항목	2010년 1월	2010년 2월	2010년 3월	2010년 4월	2010년 5월	2010년 6월	[⋯]
외환보유 (1억 달러)	24152.21	24245.91	24470.84	24905.12	24395.06	24542.75	[⋯]
금(10,000 질 좋은 트로이 온스)	3389	3389	3389	3389	3389	3389	[⋯]

자료: 중국인민은행으로부터 종합

2010년 6월 말에, 중국의 외환보유고는 2조 4천 5백만 달러로 증가했다. 한 단계 더 나가서 그 데이터가 무슨 의미인지 아는 것은 어렵다.

초보자를 위해서, 외환보유고 주요 숫자는 중국이 얼마나 많은 외환보유고를 축적했는지 완벽한 그림을 제공하지 않는다. 2007년 말에 2,000억 달러는 중국의 외환보유고에서 밀어버렸고 중국 국부펀드로 중국 투자회사들에게 주어졌다. 중국인민은행 대차대조표에서 그리고 중국인민은행이 상업은행과 참여하는 외국통화스왑에서 "다른 외국자산"은 공식 숫자에는 들어가지 않더라도 중국 외환보유고의 일부이다. 모두 합쳐서, 2010년 말에, 이러한 추가적인 원천은 총 몇 조 달러를 추가한다.

다음, 공식데이터는 중국의 외환보유고가 투자된 곳에서 완전히 침묵을 한다. 이는 좋은 이유이다. 당신이 세계에서 가장 큰 단일 투자자금을 관리할 때, 당신의 의도를 그 시장들에 전신(텔레그래핑)하는 것은 매우 비싸게 당신이 원하는 것을 구입할 수도 있고 매우 싸게 당신이 원하는 것을 팔 수도 있다. SAFE로부터 힌트와 중국 연구자로부터 추정은 중국의 외환보유고가 주로 국가 부채로 주로 미국 재무성에 약 70% 미국 달러 부채에 투자되고, 유로 존에 20%가 투자되고, 중국 부채에 5%가 투자되고, 그리고 다른 화폐에 나머지가 투자된다는 것을 제안한다.

고품질 데이터가 존재하는 마지막 시기인 2010년 6월 말에, 미국 재무성 소유 데이터는 중국이 적어도 1조 6,000억 달러 부채를 소유하고 있다는 것을 제시한다. 이 중 1조 1천억 달러는 재무성에 3,590억 달러는 각급 기관에 있다는 것을 제시하고 이 어음은 Fannie Mae와 Freddie Mac과 같은 정부에서 보증하는 기업들에 의해서 발행된 것이다.

핫머니 셔플

외환보유고 데이터는 중국 경제에 영향을 미치는 가장 중요한 그러나 최소로 알아볼 수 있는 것들 가운데 수단화시킬 수 있는 것 하나를 제공한다: 핫머니. 핫머니는 평균을 초월하는 수익을 찾아서 시장을 들락날락하는 투기성 자금이다. 주최 시장을 위한 위험은 협력하여 재빨리 움직이는 커다란 규모의 자본에 대해 자본이 유입되었을 때에는 투기적인 버블을 초래하고 자본이 유출되었을 때에는 극적인 강등을 초래할 수 있다. 외국자본의 거대 유출은 아시아 외환위기에서 중국의 주변 경제에 심각한 손상을 준 요인들 가운데 하나였다. 중국에서 부분적으로 폐쇄된 자본 계정은 경제를 불안정하게 만들기 위한 투기적 흐름을 위한 잠재력을 급격하게 감소시켰다. 2005년에서 2008년까지 대부분 기간 동안에 그리고 다시 2010년부터 본토의 주식과 부동산 시장에서의 고수입 가능성은, 위안화 평가절상으로부터 약간 추가적인 퍼센트를 더하여, 자본 통제를 피하고 수천억 달러 유입을 은닉하여 투자가들에게 동기를 유발하기에 충분했었다. 핫머니 유입이 불법이기 때문에, 그들은 기록되지 않고 정확하게 그들을 측정할 방법은 없다. 그러나, 약간의 조작으로 외환보유 데이터는 대략적 추정을 할 수 있다.

그림 5.5에서 그래프로 보여주듯이, 무역 흑자, 순 FDI, 이자수입, 설명된 가치조정

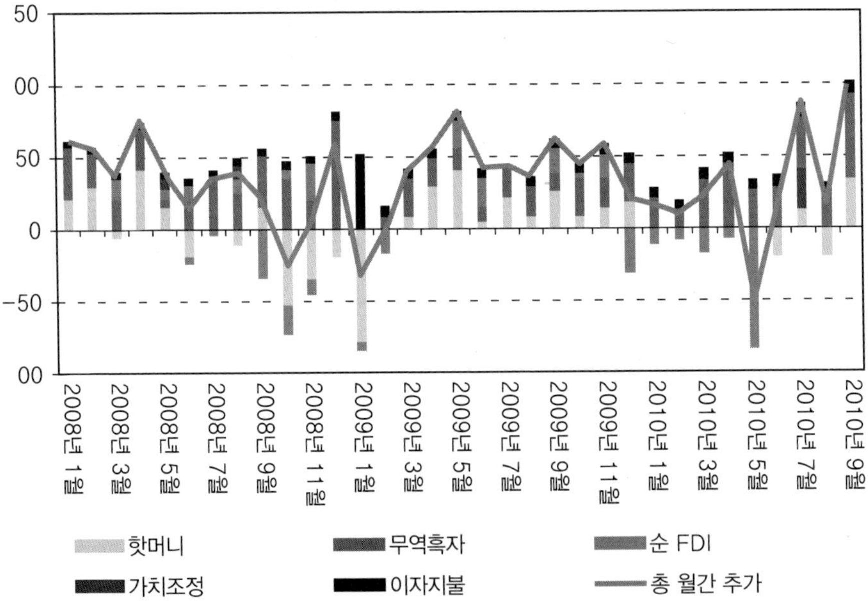

그림 5.5 외환보유고 구성과 성장(10억 달러)
자료: PBOC, 관세국, MOFCOM, 저자의 계산

의 충격으로부터 외환보유고로의 흐름을 안 연 후에, 기본적 추론은 설명되지 않은 나머지는 핫머니 흐름임에 틀림없다는 것이다. 2010년 5월에, 예로 중국인민은행 데이터는 외환보유고가 510억 달러 감소되었다는 것을 보여준다. 같은 달에 세관데이터는 200억 달러 무역흑자를 보여주고 MOFCOM 데이터는 50억 달러 순 FDI 유입을 보여준다. 2010년 2분기는 유럽 국가부채 위기가 한창 진행 중 임에 따라 유로화에게는 힘든 시기였다. 달러화 대비 유로화 가치의 하락은 아마도 중국 보유의 달러 가치를 300억 달러 정도 혹사했다. 현 보유하는 80억 달러 가량의 이자수입은 알려진 그리고 추정된 기여의 그림을 완성했다. 이를 모두 합쳐서, 보유고로 알려진 흐름은 30억 달러에 달한다. 실제 보유고가 510억 달러 감소함에 따라, 이는 핫머니 유출이 약 540억 달러라는 것을 제한한다.(−510억 달러 − 30억 달러 = −540억 달러)

핫머니 흐름을 추정하기 위해 왜 이런 고생을 하십니까? 핫머니 흐름은 중국 경제에서 투자자 민감도의 유용한 지표이다. 높은 수준의 핫머니 유입은 중국의 부동산과 주식시장의 긍정적인 전망으로 그리고 급속한 위안화 평가절상에 대한 기대로 투자가들이 낙관적이라는 것을 제시한다. 약한 자본유입 또는 심지어 자본유출은 위험한 욕구로 세계경기하락을 반영할지도 모른다. 중국에서 이는 투자가들이 부동산과 주식시장에서 약세로 돌아선다는 것을 또는 위안화 평가절상 전망이 알맞지 않다는 것을 의미할지도 모른다. 핫머니 흐름은 중국인민은행이 중국의 통화정책을 시작하는데 또한 중요한 변수이다. 국가로 들어오는 핫머니의 쇄도는 자산가격버블을 부채질하고 인플레이션 압력을 더하는 중국 금융제도에서 더 많은 유동성을 의미한다. 아니나 다를까 자본유출은 중국 통화시장에서 유동성 유출이 될 수 있고 단기 이자율이 급등하게 할 수 있다. 2010년 5월에, 이 국가에 수백억 달러의 투기자본이 존재하는 상황에서 중국 화폐시장에서 일주일 융자 이자율은 1.6%에서 3.2%로 급등하였다.

핫머니 흐름을 계산하기 위한 이 접근을 사용하는 데는 문제들이 있다. 무역과 투자흐름의 일부는 −아마도 큰 부분은− 핫머니 흐름으로 위장한다. 중국 수출업자들과 그들의 외국 고객들에게는 핫머니를 국가로 끌어오는 수단으로 주문을 과다 청구하는 것에 동의하는 것은 일반적인 관습이다. 매년 중국으로 흘러 들어가는 FDI의 수백억 달러의 부분은 또한 부동산 혹은 주식 시장으로 운명 지어지는 핫머니 유입으로 위장한다. 만약 무역의 일부 혹은 FDI 흐름의 일부가 사실은 핫머니라면, 핫머니 유입을 추정하기 위해 외환 보유고 변화로부터 무역흑자를 빼는 것 그리고 순 FDI를 빼는 것은 이치에 맞지 않는다. 위안화를 무역결재통화로 사용하는 것은 또한 계산을 복잡하게 한다. 만약 수출업자들이 달러가 아닌 위안화로 그들의 구입에 대해 지불한다면, 무역으로부터 외환보유고 추가는 무역 흑자가 제시하는 것 보다 더 커질 것이다. 무역 또는 투자에 포함되어 있지 않은 핫머니를 해결하지 않고 보유량 변화를 설명하는 국경을 넘어선 흐름이 또한 있다. 2010년 7월에, 중국농업은행 IPO의 행보인 홍콩으로부터 100억 달러 펀드는 그 국가로 하여금 상기시키게 하였다. 그리고 핫머니의 갑작스러운 증가가 아닌 이는 보유고로 거대한 840억 달러 추가를 설명하였다.

추정 접근은 명백하게 결함이 있었지만 이는 투기적 흐름의 추진력에 관해 우리가 안다고 하고 이치에 맞는 결과를 만든다. 예로 2010년 5월에 계속해서, 2010년 4월, 중국 정부는 부동산 섹터에 단호한 조치를 취하였고 본토 주식시장은 침울해 졌고, 위안화 평가절상의 재개에 대한 기대는 붕괴되었다. 자금을 중국으로 들여오는 이유는 거의 없다. 동시에, 더 안전한 안식처를 위한 고 위험 신흥시장에 존재하는 펀드를 가지고 유럽 국가부채 위기는 세계 리스크 허용 범위에서 하락을 초래했다. 유출을 위한 540억 달러 숫자는 정확하게 맞아 떨어지지 않을 수도 있지만 2010년 5월에 자본의 유출은 그럴듯해 보인다.

금본위제 지지자들, 조심하라

중국의 금 보유는 어떻습니까? 여기서 데이터 해석은 다소 좀 더 직설적이다. 그러나 하나의 주요 위험군을 조심해야 한다. 중국인민은행은 매 분기마다 금의 보유에 관한 데이터를 공개한다. 문제는 시기 적절한 기초로 보유액에 있어서 변화에 관한 정보를 공개하는데 죄책감을 느끼지 않는다는 것이다. 2009년 4월, 중국인민은행은 금 보유가 총 75%를 쳐서 총 19.29 백만 온스에서 33.89 백만 온스로 증가했다. 이는 PBOC가 4월에 금 1,400만 온스를 구입했다는 것을 의미하는가? 아마도 아니다. 이는 공식적인 금 보유 변화를 7년 동안 마지막으로 공개했기 때문에(2002년 12월에 321만 온스의 증가를 기록했을 때), 중국인민은행은 금을 더욱 더 많이 구입한 다양한 시간을 가졌다. 그러나 중국인민은행은 단지 지금에야 비로소 그것에 관하여 세상에 이야기하는 것을 시작했다. 무엇이 그렇게 비밀스럽냐? 같은 이유로, SAFE는 외환보유고의 구성에 관하여 세계에 이야기 하고자 하지 않는다: 만약 당신 지갑에 3조원이 있다면 그리고 당신이 세상에 금을 구입하기를 원한다고 말한다면 금은 매우 비싸질 것이다.

중국의 금 보유 변화는 세계 금 가격에 대한 명확한 암시를 하고 있다. 그러나, 중국인민은행이 그러한 불규칙적인 간격에서 재산의 변화를 선언하면서 그리고 현재 구매를 알려줄 필요가 없는 기록된 재산의 변화를 선언하면서, 시장(市場)은 중국의 금에 대한 더 강한 또는 더 약한 수요의 증거로 데이터 해석에 신중해야 한다.

4. 시장충격

외환보유고 데이터는 단지 분기로 공개되었고 중국 경제의 백밀러로 힐끗 봄을 제공한다. 그러나, 이것이 시장을 움직일 수 없다는 것을 의미하는 것은 아니다:

- 거대한 외환보유고는 중국의 화폐시장에서 위안화를 안정적인 수준으로 유지하기 위해 지속적인 그리고 거대한 조정의 충격의 가장 가시적인 신호이다. 화폐전쟁이 발생한다면, 지난 3조 달러를 밀어 부치는 외환보유고는 중국의 통화제도 목 근처에 목표를 걸고 있다. 이는 외환보유고 데이터가 통화시장의 관심에 집중하고 있다는 것이다.
- 핫머니 흐름에 관한 정보는 소급되고 부정확할 지도 모른다. 그러나, 이는 투자자들의 위험 욕구에 대해 중요한 통찰력과 위안화와 본토의 주식과 부동산 시장 모두의 전망에 대한 견해를 제공한다.

- 중국인민은행은 중국의 외환보유고 구성과 정당한 이유에 대해 침묵을 지키고 있다. 그러나 구체적인 정보가 없는 상황에서, 루머와 투기는 시장을 움직일 수 있다. 2010년 5월에, SAFE가 진절머리가 나는 유럽 부채를 키웠다는 주요 금융 신문에서 이야기는 유로화의 급격한 하락에 기여했었다. SAFE는 부정했으나 그 이야기의 공개에 이어 하루 동안에 달러대비 유로화의 가치에서 1.5% 하락 전(前)은 아니다.

6. 해외자본수지

- 시장민감도: 중
- 무엇인가? 미 100만 달러로 공개되는 미국 증권에서 국경을 넘는 거래에 관한 월간 보고
- 인터넷 상 중국어 뉴스: 없음
- 인터넷 상 영어 뉴스: www.treas.gov/tic/
- 발간시기: 동부 표준시간 오전 9시, 한달 반 시차로 매달 11번째 날(영업일)
- 빈도: 월간
- 원천: 미 재무성
- 개정: 일년에 한번 6월 말에 전체 주요 개정, 내년 2월 말에 예비판 발행

1. 왜 중요한가?

중국이 WTO에 가입한 해인 2001년에, 베이징은 외국 투자자들에 따른 전체 가운데 단지 6%인 미 재무성 부채 610억 달러의 소유권을 주장할 수 있다. 중국은 미국 부채의 두 번째로 큰 외국의 보유국이다. 그러나 첫 번째 보유국인 일본에 비하면 멀리 떨어져 있고 중국은 미 재무성 시장에서 주요 플레이어가 아니다. 미국 경제가 붕괴 직전 상태에 있고 오바마 행정부가 역사상 가장 큰 재정적 경기부양정책을 펼친 2008년 말로 빨리 되감으면, 그 상황은 알아볼 수 없을 정도로 변화하였다. 중국은 미국 재무성의 가장 큰 단일 재권자로 일본을 대체했다. 중국의 재무부 채권 소유는 7,270억 달러를 초과했는데 이는 외국 투자자들에 의한 총 보유의 23%를 차지한다. 중국 외환보유고를 관리하는 역할을 하는 기관인 SAFE는 미국 재무성 시장에서 주된 역할자가 되었다.

중국의 미국 재무성 부채의 거대한 축적에 대해서는 논란이 없는 것은 아니다. 중국에서 국가의 매장물이 투자되어야 하는지에 대한 의견 충돌이 증가하고 있다. 연간 단

지 4,000불의 일인당 평균 소득 국가가 일인당 평균 수입이 연간 46,000달러인 국가에게 수천억 달러를 빌려주는 아이러니는 중국 시민들에게 잊혀지지 않는다. 베이징 택시기사들로부터 중국인민은행 고문에 이르기까지 모든 이들은 왜 외환보유고가 금, 토지, 기술, 또는 연준의 인쇄기의 윙소리에 의해 팽창되어 나가는 다른 자산들 보다 더 이득을 주는 투자가 될 수 없는지에 대해 의아해 하고 있다. 미국에서 중국의 외환보유고는 국제사건에서 베이징의 증가하는 중요성의 무시무시한 상징이고 중국의 환율 조작의 유력한 현증이다. 차입비용을 낮게 유지하는 환영하는 중국투자가 결코 아닌, 워싱턴 D.C.는 베이징의 거대한 미국 재무부 부채 소유가 중국의 갑작스러운 그것에 대한 판매가 달러가치 급락을 초래할지도 모른다는 위험성을 가지고 금융핵무기를 제공할지도 모른다는 것에 대해 걱정한다. 그 걱정은 근거 없는 것일지도 모른다. 그러나 이는 또한 도처에 널리 퍼져 있다. 2009년 2월에 원자바오 총리가 중국이 보유한 외환보유고의 할당에 대해 다른 옵션을 가졌다는 암시를 했을 때, 그 뉴스는 국제 시장에 충격을 주었다.

공교롭게도, 국제시장은 걱정할 필요는 없었다. SAFE는 한 달에 100억 달러를 투자하는 어울리는 장소를 찾아야 한다. 미국 재무부 채권 시장 밖에 극소수는 그렇게 많은 현금을 수용하기에 충분하다. 미국은 또한 중국의 단일로 가장 큰 무역 동반자이다. 당신의 최우수 고객에게 신용을 깎는 것은 좋은 생각은 아니다. 달러화로 보유고 투자는 위안-달러 환율 관리의 견해로부터 또한 타당하다. 제한된 대안투자옵션, 상식, 사리사욕의 조화는 자금이 태평양을 건너서 흐르도록 유지한다. 2009년 말에, 중국은 추가 1,670억 달러를 숨겨둔 미 재무부 채권에 추가했다. 이로써 총 8,940억 달러가 되어 미국의 가장 큰 채권자의 위치를 확보하였다. 그러나 원 총리의 위협은 전적으로 무의미한 것은 아니었다. 중국은 금융위기를 통해 신용 줄을 열어놓기를 지속할지도 모른다. 그러나 연준의 인쇄기의 지속된 회전과 미국 공공부채 증가는 미 재무부 채권 금고를 더 이상 매력적이게 하지 않는다. 지난 몇 년 동안, 초보수적인 SAFE로부터 자유분방한 중국투자공사로 2,000억 달러 전송, 주식과 회사채로 투자를 위한 상당히 많은 돈의 개척을 위한 SAFE 자체 결정, 아시아와 신흥 시장 부채에 더 높은 투자 수준, 자본 수출국에 자본을 대기 위해 회사들 수중에 남겨진 더욱 더 많은 외국 수입, 이 모두는 중국이 그의 보유고를 할당하기 위한 다른 옵션을 가진 것을 분명히 보여준다. The Treasury International Capital(TIC) 제도는 중국의 미국 주식 구매의 패턴 변화를 유지하는 방법을 제공한다.

2. 데이터가 어떻게 계산되나?

매달, 미 재무부는 장기 미국 주식에서 국경거래에 관한 데이터를 제공하기 위해 주요 증권관리인, 브로커, 딜러 집단에 자문을 구한다. (장기증권은 1년 이상 만기를 가지고 있다) 동시에 재무부는 단기 증권의 외국 보유에 관한 데이터를 제공할 것을 은행들에게 요구한다. 이것은 인상적이고 노동집약적인 데이터 수집 노력이다. 그러나, 이것은 완벽할 수가 없고 결과는 특별히 중국에 관한 한 주의 깊게 해석할 필요가 있다. 특별히, 데이터가 수집된 방법은 두 가지 중요한 편차를 소개한다.

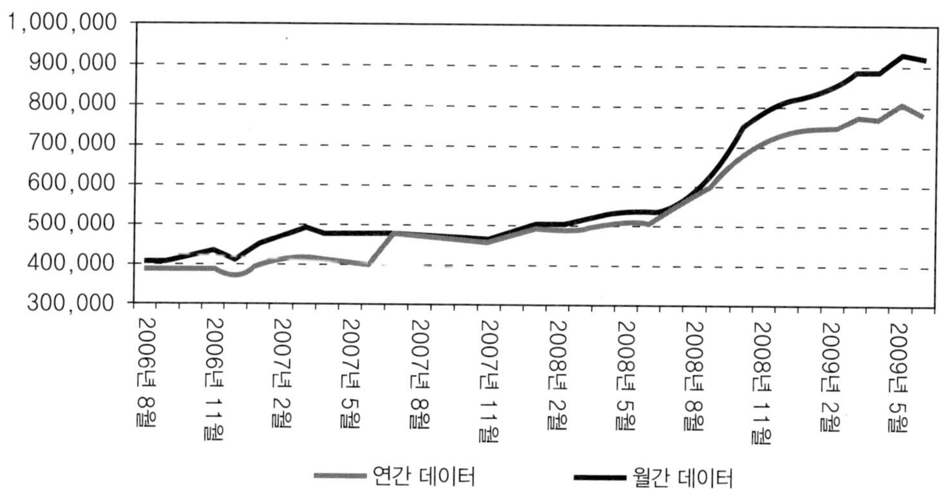

그림 5.6 중국의 미 재무성 채권 보유(백만 달러)
자료: TIC 제도, 저자의 계산

- 데이터는 미국 채권 보유를 최종 소유자의 국적이 아닌 보호된 상태인 그 국가의 덕분이라고 본다. 이 보호 편차는 만약 SAFE가 미 재무성에서 100억 달러를 구매하고 런던에 있는 관리인에게 그들을 보유하게 결정한다면, 그들 미재무부 채권은 중국이 추가적으로 보유하는 것 보다는 영국의 미재무부 채권에 대한 추가로 나타난다는 것을 의미한다.
- 장기 증권 거래에 대한 월간 데이터는 소유권의 국가라기 보다는 그들이 구매된 곳의 국가의 보유 책임이라고 본다. 이 거래 편차는 만약 SAFE가 카리브해 섬들 중 하나에서 브로커를 통해 구매하는 채널에 의해 추가적인 100만 달러어치 미국 재무부 채권을 구매하기로 결정하였다면, 중국이 아닌 카리브해 지역에 기여하는 추가적인 보유로 나타날 것이다.

이와 같은 편차의 결과는 월간 데이터가 지속적으로 중국의 실제 장기증권 구매 수준을 축소해서 말하고 있다는 것이고 영국, 카리브해 지역, 벨기에, 룩셈부르크, 스위스의 주요 관리인과 거래 센터의 구매를 과대해서 말하고 있다는 것이다.

연간 조사는 거래 편차를 위해 수정한다

그의 증권거래를 추적하기 위한 월간 시도뿐만 아니라, 재무부는 장기 증권 보유의 연간조사를 행한다. 추가적인 상세 수준에 대해 관리인, 브로커, 그리고 다른 참가자에게 질문함에 의해, 주식 대 주식에 기초한 데이터 수집에 의해, 연간 조사는 월간 데이터에서 거래 편차(그러나 관찰의 편차가 아닌)를 수정할 수 있고 중국 총 보유에 더욱 정확한 숫자를 제공할 수 있다. 그림 5.6이 지적하는 것과 같이, 결과 차이는 매우 현저하다. 2009년 6월에, 지난 해 동안 월간 조사에 의해 차지하게 된 중국의 재무부 재산으로의 총 추가는 중국이 단지 2,410억달러 미 재무부 채권을 구입했었다는 것을 제시했다. 연간 조사는 사실 그러한 12개월 동안 중국이 구입에 월간 데이터에서 확보된 총액 보다 50% 더 큰 약 3,800억 달러를 달성하였음을 보여줬다. 연간 조사는 정확도 면에서 엄청나게 많이 추가했으나 시기적절 면에서 엄청나게 잃었다. 연간 조사를 편집하기 위해 280만개 보고서 양식을 처리하는 TIC 시스템을 가지고, 9개월 시차를 보여준다는 것은 이해가 간다. 전(前) 해 6월 말에 중국의 보유에 관한 데이터는 2월에 처음으로 등장한다.

중국의 월간 데이터와 연간 조사 결과 사이의 불일치는 전 세계에서 두 번째로 큰 외국의 미 재무성 채권 보유국인 일본의 것 보다 훨씬 더 크다. 불일치의 규모는 중국의 외환보유 관리자들이 의도적으로 TIC 보고 제도에서 그들의 투자결정 예측으로부터 금융시장을 막는 연막을 만든다는 기대로 그들의 구매를 숨기기 위한 거래와 관리인 편차를 이용한다는 것을 제시한다.

3. 데이터 해석

1. 월간 TIC 데이터로부터 가장 중요한 주요내용은 중국의 총 미 재무부 채권 보유이다. 표 5.9에서 데이터는 2010년 8월 이래로 중국은 미국 재무부 채권을 7월 대비 217억 달러 증가한 8,684억 달러어치를 가지고 있다.

   TIC 데이터는 중국이 미 재무부 채권 보유에서 그렇게 상당한 증가를 항상 보여주는 것은 아니다. 몇몇 달에서는, 불충분한 미 재무부 채권 구매는 원기 왕성한 중국의 외환보유고 성장과 대조를 이루고 있다. 다른 달에서는, 거래데이터는 중국이 미 재무부 부채의 순 판매자라는 것을 제시한다. 중국이 미국 재무부 채

표 5.9 미 재무부 채권의 주요 외국 보유국(2010년 8월): 기말 보유(10억 달러)

	국가	2010. 8	2010. 7	2010. 6	2010. 5	2010. 4	2010. 3	2010. 2	2010. 1	2009. 12	2009. 11	2009. 10	2009. 9	2009. 8
1▶	중국, 본토	868.4	846.7	843.7	867.7	900.2	895.2	877.5	889	894.8	929	938.3	938.3	936.5
	일본	836.6	821	803.6	786.7	795.5	784.9	768.5	765.4	765.7	754.3	742.9	747.9	727.5
2▶	영국	448.4	374.3	362.2	350	321.2	279	233.5	208.3	180.3	155.5	108.1	126.8	104.3
	석유수출국	226.6	223.8	223	235.1	239.3	229.5	218.8	218.4	207.4	208.3	209	205.9	209.8
	브라질	165	162.2	158.4	161.4	164.3	164.4	170.8	169.1	169.3	165.8	164.9	153.6	146
	카리브 은행센터	159.1	150.7	165.2	165.5	153.4	148.4	144.6	143.8	128.5	123.5	114.4	116.9	125.3
	홍콩	137.8	135.2	141	145.7	151.8	150.9	152.4	146.6	148.7	142.1	137.8	128	120.5
	[⋯]													

자료: TIC 제도로부터 종합

권에 관심을 잃었고 아마도 심지어 현존하는 보유량도 팔고 있다는 증거로 TIC 데이터에서 이것과 같이 행동들을 해석하도록 유도한다. 사실, 그 설명은 종종 더욱 악의가 없다. 일반적으로, 미국 정부를 넘어뜨리기 위한 공산당의 음모가 아닌 TIC 데이터에서 그 관리인과 거래 편차는 월간 TIC 데이터에 기록되어 있는 중국의 미 재무부 채권 보유에서 드문 하락을 설명한다.

2. 월간 TIC 데이터의 가치를 증가시키는 한가지 방법은 과거 연간 조사에서 개정의 패턴을 명심하는 것이다. 지난 연간 조사에서, 잘못되어 영국의 책임이었던 그리고 보다 적게 월간 데이터에서 카리브해 지역과 같은 다른 금융센터 책임이었던 커다란 거래의 규모는 그들의 총 보유액으로부터 공제되었다. 2009년 연간 조사에서, 영국의 보유액은 카리브해 지역 금융센터 보유량들이 560억 달러 감소되었고 중국의 보유액은 1,390억 달러 증가됨에 의해 1,240억 달러로 하향 개정되었다. 이것은 정밀 과학은 아니나 월간 데이터에서 영국, 카리브해 지역, 그리고 다른 도처 덕분으로 돌리는 구매에 관심을 주목하는 것은 중국이 이들 다른 금융센터를 통해 뒷거래를 하고 있는지 아이디어를 확보하는데 가능하게 한다.

1. TIC 데이터는 또한 중국의 변화하는 장단기 부채의 선호에 관한 통찰력을 제공한다. 장기 미 재무부 채권의 구매는 미국 경제와 달러 전망의 높은 신뢰도를 나타낸다; 중국은 정상적으로 여기에 그의 구매에 집중한다. 그러나 2008년 말에 중국이 7-8개월 동안 엄청난 무역 흑자를 향유했을 때 그리고 중국이 현금을 보관할 어딘가를 필요로 할 때, SAFE는 단기 미 재무부 채권의 보유를 2008년 8월에 200억 달러 미만으로부터 2009년 5월에 2,100억 달러 이상으로 늘렸다. 리먼 브라더스 社의 붕괴가 미국 금융제도가 갈팡질팡할 것을 암시했었던 그 때에 단기 외채의 그 급등은 SAFE가 그의 장기 전망에서 얼마간 그의 신뢰를 당연하게 잃었다는 것을 제시했다. 표 5.10은 미국 경제가 위기로부터 탈출함에 따라 중국의 단기 미 재무부 채권에 대한 욕구가 감소하였다는 것을 보여준다. 2010년 8월에 중국 보유액은 150억 달러로 하락했다.

표 5.10 형태와 국가별 총 외국인 부채

국가 코드	월말	외국공식기관과 외국은행[7]	모든 기타 외국인들[8]	단기 미 재무부 채무[9]	기타 단기 양도성증권 (CD제외)[10]	양도성 CD[11]	외국공식기관과 외국은행[12]	모든 기타 외국인들[13]	외국환으로 지불가능한 부채[14]
41408	2010-08 [···]	16,364	521	15,705	1,040	340	7,115	467	n.a.
41408	2010-07	6,787	503	6,145	1,006	139	6,678	94	n.a.
41408	2010-06	4,435	563	3,999	872	127	5,017	371	88
41408	2010-05	7,342	381	6,827	765	131	7,812	446	n.a.
41408	2010-04	42,521	494	42,221	664	130	7,424	148	n.a.
41408	2010-03	41,111	245	40,758	467	131	14,066	79	73
41408	2010-02	42,199	1,052	41,784	709	758	15,561	118	n.a.
41408	2010-01	58,110	982	57,632	706	754	16,166	162	n.a.
41408	2010-00	70,142	998	69,735	639	766	10,089	99	72

자료: TIC 보고제도
주: 국가코드 41408 = 중국, 본토; 기말, 백만 달러

표 5.11이 보여주는 바와 같이, TIC 데이터는 또한 중국의 장기 미국 증권의 구매와 판매를 재무부 증서와 채권, 기관들, 회사채, 증권으로 나누었다. 중국 투자의 대부분은 미 재무부 부채에 거행된다. (2010년 6월 기준, 약 1조 1천억 달러) 그러나 SAFE도 정부기관부채에 모아둔 엄청난 양을 가지고 있다. (3,590억 달러) 그리고 더 작은 양이 회사채에 투자되었다. (110억 달러)

미 재무부 채권, 정부기관, 회사채는 다른 위험 형태를 가지고 있다. 미 재무부 채권

표 5.11 형태 별 장기 국내외 주식의 외국인 구매와 판매

		〈------외국인 총구매------〉						〈------외국인 총판매------〉					
		〈------미국 거주자로부터------〉						〈------미국 거주자로------〉					
국가 코드	연/월	미 재무성 채권&증서	미 국채	미 회사채	미 회사주식	외 채	외국주	미 재무성 채권&증서	미 국채	미 회사채	미 회사주식	외 채	외국주
41408	2010/8	20,381	812	261	1,360	175	945	8,257	4,963	445	1,458	256	891
41408	2010/7	9,970	4,536	419	1,827	139	704	9,097	5,416	369	1,579	326	807
41408	2010/6	15,541	8,809	538	1,985	426	678	36,764	3,222	401	1,498	356	722
41408	2010/5	17,474	7,381	293	2,989	493	953	14,572	2,612	317	1,439	113	1,164
41408	2010/4	20,750	4,240	448	2,288	534	1,276	17,217	2,408	332	1,570	713	1,122
41408	2010/3	32,394	2,387	155	1,861	1,908	582	13,683	1,990	289	1,701	75	1,100

자료: TIC 제도로부터 종합
주: 국가코드 41408=중국, 본토; 모두 100만 달러

은 미국 정부의 전폭적 신뢰와 신용으로 뒷받침 되었고 영의 채무불이행 위험이 가정된다. 정부기관은 정부가 출자하는 기업을 이야기 하지만 미 재무부 채권은 그 자체 부채를 후원하는 같은 방식으로 그들을 후원하지 않는다. 2008년에 서브프라임 모기지 폭풍의 가장 중심에 있던 Fannie Mae와 Freddie Mac 과 같은 가장 큰 두 정부기관에서, SAFE는 그들의 위험복귀서(risk return profile)를 좋아하지 않는다고 결정하였다. 2008년 7월부터 20개월 연속, 금융 위기가 깊어질 수록, TIC 데이터는 중국이 정부기관부채 보유를 팔아 감소시킨다는 것을 보여주었다.

4. 시장충격

TIC 데이터의 주된 충격은 미국 재무부 채권과 정부기관 부채 시장에서 이다. 중국에 의한 강한 구매의 증거는 가격에 긍정적이다; 구매 하락의 증거는 부정적이다. TIC 데이터는 SAFE가 준비통화로 달러에 대한 신용을 지니고 있다는 표시인 강한 구매력으로 또한 환율에 대한 시장의 견해를 실천한다. 그러나, TIC 데이터가 한달 반 지연되면서 그리고 중국 월간 데이터의 신뢰도가 유감스러움이 많음으로 인해, 그 정보는 자동적으로 나온 무역 반응 촉발 대신에 투자가들의 전반적인 전망을 알려준다. 그러나, 시기적절 면에서 거의 일년의 비용을 지불해서 연간 조사는 정확도 면에서 더 잘 한다.

CHAPTER 06

노동 시장

1. 도시 임금

- 시장 민감도: 낮음
- 무엇인가: 도시 지역 평균 임금 수준과 변화 보고, 현재가 위안화로 발표되고 작년 이맘때부터 현재까지 명목 YoY%임
- 인터넷 상 중국어 뉴스 발간: www.stats.gov.cn/
- 인터넷 상 영어 뉴스 발간: www.stats.gov.cn/english/
- 발간시기: 국가 소유 그리고 규모가 큰 개별 부분 기업들의 임금에 관한 분기 데이터. 2010년부터 작은 개인 부분 기업들의 임금에 관한 연간 조사 결과 또한 공개됨
- 빈도: 분기별
- 원천: 국가통계국(NBS)
- 개정: 없음.

1. 왜 중요한가?

30년 동안, 중국은 고용주의 지배하에 있는 노동시장에서 협상력을 가지고 있고 낮은 임금을 유지한 근로자들의 공급 과잉으로부터 이득을 얻어 왔다. 미국의 노동통계국은 2006년에 중국 제조업 부분 시간당 임금은 미국의 동등 임금에 비해 단지 3% 밖에 안 되었고 멕시코와 같은 경쟁국 임금의 25%였다. 그러나 노동의 과잉공급과 낮은 임금은 자연스러운 상황은 아니다; 이는 세가지 특정 요소의 산물이다.

- 중국은 인구학적 배당금의 이득을 향유했다. 1960년대와 1970년대 높은 출산율은 수백만의 추가적 노동자들이 노동시장에 1980년대와 1990년대에 진입한다는 것을 의미한다. 개혁기간 시작으로 독생자녀제가 시행됨으로 인해, 출생숫자가 감소되었다. 30년 후에, 결과는 노동력에 들어가는 젊은 사람들의 숫자가 점차적으로 감소된다는 것이다. 그 십년의 마지막으로부터, 노동력의 규모는 줄어들기 시작할 것이다.
- 개혁기간 시작에 주로 지방 인구와 지방지역 낮은 임금은 농장에서 공장으로 긴 여행을 하는 계속 이어지는 시골 쥐 들을 의미했었다. 2010년 인구 조사에 따르면, 6억 7천 4백만명의 사람들이 여전히 시골지역에 살고 있다. 그러나, 이것은 생산라인에 바로 투입되도록 준비된 잠재적 근로자들이 6억 7천 4백만이라는 것을 의미하는 것은 아니다. 젊고, 교육을 받았고, 신체가 건장한 근로자들은 이미 여행을 시작했다. 남아있는 지방 인구는 노약자, 장애인, 임산부를 위한 지하철에서 승객으로 하여금 그들의 자리를 포기하라는 조짐과 같다는 중국의 우스꽝스러운 이야기가 있다.
- 중국은 공산국가이다. 이론적으로, 모든 일들은 노동자들을 위한 그리고 노동자들에 의해서 운영된다. 공산당은 노동자들의 이득을 위해 가입된 당인 중국전국총공회 이외의 어떠한 기구들의 요구를 알지 못한다. 중국전국총공회는 협회 대변인들이 종종 회사 경영진에 의해 직접적으로 선출되어 줏대가 없기로 유명하다. 집단 행동을 조직하기 위한 효율적인 대표나 지위의 부족은 또한 노동직 근로자들의 임금을 억제한다.

노령화 노동력과 과잉 시골 노동자들의 공급 감소로, 중국의 노동시장은 전환기에 진입하고 있다. 2009년 하반기에 노동력 부족의 이야기는 2010년 상반기에 공장현장에서 급속도로 문제로 계속 이어졌다. 광동성 중산에 위치한 혼다 공장 근로자들은 더 높은 임금을 요구하는 파업에 들어갔고 결국 24% 임금인상에 성공했다. 심천에 있는 Foxconn 공장의 자살공세는 저임금 그 이상에 관한 것이었고, 더 높은 임금과 더 개선된 근로 조건에 대한 경영자의 약속을 촉발시켰다. 핵심적인 수출 지역들은 28% 이상 최저 임금을 증가시킴으로 노동자들을 끌어들이기 위해 경쟁했었다. 중국의 인구 통계학적 변화의 배경과 대조적으로, 많은 분석학자들은 이것들이 하나의 개별적인 사건들이 아니라고 믿고 있다. 그들은 중국 노동시장에 있어서 새로운 국면의 시장의 신호이다: 노동 과잉의 끝과 높아지는 임금의 시작.

2. 어떻게 데이터가 계산되어지나?

틀린 계산: 임금을 계산하기 위한 과거 접근

임금데이터는 노동시장에서 변화를 관찰하기 위한 시작지점이어야만 한다. 그러나, 최근까지, 노동시장의 작은 하부집합만을 다루는 유산 데이터 수집 제도는 공식 기준 수치가 거의 없다는 것을 의미했다. 2009년 임금데이터의 대 실패는 과거 제도에 있어서 문제점들을 분명히 보여준다. 2009년에 중국경제에 있어서 성장은 10년 내 최저 수준으로 느렸다. 특히 수출부분에서 회사부도는 확대되었다. 많은 근로자들은 정리해고 쪽지를 가지고 집으로 귀가했다. 많은 근로자들은 급여 상승으로 귀가하지 않았다. 작업현장에서 관점은 절망적이다. 그러나 NBS로부터 견해는 다소 다르다. 공식 데이터에 따르면, 비록 느린 성장, 광범위한 부도, 높은 실업에도 불구하고, 평균임금은 오르기 시작했다. 공식데이터는 그 해 12% 이상 임금이 올랐다는 것을 보여준다. 인플레이션을 감안한다면 사실 그것은 2008년에 비해 더 빠른 증가율이었다.

중국 근로자들에게, NBS에 의해 보고된 12% 임금 성장과 그들 자신들의 정체된 임금의 진실 사이의 차이는 매우 힘들었다. 인터넷 게시판과 채팅 룸은 격노한 불평들로 가득 차 있었다. 임금 데이터는 공식 통계치를 가지고 경멸의 화약고가 되었다. 인터넷에 떠도는 우스개 소리는 "NBS가 나의 월급을 올렸지만, 그들은 나의 상관에게 말하는 것을 잊어버렸다"라고 비꼬아 말했다. NBS 잡지인 '통계교육'에서 한 기사는 그 사건이 중국의 통계학자들의 위상을 익명으로부터 악명으로 높였다라고 언급했다.

어떻게 NBS 데이터가 그렇게 잘못될 수가 있을까? 문제는 계획경제의 날로부터 유래된 임금 데이터를 모으는 제도에 있다. 1980년대에, 국가 분야가 그 경제였다. 국가소유의 그리고 공동기업에 고용된 1억 명의 근로자들이 도시근로자들의 99%를 차지했다. 국가소유기업으로부터 지방정부까지 상부 망으로 보고되는 숫자에 기초한 임금데이터 제도는 이해가 간다. 1980년대와 1990년대 임금데이터는 1980년대 중반 실질임금의 호황을 사로잡은, 그리고 90년 대 말 사회적 불안정으로 나아가는 음의 영역에 빠짐을 사로잡은, 다소 민감한 노동시장 변화의 반영이다. 30년 전으로 빨리 돌아가보면, 국가와 집단적 분야에 고용된 7,000만 명은 단지 도시 노동력의 22%에 불과하다. 게다가, 1990년대 말 재건에서 살아남은 국가분야 근로자들은 처음에 더 높은 임금을 가진 그리고 민간부분 근로자들의 임금보다 더 빨리 상승하는 임금을 가진 특권을 가진 엘리트들의 부분이다. 몇몇 이들 행복한 임금에 기초한 임금데이터 제도는 단지 노동력의 작은 부분집합에 근거를 두지 않았다; 노동력의 전형적인 것이 못 되는 부분집합에 근거를 두었다. 2009년 임금데이터에 응답하여, 한 온라인 우스갯소리를 잘하는 사람이 "이 보고서는 단지 국영기업 근로자들의 임금을 포함한다. 만약에 NBS가 그들의 일상 식사, 음료(술), 화장실 방문, 창녀를 통한 즐거움으로 받는 이득을 계산할 수 있다면, 평균 임금의 증가는 더욱 높을 것이다." 라고 논평하였다.

오래된 임금데이터 제도에 의해 남겨진 것은 누구인가? 가장 중요한 그룹은 중국의 수출과 건설부분의 힘인 계절 노동자들이다. 그들의 임금에 제도적인 데이터가 모아지지 않는다. 그러나, 어떠한 제도적 데이터도 그들이 중국 노동시장에서 어떠한 가장 낮게 지불되는 그룹이라고 알려질 필요가 없다. 계절 노동자를 넘어, 서비스 분야 비공식 노동자들, 자영업자들, 부외(簿外) 재고용 되었던 정리해고 또는 퇴직 근로자 대다수들은 또한 간과되었다. 중국사회과학원과 미시간 대학교에서 학문적 연구는 이들 다양한 노동자들의 범주들은 모두 도시 노동력의 46%를 차지한다는 것을 제시한다. 이들 노동자들의 대다수는 국가부분의 근로자들 보다 더 작은 임금과 덜 빠르게 증가하는 임금을 가지고 있다. 그래서 구제도에 의해 생산된 결과가 임금의 수준 그리고 성장률 모두 과장했다는 것은 명백하다.

틀린 계산: 임금 계산을 위한 새로운 접근

NBS 안에서 구 임금데이터 제도의 결점들은 잘 알려져 있다. 2009년 임금에서 공공의 잔인한 일은 자극제를 공급했다. 2010년 6월에, 작은 규모 개인부분 기업에서 임금조사를 또한 포함하여 NBS는 새로운 연간조사의 결과를 포함하여 국영기업과 대규모 개인기업에서 임금을 측정하는 방법으로 구 분기조사와 함께 새로운 데이터 셋을 내어 놓았다. 용어는 조사가 크게 작성되고 외국에 투자된 개인 부분 회사들, 그리고 "개인단위"로 새로운 조사에 의해 다루어진 회사들을 다룸에도 불구하고 구 제도에서 "비 개인단위"로 다루는 회사들을 나타내는 NBS와 함께 약간 혼동스럽다. 그러나, 기본적으로, "비 개인단위 조사"는 구제도 하에서부터 변화하지 않으며 국가부분 그리고 대규모 개인부분기업을 다룬다: "개인단위" 조사는 새롭고 작은 개인부분 기업들을 다룬다.

비 개인 단위 조사는 도시 지역에서 총 1억 1천 8백만 고용자들과 총 도시 노동력의 37%인 156만 개 기업들을 포함한다. 기업들은 그들의 총 임금계산서와 고용자수를 보고한다. 그리고 이 정보는 통계적인 사슬로 자치주에서 주도로 그리고 최종적으로는 확인되고 집계되는 NBS 본부로 상부 보고된다. 개인부분 임금에 대한 새 데이터를 위한 원천은 표본 조사이다. 그 조사 범위는 100% 고용인 100명 이상인 회사들이고 10%는 20~99명 고용인들을 위한 회사들이다. 20인 이하 회사들은 조사에 직접적으로 포함되지 않지만 경제센서스(인구조사)를 포함하여 다른 원천으로부터 조사된 정보를 통해 포함된다. 인구조사가 매 5년에 한번씩 시행되기 때문에, 이는 이 그룹에서 임금에 관한 데이터는 특별히 신뢰할 수 없다는 것을 제시한다. 2009년에 행해진 조사는 64만개 개인회사를 포함하고 이는 전체의 16.1%이다. 양 조사를 위해, 임금의 계산은 세 전 월급에 기반하고 현금이나 다른 근로자들에게 지불된 이득(그래서 만약에 매매춘하는 집에 방문이 실제로 경비에 지불되었다면, 그들은 총액에 등장해야만 한다)에 근거한다. 평균은 총 임금의 단순평균을 총 근로자로 나눈 것이다.

새로운 접근은 예전 것 보다 낫다. 그러나 결코 완전한 것은 아니다. 부분적 범위의 문제들이 남는다. 중국의 2억 7천 500만 이주자들과 농지 외 도시 근로자들은 여전히 공식데이터에 아무 곳에도 없다. 작은 개인기업을 포함시키는 것은 저임금 근로자들을 포함시켜 범위를 확대시킨다. 그러나, 국가 그리고 개인분야에서 청산되어지는 상당한 비공식 근로자들의 임금은 여전히 계산되지 않고 남아있다. 데이터에서 이러한 두 가지 낮은 임금그룹의 지속적인 부재는 결과들이 거의 확실하게 임금의 수준과 성장률을 과장한다는 것을 의미한다. 마침내, 개인분야 데이터 수집의 추가적인 노력은 NBS의 에너지 보유를 고갈 시켜왔다. 단지 연간 공개되는 소규모 개인 분야의 임금 데이터를 가지고, 올해 지속적으로 성장하기는 불가능하다. NBS는 개인단위에서 임금조사의 횟수를 늘리고 범위를 넓히고 고임금과 저임금자 사이의 차이를 줄일 계획을 가지고 있다.

3. 데이터 해석

비개인단위

1. 표 6.1의 주요 내용은 통계학자들이 고생하는 데이터 포인트이다: 평균 임금 증가. 2009년 데이터는 도시 비개인단위에 근로자 평균 임금이 전년 대비 12% 상승해 32,736위안(4,814달러)이라는 것을 보여준다. 명목으로, 금융위기가 심지어 보호된 상태분야를 위한 임금성장의 부분을 차지함에 따라 이는 2008년 임금 성장률 17.2%로부터 줄어들었고 지난 10년간 평균 성장률 13.9%보다 줄어들었다. 그러나 이는 여전히 작은 개인회사 근로자들 보다 상당히 더 큰 증가이다.

표 6.1 도시 비 개인단위에 근로자의 평균임금(2009)

(단위: 위안, %)

	2008년	2009년	증가율(% 변화)
1▶ 총계	29229	32736	12.0
2▶ 동부지역	34316	38002	10.7
중부지역	24390	27478	12.7
서부지역	25602	29120	13.7
북부지역	25101	28383	13.1
베이징	56328	58140	3.2
톈진	41748	44992	7.8
허베이	24756	28383	14.7
상하이	56565	63549	12.3
[⋯]			
장시	21000	24696	17.6
[⋯]			
쓰촨성	25038	28583	14.1
허난	24816	27357	10.2
[⋯]			

자료: NBS로부터 종합

데이터는 명목으로 공개된다. 따라서 임금에서 실질 변화를 얻기 위해 가격변화의 효과를 삭제할 필요가 있다. 그림 6.1이 보여주는 바와 같이, 몇몇 년도에 있어서 충격은 배우 클 수가 있다. 1994년에 명목 임금은 34.6% 상승했다. 그러나, 인플레이션이 기록수준에 도달하면서, 실질 임금은 덜 인상 깊게 10.5% 성장했다. 인플레이션을 간주하는 것은 2009년에 비 개인단위 임금의 상승추세를 심지어 더 두드러지게 만들었다. 2009년 인플레이션이 5.9%에 도달하면서 실질임금 변화는 11.3%였다. 2009년에 물가가 실제로 하락하면서, 실질임금은 12.7% 성장했다. 위기 가운데 보다 빠른 실질임금 성장은 공식 데이터에 관한 경종을 울렸다.

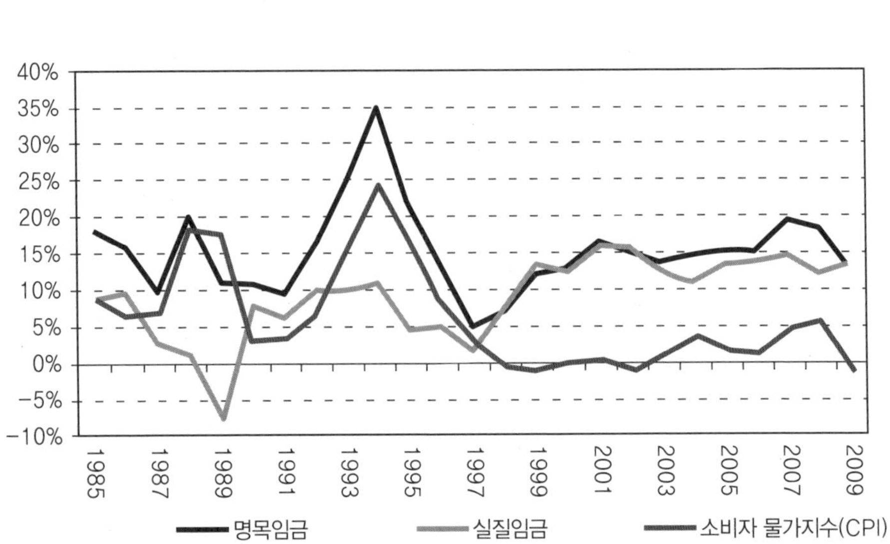

그림 6.1 실질 대 명목 임금 성장(전년 대비 %)
자료: NBS, 저자의 계산

2. 지역별 그리고 분야별 분해는, 중공(Communist China)에서 죠지 오웰(George Orwell)을 다른 말로 바꾸어 표기하기 위해, 몇몇 근로자들이 다른 근로자들 보다 구성원들이 다 평등해 보여도 사실은 불평등이 존재한다는 것을 확실하게 한다. 상하이에 근로자들은 1년 평균 임금이 63,549위안(9,345달러)에 달해 중국에서 가장 임금이 높다. 가장 임금이 낮은 곳은 평균 근로자들이 24,696위안(3,631달러)를 받는 미개한 장시이다. 쓰촨성과 후난과 같은 인구밀도가 높은 중앙 지역에서의 근로자의 임금은 중간 임금정도이다. 2009년에 이는 평균보다 약간 낮은 약 28,000위안(4,117달러)의 중간 임금을 제시한다.

NBS는 또한 분야별 임금 구분을 공개한다. 표 6.2에서 보여주는 바와 같이 그 구분은 금융과 IT분야에서 고용자들은 가장 임금이 높다는 것과 건설과 농업분야에서 고용자들은 가장 임금이 낮게 공개한다. 2009년, 요소 구분은 또한 전반적인 임금상승에 대한 논란적인 12%를 설명하는 것을 도와준다. 정부부분 근로자들의 임금 증가로 돌리는 정부의 경기부양의 부분으로, 평균을 높이는, 선생님들은 16.1%의 급여 증가를

표 6.2 도시 비 개인단위 근로자들의 평균임금, 분야별(2009)

(단위: 위안; %)

	2008년	2009년	증가율(% 변화)
총계	29229	32736	12.0
농업, 임업, 축산업, 어업	12958	14911	15.1
광업	34405	38224	11.1
제조업	24192	26599	9.9
전기, 가스, 물의 생산과 분배	39204	42668	8.8
건설	21527	24625	14.4
교통, 수송, 저장, 우편	32796	36224	10.5
정보, 방송, 컴퓨터 서비스, 소프트웨어	56642	59919	5.8
도매와 소매 무역	25538	29031	13.7
호텔과 카터링 서비스	19481	21193	8.8
금융중개	61841	70265	13.6
부동산	30327	32591	7.5
신용임대차와 사업서비스	31735	34318	8.1
과학연구, 기술서비스, 그리고 지질탐사	46003	50866	10.6
물 자원관리, 환경	22182	24551	10.7
가계 서비스와 다른 서비스	23801	25704	8.0
교육	30185	35042	16.1
보건, 사회보장, 사회복지	32714	36380	11.2
문화, 스포츠, 오락	34494	38319	11.1
공공경영, 사회조직	32955	36268	10.1

자료: NBS로부터 종합

향유하고 있다. 노동자 수에서 가장 중요한 그리고 중국의 수출 경쟁력에 관하여 생각하기 위해 제조분야의 임금은 통상 9.9% 이상 증가했다. 이것이 외국 수요에 있어서 붕괴에 의한 가장 심각하게 영향을 받은 분야기이 때문에 제조업에 있어서 낮은 임금 성장은 이해가 된다.

표 6.3에서 보여주는 바와 같이 NBS는 또한 기업소유권타입에 따른 비개인단위 임금 명세를 공개한다. 이를 통해 대부분 다른 근로자들보다 국가소유기업에서 높은 임

표 6.3 도시 비 개인단위 근로자들의 평균임금, 소유권 형태에 따라(2009)

(단위: 위안; %)

	2008년	2009년	증가율(%변화)
총계	29229	32736	12.0
국내투자	29181	32846	12.6
국가소유	31005	35053	13.1
공동사업	18338	20958	14.3
기업	21705	25303	16.6
공동소유	27872	29879	7.2
유한책임	26376	28965	9.8
주식보유량	35324	40075	13.4
기타국내	19668	21702	10.3
홍콩, 마카오, 타이완 투자	25335	27433	8.3
외국 투자	32653	35555	8.9

자료: NBS로부터 종합

금과 더 빠른 임금 증가를 향유하는 특권근로자의 상황을 확인한다. 2009년에 국가영역에서 평균 노동자들은 13.1% 임금 증가(평균임금은 35,053위안(5,154달러)가 됨)를 즐겨왔다.

개인단위

노동력의 부분적인 범위로 야기되는 문제점들을 인식하면서, NBS는 도시 개인기업에서 근로자들 임금 데이터를 수집하고 공개하기 시작했다. 표 6.4에서 보여주는 바와 같이, 더 낮은 수준으로 시작하고 국가 섹터에서 근로자들보다 덜 빠르게 증가하는 새로운 데이터 셋은 이 경제분야 근로자들의 임금을 보여준다. 2009년 평균임금 18,199위안(2,676달러)은 단지 국가섹터 수준의 반 이상이고 전년대비 임금 상승 6.6%는 또한 특별히 내세울 것 없는 평범한 것이다.

중국의 2억 7천 5백만 이주 근로자들 임금은 공식데이터 어디에도 다루지 않는다. 그러나 최소 숙련지위에서 고용된 이주노동자들과 노동법으로부터 최소한 보장받는

표 6.4 도시 개인단위 근로자들의 연평균임금, 지역별(2009)

(단위: 위안; %)

	2008년	2009년	증가율(%변화)
총계	17071	18199	6.6
동부지역	18980	19840	4.5
중부지역	13843	15402	11.3
서부지역	14751	16234	10.1
북동지역	14933	16414	9.9

자료: NBS로부터 종합

고용된 이주노동자들에게, 그들의 임금이 작은 개인섹터 회사들에서 심지어 임금보다 더 낮고 더욱 변화 가능하다는 것은 놀랍지 않다. 2009년 중국농업정책센터와 스탠포드에서 시행된 대규모 조사는 이주 근로자들을 위한 평균 임금은 1년에 9,000위안(1,323달러) 이상이고, 개인단위조사에서 수준이 50% 이하이고, 비개인단위조사에서 약 25% 이상이라는 것을 발견하였다. 조사는 또한 대부분의 이주자들이 일하는 수출부분에서 하락의 결과로 임금이 실질적으로 1년 전 대비 약 10% 하락했다는 것은 보여준다. 이주노동자들이 10% 임금삭감에 기꺼이 동의한다는 사실은 이 그룹이 제한된 협상력을 가졌다는 것을 지적한다. 복지제도 없이 그리고 의지할 소규모 사회망으로, 이주 노동자들은 그들이 얻을 수 있는 어떠한 봉급도 얻을 수 있다.

4. 시장충격

임금은 수출 경쟁력, 국내소비전망, 인플레이션 압력 정도의 주요 지표이다. 개인부분의 범위를 증진함에 의해, NBS는 중국의 임금데이터 증진을 향한 중요한 일보를 했다. 그러나 공식적인 통계는 시장을 움직이기 위해서는 범위가 너무 부분적이고 시장을 움직이기 위해서는 공개가 너무 드물다.

2. 실업

- 시장민감도: 낮음
- 무엇인가? 등록된 도시 실업의 숫자에 대해 분기 보고. 도시 노동력의 비율로 실업
- 인터넷 상 중국어 뉴스 발간: www.mohrss.gov.cn
- 인터넷 상 영어 뉴스 발간: 없음
- 발간시기: 상황에 따라 다름
- 빈도: 분기
- 원천: 인적자원과 사회보장부(MOHRSS)
- 개정: 없음

1. 왜 중요한가?

실업은 중요한–아마도 가장 중요한– 경제상태의 지표이다. 미국에서, 매달 첫 금요일에 발간되는 직업보고는 투자가들과 정책 입안자들이 유일하게 가장 큰 주목을 받는 것이다. 불행하게도, 중국에 공식 실업 데이터에서 성장과 인플레이션 전망에 관한 이해를 추구하는 사람들은 부질없이 찾을 것이다. 실업이 매우 중요한 지표임에도 불구하고 또는 지표이기 때문에, 경제에서 중국경제의 측면 없이는 데이터는 더 약해진다. 중국의 최근 과거의 두 이야기는 실업데이터의 깊은 결점을 보여준다.

1990년대 말에, 중국경제는 국가소유에서 개인소유로 쓰라린 과도기를 경험했다. 정부는 국가소유 경제의 단계로 명령을 지속했다. 그러나, 소규모 10,000여개의 국영기업들의 몰락과 수천만 개의 위탁 국영 근로자들이 실업으로 폐기처분 되는 수년간의 유혈은 남아있다. 직장을 잃은 근로자들이 모든 거리에 해바라기 씨를 뱉음으로써, 실업이 급상승했음은 명백하다. 칭화대학교의 후안강(Hu Angang) 교수는 20% 이상의 실업률로 4,800만 명이 실업자가 발생하게 되었다고 추정했다. 그러나, 인적자원과

사회보장부(MOHRSS)는 주판을 잘못 놓았다. MOHRSS는 실업률이 단지 4%로 단지 800만 명이 실업자가 되었다고 발견하였다. 4,000만 명에게는 어떠한 일이 있는가? 그 답은 대다수 그들은 그 문제를 분류한 행정 정의의 스파게티 스프에 빠져있다는 것이다. 실제 실업상태인 수백만 근로자들은 파트타임 업무, 조기 퇴직, 혹은 장기 휴가로 이동한 것으로 분류가 된다. 관료주의적인 미로에서 빠진 실직상태에서, 정부는 복지 지불비용을 감소시킬 수 있고 실업률 20%를 발표하는 곤란한 상황을 피할 수 있다.

거의 10년 이후에, 2008년 마지막 달에 그리고 2009년 상반기에, 세계경제위기는 중국 동해안의 수많은 공장들을 망하게 압박하는 외부 요구에 느닷없는 붕괴를 초래했다. 이번에, 이는 정부고용자들의 특권을 가진 사람들이 아니라 힘겹게 일하는 대규모의 고생하는 이주 노동자들이다. 그러나 결과는 다시 한번 수천만 명을 실업으로 빠뜨렸다. 언론은 밀린 임금이 지불되지 않은 그리고 빚장을 지어 닫혀진 공장문을 떠난 도망간 공장 소유자들의 이야기로 가득차 있다. 중국농업정책센터와 스탠포드 대학교에 의해 행해진 국가 조사는 2008년 말, 4,500만 명 혹은 중국의 2억7천5백만 이주 그리고 농외 시골 근로자들의 17%가 직장을 잃게 되었었다는 것을 제시한다. 그러나 MOHRSS는 여전히 오후 낮잠을 자고 있다. 2006년-2007년 호황연도에 획득한 사실상 4% 수준으로부터 거의 변화하지 않은 공식적인 실업률은 2009년 1분기에 4.3%에 도달했었다.

이번에 행정적 정의들은 문제가 아니었다. 문제는 중국 노동력의 단지 반을 다루는 실업을 측정하는 접근이었다. 실업데이터의 기초는 지방 고용국으로부터 유용한 청구자 수의 보고서 안에 있었다. 단지 등록된 도시거주자들만이 실업수당 자격이 있다. 그래서 단지 이 그룹만이 실업데이터에 나타난다. 2009년에 3억 1천 1백만의 등록된 도시 근로자들이 있었다. 이는 공식적인 실업률이 중국의 7억 9천 1백만의 50% 미만에 기초하여 -강한 노동력- 계산되었다는 것이다. 가장 중요한 누락은 2억 7천 5백만 강한 이주 근로자 집단이라는 것이다. 이 그룹 안에 실업을 측정하는 것은 물론 어렵다. 그러나 데이터로부터 이주 노동자의 완전한 부재는 중국의 공식적인 실업률에 아무런 의미가 없는 말을 만든다.

2. 데이터 해석

중국의 실업데이터에 관하여 이해하기 위한 첫 번째 점은 이것이 잘못되었다는 것이다. MOHRSS 데이터에 의하면, 지난 10년 간 아시아 금융위기를 통해, 국가섹터의 재건, 닷컴 버블의 파열, WTO 진입으로 호황 연도들, 마지막으로 2008-2009 위기를 통해, 실업률은 낮은 3.1% 로부터 높은 4.3%까지 다양했었다. 경제가 그와 같이 빠르게 움직이고 비통한 혼란으로 움직일 때 그와 같은 실업률에서의 미세한 변화는 믿음을 거역했다. 계산을 위한 더 간단하고 아주 철저한 접근은 반드시 실업률이 공식 시리즈 보다 평균적으로 더 높다는 것을 보여주는 것은 아니다라는 것이다. 공식 조사로부터 주된 누락자인 이주 노동자들은 일할 수 밖에 없다. 그래서 평시에 그들은 아주 낮은 실업률을 가지고 있다. 그러나 데이터는 확실하게 호황기에 더 많이 하락하고 불황에서 현재보다 더 많이 상승하는 복잡하고 따분한 더욱 더 변덕스러운 율을 보여줄 것이다.

이 평가는 2000년 그리고 다시 2005년에 정부에 의해서 수행된 미니 인구조사 데이터에 의해 입증된다. 지방 고용국에 의해 제공된 데이터에 의존하기 보다는 조사접근을 도입함에 의해, 그 인구조사는 공식 실업데이터를 괴롭히는 부분 범위의 문제를 피한다. 2000년 인구조사 결과에 따르면, 도시 실업은 8.1% 상승했다. 이는 Hu 교수가 추정한 20%보다 높지 않으나, 공식 데이터에 의해 제시된 4% 수준의 두 배 이상이다. 8% 실업율은 좋은 소식은 아니다. 그러나 국가섹터 재건의 단기 고통은 또한 장기 이득을 가져왔다. WTO 가입과 국가소유기업의 재건에 이은 성장에 있어서 급증은 길거리 모퉁이의 남는 노동자들을 청산하고 노동시장에 진입하려는 수백만의 젊은 이들이 직장을 구하기에 충분히 고용을 창출했다. 2005년 인구조사 때, 실업률은 여전히 공식 데이터가 제시하는 숫자보다 더 높지만 결코 통제를 할 수 없는 수준은 아닌 5.2%로 후퇴했다. 금융위기에, 이주 노동자들의 17%가 실직되었다는 것을 보여주는 중국노동정책센터 조사는 또한 2009년 3분기까지 그들 대부분이 실업률을 4.9%로 낮춘 새로운 고용을 창출 했다는 것을 보여준다. 공식데이터는 정태적 노동 시장의 감동을 창출한다: 현실은 매우 변덕스럽다.

3. 대안은 무엇인가?

공식 데이터가 매우 명백하게 부적절함에 따라, 그리고 경제 상태의 매우 중요한 지표인 실업을 가지고, 무엇이 대안인가? 노동시장 공급과 수요 상황에서(다음섹션에서 다룰) 공공고용서비스데이터는 중국의 노동시장에 관한 최고의 데이터 원천이고 공공고용국으로부터 일자리를 찾는 수많은 사람들의 숫자를 포함한다. 이 데이터 시리즈는 2000년대 초반에 실업 증가를 보여주고, 10년 중간에 호황 년도에 하락을 보여주고, 금융위기의 도래와 동시에 발생하는 2009년에 구직자들 수의 약간의 증가를 보여주는 공식 실업데이터 보다 중국의 노동시장 발전에 관한 더욱 믿을만한 이야기를 한다.

중국물류구매연합회(CFLP)와 HSBC Markit에 의해 행해지는 구매관리자지수(PMI) 조사는 모두 관리자들에게 그들 회사의 고용 수준이 전달 대비 더 높아졌는지 더 낮아졌는지를 물어본다. PMI 고용지수는 공식 실업 데이터 보다 노동시장 변화에 더욱 민감하다. 그림 6.2가 보여주는 바와 같이, CFLP 시리즈는 2005년부터 2007년까지 더 많은 고용자들을 채용하는 회사들을 보여주고, 2008년 하반기에 위기가 닥쳐서 노동자들을 급속하게 눈물을 흘리게 하기 시작하는 것을 보여주고, 2009년 상반기에 자극이 대단히 강력해져서 다시 고용하는 것을 보여준다. HSBC 시리즈는 유사한 패턴을 따른다. 그 이야기는 사실, 위기 전, 위기 중, 위기 후 실업에 아무런 변화가 없는 것을 보여주는 공식 데이터 보다 더 많이 이치에 맞다.

이주 노동자들에 대한 데이터 원천은 더욱 더 짜집기이다. 직업 광고를 둘러보기 위해 지방 노동국을 돌아다니는 이주 노동자들은 아마도 노동시장 수요와 공급에 관한 공공고용서비스 데이터에 나타날 지도 모른다. 그러나 이는 이주 노동력의 완전한 보상을 제공하지 않는다. 스탠포드 대학교와 중국농업정책센터의 공동 노력과 같은 학계와 연구소들은 조사를 수행하고 그 결과들은 언론에 때때로 보고되거나 혹은 온라인으로 확인할 수 있다. NBS는 이주 노동자의 여론 조사를 시행하기 위해 중국 춘절에 고향으로 연례 이동을 이용 그들이 기차역을 빠져나감에 따라, 이주 노동자들 사이에 임시조사를 수행한다. 공장 폐쇄의 뉴스 보고 또는 노동력 부족은 또한 일화적 증거의

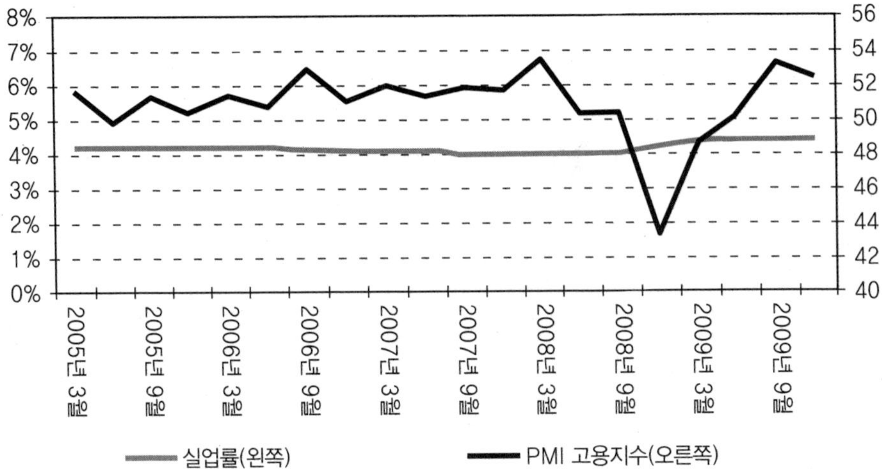

자료: MOHRSS, 중국물류구매연합회(CFLP), 저자의 계산
주: 50 이상 PMI는 고용 증가를 보여줌; 50 이하 PMI는 고용 하락을 보여줌

그림 6.2 실업률 대 구매관리자지수(PMI) 고용지수

좋은 원천이다. 그러나, 높은 빈도의 공공 또는 개인 분야 조사는 분석의 기초를 제공한다.

4. 시장충격

실업은 경제, 국내 수요전망, 인플레이션 압력 정도의 강건함의 주요 지표이다. 미국에서 실업데이터는 금융시장을 위해 유일하게 가장 중요한 데이터 포인트이다. 그러나, 중국에서 그의 현재 구성방식 내에 공식 실업 데이터는 주식, 상품, 화폐시장에 영향을 미치기에 공개에 있어서 너무나 잦지 않고 범위에 있어서 너무나 부분적이다.

3. 공공고용서비스 노동시장 공급과 수요 상황

- 시장민감도: 중
- 무엇인가? 도시 노동시장에서 공급과 수요의 균형에 관한 분기보고서, 노동자수와 구직자율 발표
- 인터넷 상 중국어 뉴스: www.chinajob.gov.cn
- 인터넷 상 영어 뉴스: 없음
- 발간 시기: 다음 분기 첫 달 말경
- 빈도: 분기
- 원천: MOHRSS
- 개정: 없음

1. 왜 중요한가?

중국의 노동시장은 경제 데이터를 위한 위험지역이다. 7억 9천만 노동력을 가지고, 실업과 임금 데이터는 3억 1천 1백만 도시근로자들의 하부집단에 근거를 두고 있다. 중국의 2억 7천 5백만 이주 노동자와 농지 외 도시 근로자들을 포함하여 어떠한 정기적 혹은 포괄적인 데이터 원천도 노동력 절반 이상이 존재하지 않는다. 역시나 나쁘게도, 공식 데이터가 말해주는 도시 근로자들에게, 상세 수준은 비참하게도 부적당하다. 실업과 임금의 평균 수준과 비율 변화 외에도, 공식데이터는 중국 노동시장의 역동성에 대한 약간의 통찰력을 제공한다.

도시 노동시장에서 노동과 수요의 균형에 관한 MOHRSS 데이터는 어둠에 빛이다. 이는 모든 구석에 볕을 들게 하지 않는다. 그러나, 그림 6.3에서 보여주는 바와 같이, 고용 기회에 대한 구직자들의 비율에 대한 데이터는 중국의 노동시장에서 수요와 공급의 균형을 이동시키는 추적방법을 제공한다. 연령, 교육, 중국 구직자의 동기유발에

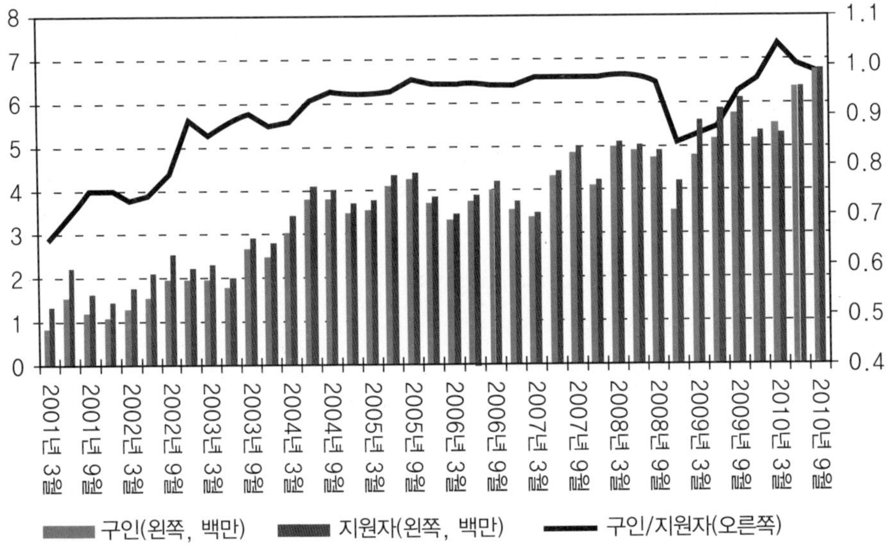

자료: MOHRSS

그림 6.3 노동시장 조건들: 구인/구직자 비율

관한 데이터는 실업데이터의 골자에 약간의 살을 붙인다. 그리고 심지어 힘든 이주 노동자들은 카메오 출연을 들여놓는다.

2. 데이터가 어떻게 계산되는가?

총인구 1억 700만으로 전세계 59개 도시를 다루는 공급과 수요 조사는 2001년에 시작되었다. 10년 후에 조사는 도시 인구의 약 25%인 1억 7,000만 인구로 100개 도시를 다루고 있다. 데이터는 국에 등록된 구직자들과 구인광고를 하는 구인자 들에게 제공되는 정보에 기초하여 지방 노동국에 의해 수집 된다. 이주노동자들과 농민들은 실업 이득을 위해 등록하지 않을 수도 있다. 그러나, 그들은 노동국에서 직장을 구할 수 있다. 그리고 이는 그들이 데이터에 나타난다는 것을 의미한다. 증가하는 표본집합은 시간이 흐르면서 비교가 주의 깊게 다루어야 할 필요가 있다는 것을 의미한다. 구직자들 수 또는 기회의 증가, 또는 비율 변화는 노동시장 상태 변화라기 보다는 조사에 의해 다루어지는 도시의 숫자 증가를 반영할지도 모른다.

3. 데이터 해석

1. 데이터 공개의 핵심은 취업기회 대 구직자 비율이다. 1보다 작은 비율은 더욱 더 많은 사람들이 취업기회보다 직장을 구하고 있다는 것을 의미한다. 이는 증가하는 임금을 억제하는 노동시장에서 초과 공급을 의미한다. 1보다 큰 비율은 구인자들 보다 더 많은 취업 기회가 있다는 것을 의미한다. 이는 초과 수요와 임금에 대한 상승압박을 의미한다. 2010년 1분기를 다루는 표 6.5에서, 비율은 10년 역사 내 처음으로 1을 넘었다. 많은 분석학자들은 중국의 노동 과잉 공급이 줄어들고 있고 임금과 인플레이션을 더 높이는 증거로 이에 집착하였다.

1. MOHRSS는 또한 구직자 수 변화와 지역별 취업기회에 관한 데이터를 제공한다. 모든 행동은 동부해안에서 이루어지고 데이터 공개는 이 지역을 발해만 가장자리, 푸젠의 대만 공장들, 양쯔강의 첨단기술단지, 주장강 델터의 노동력착취 중공업으로 더 나눔을 제공한다. 모두 합쳐서, 이들 지역은 중국 수출의 가장 좋은 몫을 설명한다. 만약 데이터가 수출이 집중된 동부해안에서 노동 공급이 수요를 앞지르고 있다는 것을 보여준다면 중국 상품들이 세계 시장에서 경쟁우위를 연마하고 있는 이는 임금이 낮게 유지될 것을 제시한다. 만약 노동 수요가 고용을 능가하기 시작한다면 그 결과는 임금을 증가시킬 것이다. 이는 중국이 베트남과 같은 저비용 경쟁자들로부터 또는 생산을 더 싼 내륙 주들로 이동시킴으로 수출업자들이 비용을 낮추는 시도로부터 손해를 보는 결과를 가지고 올 수도 있다. 표 6.6에서, 데이터는 상당히 증가하는 공급을 앞지르는 2010년 1분기에 양쯔강 그

표 6.5 취업기회 대 지원자 비율(2010년 1월부터 3월까지)

	취업기회	구직자	취업기회 대 구직자율 (1)	전분기 변화	전년 동분기 변화
본기(本期) 유효수(有效數)	5519321	5299216	1.04	+0.07	+0.18

자료: MOHRSS로부터 종합

표 6.6 지역별 취업기회 대 구직자(2010년 1월부터 3월까지)

		고용기회				구직자			
	지역	전분기 대비(QoQ) 변화 (취업기회의 수)	전분기 대비 증가(%)	전년대비 증가 (취업기회 숫자)	전년대비 변화(%)	전분기 대비 증가 변화 (구직자 수)	전분기 대비 변화(%)	전년대비 변화 (구직자 수)	전년대비 증가(%)
	동부	652858	27.1%	1073513	52.6%	417494	17.2%	528128	22.2%
	o/w 발해 만 가장자리	299280	38.6%	242302	29.1%	236543	28.7%	80949	8.3%
1▶	양쯔강 델타	117878	13.3%	369193	57.9%	71199	7.6%	268522	36.4%
	주강 델타	10853	21.9%	11755	12.1%	-6439	-16.3%	-34830	-25.8%
	푸젠	201342	30.2%	422791	94.8%	94331	16.1%	198127	41.0%
	중부	204594	17.1%	177659	14.8%	95693	7.3%	-94918	-6.5%
	서부	86134	10.6%	138841	20.1%	25556	3.0%	-56341	-6.6%
	총계	943586	21.4%	1390013	35.4%	538743	11.7%	376869	8.0%

자료: MOHRSS로부터 종합

리고 주장강 델터에서 일하는 근로자들 수요가 증가하는 것을 보여준다. 노동자들의 초과 공급으로부터 노동자들의 초과 수요로의 전환은 보도(press)를 가득 메우는 임금에 있어서 공장 논란과 거대한 증가의 광범위한 보고를 설명하는 것을 도운다.

1. 구직 이유에 의해 구직자들을 나누는 것은 또한 밝혀지고 있다. 구직자 수 증가 이유가 실업 증가와 정리해고의 증가라면 이는 문제를 야기하는 신호이다. 반대로 직업을 바꾸기를 찾아나서는 고용된 근로자들의 증가는 걱정할 거리가 아니다. 표 6.7에서, 2010년 첫 분기 데이터는 노동시장에 진입하는 젊은 근로자들은, 특히 대학 졸업자들은, 구직자 수의 증가에 주된 기여자 들이다.
2. 표 6.7은 또한 이주 노동자들의 노동시장 상황을 약간 보여준다. "지방 소작농"과 "기타 도시로부터 노동자들"의 범주는 이주 노동자와 완전하게 같지 않고 다만 충분히 가깝다. 이 범주에서 구직자 변화를 보는 것은 중요하지만 거의 이해하지

못하는 집단에서 노동시장 상황의 식견을 제공한다. 아니나 다를까, 2008년부터 2010년까지 데이터는 2009년 1분기에 수출분야 몰락으로 일자리 급증을 기대하는 (2-3분기에 높은 수준을 유지하고, 연말에 수출 분야가 뒷받침 해 감소하기 시작해주는) 소작농과 도시 외곽 노동자 수를 보여준다.

1. 청년 실업은 결코 좋은 소식이 아니고 게으른 청소년들은 중국에서 아수라장을 만드는 실적을 가지고 있다. 문화대혁명에서 마구 날뛴 홍위병으로부터 천안문 광장에서 대학생 항변자 들까지, 사회적 어수선함의 해악은 중국 젊은이의 할 일 없는 자들을 위해 직장을 구한다. 금융위기가 본토를 강타했을 때 주요 걱정들 가운데 한가지는 졸업생 세대가 실업으로 전락될지도 모른다는 것이었다. 언론은 젊은 졸업생들이 직장을 찾기 위해 나선다는 기이한 시간의 이야기로 가득 채워졌다. 2008년 11월에, 광저우에서, 15,000명 학생들은 그들의 이력서를 중국 생명보험 모집자들에게 제출하기 위해 세시간 동안 길게 줄을 서서 기다렸다. 고맙게도, 최악의 우려했던 일은 실현되지 않았다: 경제조직이 계속 돌아가

표 6.7 분야별 구직자(2010년 1월부터 3월까지)

	구직자 분야	구직자 수	총 비율(%)	전분기 대비 증가(%)	전년 대비 증가(%)
	노동시장에 진입하는 청소년	1268690	23.9	+1.1	+2.4
	올해 대학 졸업자	565589	44.6	+4.8	+3.5
1▶	전에 고용되었으나 현재 실업	859173	16.2	−0.4	–
	기타 실업	684470	12.9	−0.4	+1.3
	고용	245880	4.6	−0.7	+0.4
	정리해고	216611	4.1	+0.6	+0.8
	은퇴	29526	0.6	–	+0.1
	학생	136294	2.6	−0.5	+0.1
2▶	지방 소작농	939007	17.7	+2.7	−0.7
	외부 노동자	919565	17.4	−2.4	−4.4
	총계	5299216	100.0	/	/

자료: MOHRSS로부터 종합

표 6.8 연령별 고용기회와 구직자(2010년 1월부터 3월까지)

	노동 시장 공급과 수요 균형										
연령	직장 기회	기회의 %	전분기 대비 변화 %	전년 대비 변화 %	구직자	구직자 %	전분기 대비 변화 %	전년 대비 변화 %	취업 기회 대 구직자 비	전분기 대비 변화	전년 대비 변화
16~24세	1855114	33.6	+1.0	+3.2	2139904	40.4	−0.6	+2.4	1.01	+0.11	+0.19
25~34세	1807235	32.7	+0.8	+0.9	1783251	33.7	+0.7	−0.3	1.16	+0.09	+0.23
35~44세	860540	15.6	−1.4	−0.9	943025	17.8	−0.2	−2.5	1.06	+0.01	+0.23
45세 이상	238355	4.3	−1.1	−1.7	433036	8.2	+0.2	+0.5	0.69	−0.10	−0.11
해당없음	758077	13.7	+0.7	−1.6	/	/	/	/	/	/	/
합계	5519321	100.0	/	/	5299216	100	/	/	/	/	/

자료: MOHRSS로부터 종합

고 있고 돌고 있는 충분한 직장이 있었다. 그러나 가이드로서 역사를 가지고, 정부는 당연하게도 청년실업 문제에 집착하고 있다. 표 6.8이 보여주는 것과 같이, MOHRSS 데이터는 연령별 구직자들의 구분을 포함한다. 16 에서 24세 범주에, 표는 2,139,904 명의 구직자들이 2010년 1분기에 있다는 것을 보여주는데 이는 전년대비 2.4% 증가한 수치이다.

4. 시장충격

데이터는 너무나도 드물게 공개되고 노동시장 부분은 일일 거래에 충격을 주기에는 너무나 부분적이어서 충격을 줄 수 없다. 그러나 노동시장에서 공급과 수요 균형은 임금 움직임을 결정하는데 있어서 중요한 요소이다. 그리고 임금 움직임은 가계 수요, 중국 수출의 경쟁력, 그리고 인플레이션 압력 수준의 힘을 결정하는 중요한 요소이다. 구조변화의 시기로 진입하는 중국 노동시장으로, MOHRSS 데이터는 초과공급으로부터 초과 수요로의 전환지표로 긴밀한 주목을 받을 것이다.

CHAPTER 07

물가

1. 소비자물가지수

- 시장 민감도: 상
- 무엇인가? 중국경제에서 소비자물가 변화 지수
- 인터넷 상 중국 뉴스 발간: www.stats.gov.cn/
- 인터넷 상 영어 뉴스 발간: www.stats.gov.cn/english/
- 발간시기: 베이징 시간으로 오전 10시, 이듬 달 11번째 날에 주로 발간됨: 3월, 6월, 9월, 12월 데이터는 분기 GDP 데이터와 일치하기 위해 나중에 공개
- 빈도: 월간
- 원천: NBS(국가통계국)
- 개정: 없음

1. 왜 중요한가?

1989년 여름에 잔인하게 마친 천안문 광장 시위의 근본적인 원인은 무엇이었나? 역사는 천안문 항의자들을 자유와 민주주의를 위한 학생 이상주의자들이라고 기억한다. 이상주의는 천안문 이야기의 중요한 부분이지만 이것이 전체 이야기는 아니다. 중국의 수도에서 학생시위에 가담한 그리고 국내 여기저기에서 학생들의 유사한 저항에 가담한 이들은 아마도 인플레이션과 같은 일상 이슈에 관해 더 많이 관심을 가지지 않고, 민주사상에 관해 약간 관심을 가진 노동자들이었다. 1989년에 중국의 소비자 물가는 1년 전 보다 18% 증가했었다. 공식 데이터에 따르면, 1989년에 도시근로자 임금은 단지 10.8% 증가했었다. 식료품과 다른 일상용품 물가의 급격한 증가와 임금의 더 작은 증가로, 중국 가계는 그들의 실질 임금에 있어서 주된 감소를 경험했었다. 그 해 전에 벌어들인 충분한 임금은 갑작스럽게 근근이 연명하기에는 불충분하였다. 그 결과는 급격한 사회적 긴장의 증가와 학생저항을 그리고 정부의 유혈반응을 초래하는 국가적 격변으로 확대하기 위해 위협하는 동요였다.

중국 공산당은 1989년 여름에 증가하는 사회적 긴장과 증가하는 물가 압력의 혼합으로부터 중요한 교훈을 얻었다. 세 번의 조정기간에, 인플레이션은 최고 수준을 기록했다. 1993년부터 1996년 사이에, 인플레이션은 두 자리 수를 경험하게 되었고 1994년 말에 인플레이션은 27%에 도달했다. 2004년에, 소비자물가지수는 지난 5%를 밀어부쳤고 중국인민은행이 10년이 넘는 기간 동안에 첫 번째 상향조정을 하도록 강요하였다. 2008년에, 돼지 개체군에 있어서 질병은 소비자물가지수(CPI)를 지난 8%로 밀어 부치는 물가상승으로 연계되는 화폐공급 증가의 도화선을 제공하였다. 이것은 후진타오 총리가 상승하는 물가에 대해 행상인들과 소비자들에게 동정을 가지며 베이징에 있는 지방 식료품 시장 거리에 왔다 갔다 하기 시작하기에 충분했다. 그러나, 초인플레이션이 가치저장을 영으로 감소시키고 정부의 기능을 마비시킨 아르헨티나, 브라질, 동부 유럽의 몇몇 국가들의 경험과 비교해, 1989년 이후 중국의 인플레이션 경험은 상대적으로 유순하였다.

소비자물가를 통제하는데 있어서 더욱 더 주목 받게 정부의 성공을 가져오게 한 것은 중국 경제가 인플레이션에 대해 자연스러운 성향을 가진다는 것이다. 중국의 환율제도는 수출업자들에게 좋은 소식일 수 있다. 그러나, 과소평가된 위안화, 세심히 관리되는 환율, 국내 경제의 거대한 경상수지 흑자의 결과는 항상 인플레이션 압력으로, 위협하는 화폐 공급의 급격한 증가이다. 그러면, 인플레이션은 어디에 있는가? 이 답의 일부는 중국인민은행(PBOC)이 화폐공급 증가 단속을 잘 했기 때문이다. 매주 중국 중앙은행은 어떤 유동성 양을 잘 관리하고 너무나도 많은 현금이 실물경제에 튀어나오는 것을 막기 위해 효율적으로 은행들에게 작은 보상을 지불하는 안정증권(stabilization bonds)을 발행한다. 이것이 충분하지 않다면, 중앙은행은 은행들이 계속 보유해야 하는 예치율을 높이는 예금지급준비율을 높일 수 있다. 이는 또한 유동성 관리와 실물경제에 있어서 물가에 주는 충격으로부터 화폐공급 증가를 막는 충격을 가지고 있다. 대답의 일부는 당신이 찾는 곳을 안다면 인플레이션이 거기에 있다는 것이다. 토지가격, 부동산가격, 주식가치는 지난 10년간 상승하였다. 정부가 부동산과 주식시장에 있어서 비합리적인 풍부에 대해 걱정한다면, 투자준비금은 비전(秘傳) 지역으로 더욱 흘러 들어간다. 중국미술, 골동품, 심지어 마늘은 모두 지난 몇 년 동안 투기적인 광란의 문제였다. 그러나 그 대답의 일부는 중국이 그의 통화 팽창에 대한 인플레이션 가격을 아직 지불하지 않았다는 것이고 몇 년 앞선 인플레이션에 대한 전망은 지나간 몇 년과 같이 유순하지 않다.

2. 데이터가 어떻게 계산되는가?

중국 가계의 소비 바스켓의 대표적인 표본 가격을 확인하기 위해 상점과 시장 등 시중에 대대적으로 포진되어 있는 조사팀과 함께 소비자물가지수를 편집하는 것은 거대한 전반적인 활동이다. 소비자물가지수 조사팀은 국가 주변 50,000개 지역, 500개 도시를 통해 펼쳐진 재화의 대표적인 표본 가격 포인트를 점검한다. 점검의 빈도는 조사중인 재화의 형태에 따라 달라진다. 잦은 변화의 대상인 몇몇 재화의 가격에 대해, 매주 또는 심지어 매일 점검이 이루어 진다. 가격이 최고로 잘 변화하는 제품들에 대해, 가격 점검은 예술적이다. 채소를 생각해 보자: 제품이 신선하고 소비자들은 특상의 선택을 위해 겨룰 때, 비오는 시장에서 팔리는 푸른 채소 가격은 아침에 더 비싸고, 행상인들이 가게 문을 닫으려고 하고 단지 몇 개의 곰팡이가 핀 순무우가 팔리기 위해 남아있는 저녁에는 더 낮아진다. 조사팀은 비슷한 것을 비슷한 것과 비교함으로 확신하기 위해 그들이 동시에 시장에 압박을 주고 있다는 것을 반드시 확실히 해야 한다. 매달 27일, 조사 데이터는 지방통계국으로부터 지방 레벨로 제출된다. 다음달 6일에, 지방 데이터는 베이징에 있는 NBS 본사에 제출된다. 즉, 다음 주에 공개되기에 앞서 데이터를 분석한다.

소비자물가지수(CPI)는 8가지 재화 가격을 추적한다: 식품; 주택; 교통과 통신; 레크리에이션, 교육, 문화; 담배와 주류; 의료와 개인용품; 의류; 가계시설, 물품과 서비스. 식품과 주택은 두 개 모두 합쳐 지수의 거의 50%를 차지하는 가장 중요한 요소이다. 요소의 가중치는 조사에서 130,000가구에서 결정되는 가계 지출 내역에 따라서 설정이 된다. 지출의 더 높은 비를 구성하는 품목들은 지수에서 더 높은 가중치를 가진다. NBS는 지출성향변화에 따라 매년 가중치에 작은 변화를 주고 매 5년 마다 전체 바스킷을 재계산한다. 가장 최근 요소의 가중치 변화는 2011년 초에 발생했었다. 주된 변화는 주택비용 가중치를 증가시키기 위한 것이고 식품에 주어진 가중치를 감소시키기 위한 것이다. 대부분 선진국과 몇몇 다른 개도국과는 달리, 중국은 CPI의 상이한 구성요소에 따라 할당된 가중치를 공개하지 않는다. 2011년에, 새로운 가중치를 사용하여 계산된 첫 번째 데이터 셋의 공개는 절대수준의 세부사항이 아닌 가중치에 변화를 주는 특이한 진술이 동반된다. CPI에 관한 NBS 데이터는 공식적인 숫자들이 인플레이션의 실제 수준을 축소해서 발표하는 광범위한 확신으로 중국 대중에 의해 몇몇 회의론을 받는다. 핵무기 사일로(Silos) 위치에 관한 정보를 보존하기에 더욱 적합한 비밀의 정도로 바스킷 요소 가중치에 관한 정보를 다룸으로 인해, NBS는 데이터에서 대중의 신뢰를 고취하기 위해 거의 아무것도 하지 않는다. 표 7.1에서 보여주는 바와 같

표 7.1 CPI 바스켓에서 요소들의 가중치(추정치)

연도	식품	담배와 주류	의류	가계시설, 물품	의료	교통과 통신	레크리에이션, 교육, 그리고 문화	주택
2010	32.79%	3.68%	8.95%	6.54%	9.81%	10.94%	12.61%	14.69%
2011	30.58%	3.17%	8.46%	6.18%	9.45%	10.89%	12.36%	18.91%
변화	−2.21%	−0.51%	−0.49%	−0.36%	−0.36%	−0.05%	−0.25%	4.22%

자료: NBS, Capital Economics

이, 공식적인 숫자 없이도, 정확도가 높은 가중치를 계산할 수 있다.

CPI의 구성요소와 계산은 논란이 없는 것이 아니다. 주요 논쟁점은 순응 품목이다. 2010년 4월에, 70개 주요 도시 부동산 가격지수는 그 해 집값이 12.8% 상승하였음을 보여 주었다. 이는 집값 상승의 실제율을 이해하는데 여전히 폭넓게 간주되었던 높은 기록인 것이다. 그림 7.1에서 보여주는 바와 같이, 같은 달에, CPI는 전년대비(YoY) 단지 2.8% 되었고 CPI의 순응요소는 단지 4.5 %였다. 주택가격 변화와 순응 비용 변화 사이에 어떻게 그와 같은 눈부신 차이가 있을 수가 있는가?

- CPI 바스켓은 적응 비용에 낮은 가중치를 부여한다. 평균적으로, OECD 국가들에 있어서 적응은 CPI 바스켓의 약 25%이다. 중국에서, 2011년에 가중치의 증가 후에 조차 이는 여전히 19% 정도이다. 순응 내역 안에, OECD 국가에서, 집을 빌리고 구매하는 비용은 모두 일반적으로 집값 총액의 60%를 차지한다. 중국에서, 중국사회과학원에 의한 계산은 그들이 세 번째를 차지한다는 것을 제시한다.
- 주택 구매 비용을 측정하는 방법으로 문제들은 발생한다. NBS는 집을 구입하는 비용의 측정으로 모기지 이자율을 사용한다. 모기지 이자율은 다소 안정적이나 부동산 비용은 다소 빠르게 증가했다. 따라서 이 접근은 집을 구입하는 비용에 있어서 실질적 증가를 포착하지 않는다.
- 순응 요소의 가장 큰 부분은 유틸리티 비용에 의해 차지된다. 정부에 의해 조절

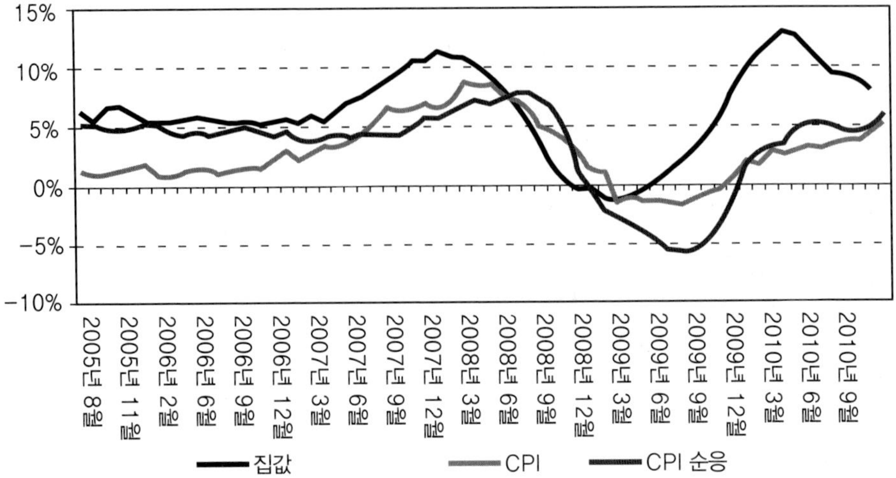

자료: NBS, 저자의 계산

그림 7.1 주택가격 대 소비자물가지수 그리고 소비자물가지수 순응(전년대비 %)

되는 그리고 낮은 수준으로 인위적으로 관리되는 물, 전기, 연료 비용으로, 이는 수치를 하향 편향하는 경향이 또한 있다.

세부적인 내용 뒤에, 더 심오한 이슈는 위태롭다. 집은 단지 주거용이 아니다(소비재); 이는 또한 투자(자본재)이다. 소비자물가지수가 실제로 자본재의 비용 변화를 반영하게 되는가? 만약 CPI가 상하이와 베이징의 호화 아파트를 위한 더 높은 비용에 반응하여 급증한다면, 이것이 다음 쌀 비용에 대해 더 관심을 두고 있는 후난지역의 소작농의 경험을 반응하는가? 중국인민은행(PBOC)은 그 질문은 논란거리로 열려 있다고 생각한다. 중국의 가장 자유사상 경제학 재무 잡지 카이징(Caijing)의 한 사설에서, 중국인민은행의 통화정책부의 수장인 장샤우웨이는 인플레이션 측정은 부동산과 주식 모두를 포함하는 자본계정의 가격 변화를 반영하기 위해 더 해야만 한다고 주장하였다. 그 변화는 즉각적 전망은 아닐지도 모른다. 그러는 동안에, 생산자물가지수(PPI), 주택가격지수(PPI), 주택가격 측면 소비자물가지수(CPI)를 보는 것은 인플레이션 압력의 완벽한 그림 보다 더 완벽함을 제공한다.

3. 데이터 해석

1. 표에서가 아니라 데이터로부터 가장 중요한 주요내용은 소비자물가지수(CPI)의 주요숫자이다. 이는 중국경제에 있어서 인플레이션 압력 정도의 최고의 전반적인 평가를 제공하는 숫자이다. 표 7.2의 데이터는 2010년 1월 소비자 물가가 전년대비 1.5% 상승했었다는 것을 보여준다. 1.5%라는 숫자가 무엇을 의미하는가? 미국에서 통화정책자들은 1.5%에서 2.0% 사이의 범위의 인플레이션 타겟을 둔다고 종종 의견을 밝힌다. 유럽중앙은행은 물가 변화를 2% 이하로 두고 있다. 중국에서 점진적인 변화가 있다. 중국인민은행은 공식적인 인플레이션 타겟을 가지고 있지 않다. 그러나, 3월에 전국인민대표대회에서 발표하는 원자바오 총리의 연간 보고서는 종종 그 해의 숫자를 발표한다. 주로 대부분 이는 4%이나 2010년

표 7.2 범주 별 소비자물가지수(2010년 1월)

	품목	작년 동월 = 100			작년 동기 = 100		
		총계	도시	농촌	총계	도시	농촌
1▶	**소비자물가지수**	**101.5**	**101.4**	**101.8**	**101.5**	**101.4**	**101.8**
2▶	1.식품	103.7	103.7	103.8	103.7	103.7	103.8
	곡물	109.8	109.6	110.1	109.8	109.6	110.1
3▶	육류, 가금류, 그리고 그들의 제품	96.5	96.6	96.2	96.5	96.6	96.2
	[···]						
	2.담배, 주류, 그리고 물품	101.5	101.7	101.3	101.5	101.7	101.3
5▶	3.의류	99.6	99.8	99.1	99.6	99.8	99.1
	4.가계시설	98.9	98.7	99.4	98.9	98.7	99.4
	5.의료서비스와 개인용품	102.3	102.2	102.6	102.3	102.2	102.6
	6.교통과 통신	99.5	99.3	99.9	99.5	99.3	99.9
	7.오락, 교육, 문화용품	98.8	98.0	100.3	98.8	98.0	100.3
4▶	8.주택	102.5	102.7	102.1	102.5	102.7	102.1

자료: NBS로부터 종합

에 총리는 인플레이션을 3% 목표로 더욱 더 강하게 하는 준칙을 시사하였다. 다른 서양 국가들에서 인정할지도 모르는 것 보다 약간 더 높은 수준의 인플레이션을 위한 관용은 더욱 더 빠른 성장과 정부의 인위적으로 낮은 가스, 전기, 물 가격으로부터 더 높고 더 변화 가능한 물가 하에서 시장제도로의 중국의 전이로부터의 상승 압력을 반영한다. 시장은 종종 정부의 월간 그 해 목표 이상의 월간 소비자물가지수(CPI) 숫자를 중국인민은행이 통화정책을 엄격하게 하려고 한다는 것의 신호로 해석한다. 2010년 1월 1.5% 숫자는 목표 안에서 잘 설정되었으며 2009년 12월 1.9%로부터 또한 하락했다. 이는 인플레이션이 통제할 수 없는 급등이라는 것을 재확인하는 신호이다. 전년대비 변화는 중요하다. 그러나, 1년은 중국경제에 있어서 긴 시간이고 시장 또한 현재 가격변화의 방향을 알기를 원한다. 비록 데이터 표에서 아직 발견되지 않았음에도 불구하고 2009년에 NBS는 데이터 공개를 동반하는 교과서에서 소비자물가지수(CPI)에서 월별 변화를 포함시키기 시작했다.

2. 소비자물가지수(CPI) 바구니에서 가장 큰 부분은 식량이다. 이는 대부분 중국 가정이 가난하기 때문에 매우 직설적이고 가난한 사람들은 대부분 그들의 소득을 식량 구입에 사용한다. 그림 7.2가 보여주는 바와 같이, 식량은 지수의 요소들 가운데 가장 변덕이 심한 요소이다. 돼지 오염에서 질병, 허난 밀밭에서의 가뭄, 또는 산동의 채소작물을 망치는 폭설은 소비자 물가 변화로 전가될 수 있다. 질문은 계절 변화로 그 변화가 일시적 분열을 반영하는가 또는 식량가격 변화가 폭넓은 인플레이션 압력의 신호인지이다.

   중국 정부는 식량 가격 변화를 설명하기 위해 날씨, 질병, 그리고 다른 일시적인 요인들에 집중하는 것을 좋아한다. 그러나 다른 방향으로의 논쟁 또한 존재한다. 식량을 생산하는 것은 노동집약적이다. 따라서 증가하는 노동 비용은 높은 식량 가격으로 전가된다. 개발도상국에 있어서, 증가하는 소득은 노동자들이 더 높은 임금을 더 높은 육류 소비에 전환함으로써 또한 식습관의 변화에 영향을 받게 된

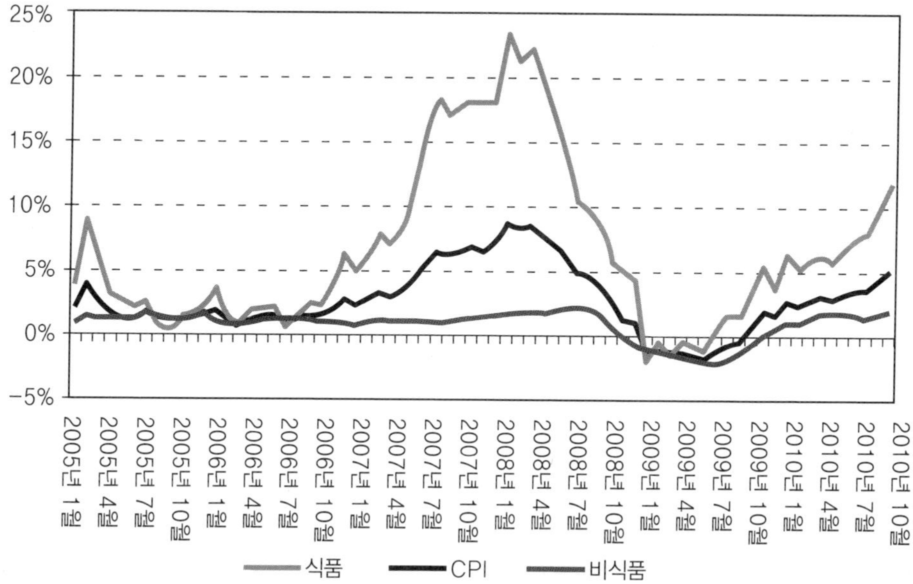

자료: NBS

그림 7.2 CPI, CPI 식품, 비식품 CPI(전년대비 %)

다. 농업 부분은 또한 공급 제한이기도 하다. 밀밭은 공기없이 불러일으켜지지 않는다. 이는 재배되어야 하고, 땅에 던져져야 하고, 수확되어야 한다. 만약 수요가 증가한다면, 공급이 따라가기에는 어느정도 시간이 필요하다. 이는 생산과잉이 공급이 수요의 변화에 즉각적으로 반응을 한다는 것을 의미하는 소비재 부분과 상반된다. 이는 만약 중국 경제에서 인플레이션 압력이 있다면 이는 식품가격에 먼저 나타난다는 것을 의미한다. 많은 중국 분석학자들은 너무나 많은 돈이(돼지 만큼이나 충분하지 않은) 중국에서 인플레이션을 발생시킨다고 주장한다.

3. 식품 요소 안에서, 가장 중요한 하위-요소는 육류와 가금류이다. 돼지고기는 중국의 선호하는 고기이고 돼지고기 가격 변화는 소비자물가지수(CPI)에 주로 영향을 미친다. 매우 그러하므로, 몇몇 해설가들은 불친절하게 이를 "중국의 돼지지수"라고 다시 명명하였다. 중국에서 돼지 생산의 역동성은 가격이 매우 변덕스럽다는 것을 의미한다. 많은 중국의 돼지들은 가격 변화에 매우 심각한 뒷마당

업체에서 길러진다. 돼지 농장주들은 사육에 있어서 천천히 낮은 가격에 반응한다. 이는 오늘날 낮은 가격이 6개월 연속 하락에 의한 돼지의 부족량을 초래할 수 있다는 것을 의미한다. 부족량은 가격을 높이게 하고 돼지과잉과 몇 달 후 더 낮은 가격의 결과로 농장주들을 배리화이트(Barry White)에서 더러운 집으로 이동하기를 격려한다. 투자가들은 상공부, 국가발전 개혁위원회와 농림부에 의해 다양하게 공개되는 일간으로부터 주간 가격으로까지 돼지고기 가격 변화와 다른 농산물 가격 변화 조언을 얻을 수 있다. NBS는 또한 29개 식품 내역에 대해 매 10일 마다 평균 소매 가격을 공개한다. 상공부 데이터는 소비자물가지수(CPI)에 있어서 움직임을 예측하는 가장 최선의 실적을 가진다.

4. 다음으로 지수에서 가장 큰 요소는 순응 비용이다. 소비자물가지수(CPI) 시차 변화에 있어서 순응 비용의 차이는 7~8개월 동안 70개 도시 주택 가격 지수를 변화시키고 상대적으로 덜 변덕스럽다. 앞에서 논의한 바와 같이, 이는 CPI의 순응 요인이 만들어 지는 방식과 부분적으로 문제가 있다. 그러나 이는 또한 지속적으로 렌트비를 낮춤으로 소유지 부동산의 과잉으로 중국 주택 시장의 구조를 반영한다.
5. 소비자물가지수(CPI)의 몇몇 요소들을 위해, 제조생산성의 향상, 생산과잉, 정부 통제된 가격은 물가의 지속적인 하락을 초래했다. 의류비용은 지난 10년간 매년 하락했다. 의료보험 비용, 가정시설 비용, 교통과 통신 비용은 지속적으로 CPI를 통째로 낮추었다. 이는 전반적인 소비자물가를 끌어 내렸다. 그러나 요소투입비용이 증가함에 따라 그리고 정부가 물가 규제를 철폐함에 따라 또는 세금을 올림에 따라, 이러한 지수의 지체된 요소는 전반적인 물가 압력에 더욱 더 기여하기 시작할 것이다.

4. 시장충격

주식: 인플레이션은 주식을 대립방향으로 이끈다. 소비자 물가가 더욱 높아지고 더욱

변덕스러워짐에 따라 정부는 성장 관점과 주식가치 모두에 있어서 기세를 꺾는 경제 정책에 브레이크를 밟을 것을 강요당하게 될 것이다. 급등율은 종종 금요일에 발생하고 루머들이 휘장을 휘젓는 주들에 있어서, 중앙은행으로부터 행동이 구체화되지 않는다면 다음 달의 몇몇 손실을 회복하기 위해 상하이 종합주가지수는 단 하루에 7-8%씩 하락할 수 있다. 만약 더욱 높아진 물가가 은행 예금주들이 부정적인 영역으로 가능하게 하는 실질 이자율을 압박한다면, 인플레이션에 대한 헷지로 그것은 주식으로 급하게 달려가게 하는 촉발이 될 수 있다.

상품: 중국에서 인플레이션은 세계 상품가격에 부정적이다. 만약에 소비자 물가가 통제력을 상실하게 된다면, 베이징은 통화정책 브레이크를 밟기를 강요당할 것이다. 이는 투자비용을 상승시키고 중국의 상품 수요를 낮추도록 할 것이다.

통화: 환율의 변화는 두 가지 채널을 통해 인플레이션에 충격을 준다. 첫째, 수출비용을 증가시킴에 의해, 위안화의 평가절상은 경제를 과열시키는데 도움을 주면서 중국 상품에 대한 외국 수요를 감소시킨다. 둘째, 수입비용을 감소시킴에 의해서, 위안화의 평가절상은 중국 경제에 있어서 원유, 철광석, 그리고 다른 수입상품의 인플레이션 충격을 감소시킨다. 인플레이션은 베이징의 환율에 대한 접근을 결정하는 결정적 요인이 아니다. 그러나 소비자물가지수(CPI)에 대한 더 높은 숫자는 정부가 위안화의 평가절상을 더욱 빨리 허용할 것이라는 가능성을 높인다. 2005년부터 2008년까지 위안화 평가절상의 기간 동안에, 인플레이션이 8%에 도달했을 때 평가절상 속도는 2008년 상반기에 최고로 빨랐다.

2. 도시거주자의 소득과 물가수준에 관한 신뢰지수

- 시장민감도: 낮음
- 무엇인가? 가계의 현재 물가수준에 관한 견해의 조사, 인플레이션 전망에 대한 견해의 조사, 지출과 저축 사이의 가계의 선택; 결과는 0에서 100 사이로 지수로 공개됨. 여기서 50은 양과 음의 민감(신뢰) 사이를 가르는 선임
- 인터넷 상 중국어 뉴스 발간: www.pbc.gov.cn/
- 인터넷 상 영어 뉴스 발간: www.pbc.gov.cn/publishin/english/963/index.html
- 발간 시기: 분기
- 원천: PBOC(중국인민은행)
- 개정: 없음

1. 왜 중요한가?

가계는 물가에 대해 어떻게 생각하는가? 그것은 중요한 질문이다. 만약에 가계가 물가가 오를 것이다 라고 생각하면, 가계는 더 높은 임금을 요구할 것이다. 그들 지갑에 더 많은 돈으로, 그들이 인플레이션이 실제로 발생할 것이라고 기대하면서 그들은 물가를 올릴 것이다. 그림 7.3이 보여주는 바와 같이, 중국에서, 인플레이션 기대와 인플레이션 사이의 관계가 이미 존재한다. 노동자들에게 유리하게 전환하는 중국의 노동시장에 있어서 협상력으로, 그 관계는 증강될 것이다. 가계의 인플레이션에 대한 견해를 생각하는 데에는 다양한 방법이 있다. 상하이 종합주가지수에 있어서 무역 규모 증가, 거주 부동산 시장에 있어서 거래를 더욱 증가시키거나 또는 가계의 정기예금에서 떠나서 그리고 요구불 예금 쪽으로 전환은 모두 인플레이션 기대가 고취된다는 신호이다. 그러나, 가계의 인플레이션 기대에 관해 발견하기 위한 가장 간단한 방식은 그들에게 물어보는 것이고 이는 중국인민은행 조사가 행하는 것이다.

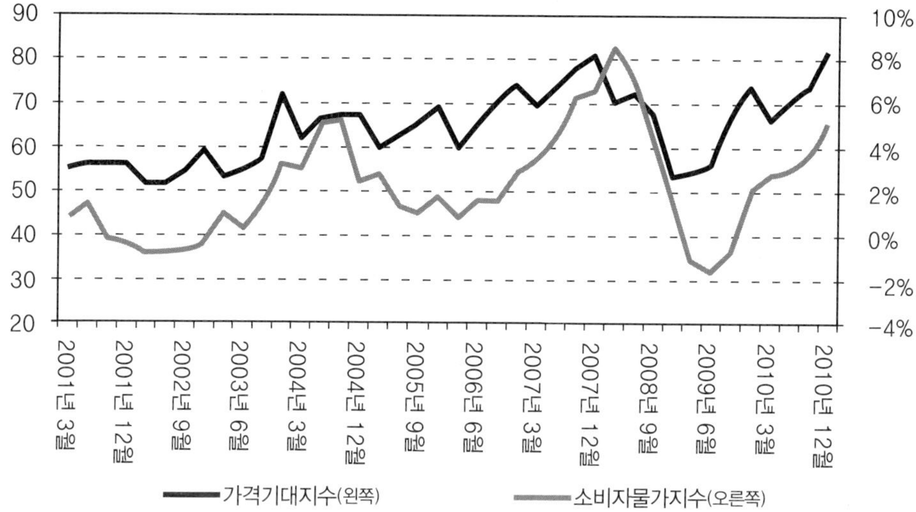

자료: 중국인민은행, NBS, 저자의 계산

그림 7.3 소비자물가지수(CPI) 대 가계물가기대의 중국인민은행 지수

2. 데이터가 어떻게 계산되는가?

조사의 기본으로, 중국인민은행은 전국 각지의 50개의 대표적 도시를 선택한다. 각 도시에서, 8개 은행들이 중심으로 선택되고, 50명 예금자들이 각 은행 별로 선택된다. 이는 조사에서 2만명의 참가자이다.

조사는 소비자물가, 임금, 주택가격, 소비와 저축 간의 선택에 대해 현재 위치와 미래 전망에 대한 참가자들의 견해를 모은다. 각각의 질문에 대해, 참가자들은 긍정적, 중립적, 부정적 답을 선택할 수 있다. 결과는 지수로 집계되어지는데 긍정적 답을 준 참가자들의 비율에는 가중치 1이 주어진다. 중립적인 응답자에게는 0.5가 주이진다. 부정적인 응답자에게는 0이 주어진다. 그래서 만약 응답자의 20%가 물가가 상승할 것이라고 기대하고 40%가 같을 것이라고 응답하고, 40%가 물가가 떨어질 것이라고 기대한다면, 가격 기대 지수의 점수는 다음과 같을 것이다:

$$(20\% \times 1) + (40\% \times 0.5) + (40\% \times 0) = 40$$

지수가 종합되는 방법은 결과가 50은 부정과 긍정 수치를 나누는 숫자로, 0에서 100까지로 되어야만 한다는 것을 의미한다. (이는 PMI가 계산되는 방법과 같다). 높은 지수 숫자는 반드시 좋은 소식은 아니다. 현 소비자물가지수를 위해, 100은 참가자 100%가 모두 현재 물가수준에 만족한다는 것을 의미한다(좋은 소식). 그러나 미래가격기대 지수가 100이면 이는 참가자의 100%가 소비자 물가가 다음 분기에 상승할 것을 기대한다는 것을 의미한다(나쁜 뉴스). 주어진 예에서, 40이라는 숫자는 평균적으로 도시 거주자들이 소비자물가지수가 약간 하락할 것을 예상한다는 것을 의미한다.

3. 데이터 해석

1. 중국인민은행물가기대지수는 2004년과 2008년 모두에 있어서 인플레이션 정점에 앞서 증가하는 미래 물가변동 예측을 잘 하였다. 표 7.3에서, 2010년 2분기의 70.3 수치는 다음 분기에 물가는 상대적으로 급격한 증가를 가계는 예측했다는 것을 제시한다. 충분하게, 많은 전문 경제학자들의 기대에 반대로, 소비자물가지수는 2010년 6월 전년대비 2.9%로부터 11월 5.1%로 증가했다.
2. 현 인플레이션 수준과 가계 물가만족도 사이의 관계는 복잡하지 않다. 만약 인플레이션이 감소한다면, 가계는 흥미롭게도 만족함에 틀림없다. 물가가 오른다면, 가계는 더욱 더 불만족함에 틀림없다. 2010년 1분기 25.9로부터 감소한 2010년

표 7.3 도시거주자의 소득과 물가수준에 관한 신뢰지수

	도시거주자의 소득과 물가수준에 관한 신뢰지수				
		2010.01	2010.02	2010.03	2010.04
3▶	현재 소득 민감도지수	55.0	49.5		
	미래 소득 신뢰지수	56.2	53.6		
2▶	현재 물가 만족도지수	25.9	21.7		
1▶	미래 물가 기대지수	65.6	70.3		

자료 : PBOC로부터 종합

2분기 지수인 21.7은 가계가 현 물가수준에 만족하지 않는다는 것과 만족 수준이 하락하고 있음을 제시한다. 이는 동기 간 소비자물가지수(CPI)의 경미한 증가와 일치한다.

그러나, 소비자물가지수(CPI)와 물가수준의 만족도 사이의 간단한 관계는 반드시 항상 유지되는 것은 아니다. 그림 7.4가 보여주는 바와 같이 지난 10년간, 인플레이션은 올라갔다 떨어졌다 하였으나 가계의 가격수준 만족도는 거의 깨지지 않은 하향국면을 이어왔다. NBS는 변칙에 대한 결백한 설명을 시사한다. 사람들은 동일하게 머무르는 물가 보다는 상승하는 물가에 더욱 집중하는 경향이 있다. 그래서 소비 바스킷에서 100개 재화 가운데 한 개가 단지 가격이 오른다면, 이는 주목 받는 한 재화일 것이다. 그러나 이는 단지 이야기의 일부에 불과하다. 물가가 오르고 있다는 중국 가계의 인지는 집값이 상승하고 있다는 사실에 대부분 근거하고 있다. 주택 가격이 직접적으로 CPI에 포함되지 않기 때문에, 가계의 물가 만족도와 CPI에서 보여주는 인플레이션 수준과의 불일치 결과를 초래한다.

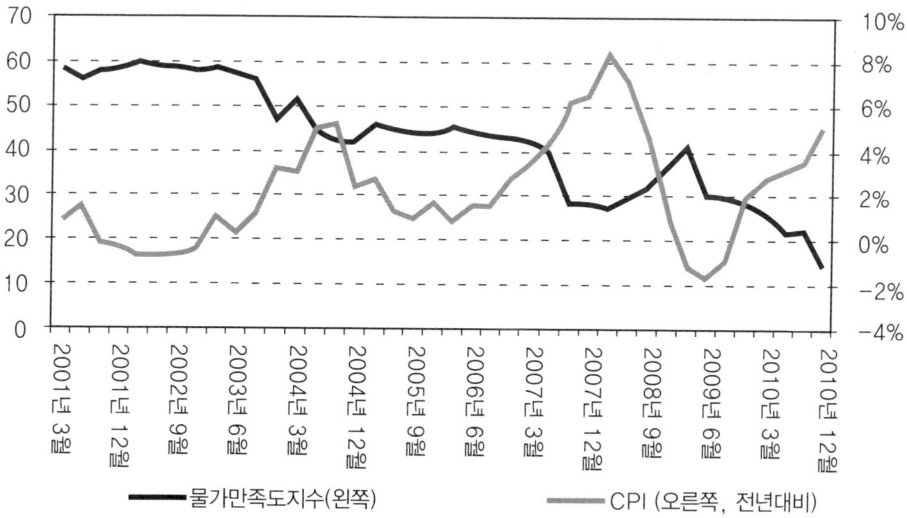

자료: NBS, PBOC, 저자의 계산

그림 7.4 소비자물가지수(CPI) 대 가계물가만족도 지수

3. 중국 노동시장의 발전을 이해한다는 것은 성장과 인플레이션 전망을 이해하기 위한 열쇠이다. 불행하게도, 공식 데이터가 더 빈약한 영역은 없다. 그들의 임금 데이터를 임금에 기초에 두고 국가소유기업에서 근로자들의 특정 하부집단의 임금에 근거를 두고, NBS는 믿기 어렵게 높은 성장률을 찾아낸다. 공무원들의 입장에서의 편차를 피함에 의해, 중국인민은행(PBOC)의 가계 조사는 가계소득만족도의 PBOC 조사는 임금 변동을 포착하는데 더 잘했다. NBS 데이터의 차분한 기폭에 대비해서, PBOC의 소득 조사는 임금에 있어서 더욱 더 믿음직한 변덕스럽게 움직이는 이야기를 말한다. 특별히, 조사 데이터는 2009년 발생한 임금 성장에 있어서 현재 소득 민감도지수가 2008년 1분기에 64로 높은 지점에서 2009년 2분기에 낮은 45로 하락하면서 붕괴를 발생시킨다.

표에서가 아니라 실제로 중국 데이터 공개에 포함되어 있는 것은 가계의 지출, 저축, 또는 투자 선호지수이다. 이 지수의 한가지 유용한 응용은 NBS 소매데이터에 대하여 교차점검이다. 소매판매데이터는 가계지출 뿐만 아니라 정부와 기업의 지출도 또한 포함한다. 그러나 만약 가계가 중국인민은행(PBOC) 조사에서 저축을 더 많이 하고 지출은 더 적게 하는 경향이 있다고 말한다면, NBS 데이터가 보여주는 소매판매에 있어서 성장의 가속화는 정부와 기업에 의한 지출로부터 도래한다는 것은 공정한 추측이다. 2010년 2분기에, 데이터는 더 저축을 많이 할 의도를 가진 45.7%와 비교해서 가계의 단지 18%만이 그들의 소비수준을 증가시키려는 의도가 있다. 이는 2010년 3분기에 소매판매에서 지속적인 강한 성장은 가계 지출 증가로부터 모두 오는 것은 아니다라는 것이다.

4. 시장충격

중국인민은행(PBOC) 조사는, 특별히 가계의 인플레이션 기대에 관한, 몇몇 관심지역 정보를 가진다. 그러나 데이터가 단지 분기만 가능하므로, 이는 매일의 교환결정을 알려주지 않는다.

3. 생산자물가지수

- 시장민감도: 높음
- 무엇인가? 생산자물가 변화지수
- 인터넷 상 중국어 뉴스 발간: www.stats.gov.cn/
- 인터넷 상 영어 뉴스 발간: www.stats.gov.cn/english/
- 발간 시기: 다음달 11일 오전 10시, 단, 분기 GDP 데이터 발간과 일치하는 향후에 공개되는 3월, 6월, 9월, 12월 데이터는 제외
- 빈도: 월간
- 원천: NBS
- 개정: 없음

1. 왜 중요한가?

성장의 견인차로 국내소비를 향한 모든 변화의 소문에도 불구하고, 중국 경제는 산업 경제로 남는다. 이윤은 임금보다 더욱 중요하고, 투자는 소비보다 더 중요하고, 기업은 가계보다 더 중요하다. PPI 변화는 CPI처럼 동일한 중국 가계에 직접적인 영향을 가지지 않거나 통화정책 결정에 동일한 직접적인 효과를 가지지 않는다. 그러나 산업 분야가 크게 다가옴에 따라 PPI는 인플레이션 압력의 중요한 측정이다.

2. 데이터가 어떻게 계산되나?

NBS는 약 11,000개 제품에 관한 가격 정보를 수집한다. 데이터는 430개 도시에서 50,000개 기업을 포함하는 조사에서 매달 8일 그리고 18일에 수집된다. 2일 가격의 평균은 계산을 위해 사용된다. 가격 데이터로부터 지수를 얻기 위해 상품들은 총 산출의 가치에서 그들의 몫에 따라 가중된다. 가중치는 2008년부터 2010년까지 산업 상품 판

매에 기초하여 2011년 최근 변화로 매 5년마다 업데이트된다. NBS는 가중치에 관한 데이터를 공개하지 않는다. 하지만 가중치는 총 산업산출에서 상품의 몫과 같이 한다고 밝히고 있다.

3. 데이터 해석

1. 관심의 주목은 생산자물가지수(PPI)의 주요변화이다. 이는 산업 그리고 제조 분야에서 인플레이션 압력의 정도를 측정하는 숫자이다. PPI는 평균적으로 CPI보다 더 높고 더 불안하다. 표 7.4에서, PPI는 동 달 CPI의 3.1%과 비교해서 2010년 5월에 전년대비 7.1%가 증가했다. 높은 PPI 숫자는 중국의 부동산 호황이 철광석, 구리 그리고 다른 투입물 가격에 대해 강한 수요를 이끌어내면서 광산업과 천연자원 가격이 반등한다. 증가하는 상류로 인플레이션 압력의 증거는 2009년의 추가적인 경기부양 이후에 정부로 하여금 정책을 타이트 하는데 압력을 증가시켰다. 그러나 이는 중국인민은행(PBOC)이 첫번째 이자율에 대해 변동했던

표 7.4 생산자물가지수(2010년 5월)

지표	5월		6월	
	절대규모	전년대비 증가(%)	절대규모	전년대비 증가(%)
1▶ **생산제품 생산 가격**	…	**7.1**	…	**5.9**
생산수단 :	…	8.8	…	7.4
채광과 채석(업)	…	31.1	…	32.3
2▶ 원자재	…	13.8	…	11.6
3▶ 공정	…	3.6	…	2.2
생계수단 :	…	1.8	…	1.2
식량	…	3.2	…	2.5
의복	…	1.9	…	1.7
일상용품	…	1.7	…	0.9
4▶ 내구소비재	…	−0.3	…	−0.9

자료: NBS로부터 종합

7~8개월 후에야 비로소 이는 시행되었다.

이론적으로, PPI는 또한 CPI 전망에 대한 가이드로 가치가 있어야만 한다. 어떻게든, 모든 생산재들은 소비재 생산에 투입물이다. 공장의 입구에서 더 높은 가격은 상점에서 더 높은 가격으로 바뀌어야 한다. 사실, 그림 7.5에서 보여주는 바와 같이, PPI는 전체로 일관된 선도 재산들을 가지지 않는다. 중국 경제에서 지난 10년간 인플레이션의 주요 기간인 2007-2008년에, CPI는 길을 이끌었고 PPI는 이를 따랐다. 어떻게 소비자물가가 생산자물가에 앞서 증가할 수 있는가?

- PPI와 CPI는 다른 것을 측정한다. 음식은 CPI 바스켓의 약 1/3을 차지한다. 그리고 관심의 주목은 매우 변덕스러운 가공하지 않은 고기, 어류, 야채의 가격이다. PPI 바스켓에서 식품의 몫은 매우 더 작아지고 있고 그 집중은 가격 움직임이 덜 확연한 가공 음식의 가격에 있다. 렌트, 통신, 교통, 의료 모두 CPI에 있어서 크게 다가온다. 그러나, 생산재의 비용이 이러한 서비스의 비용

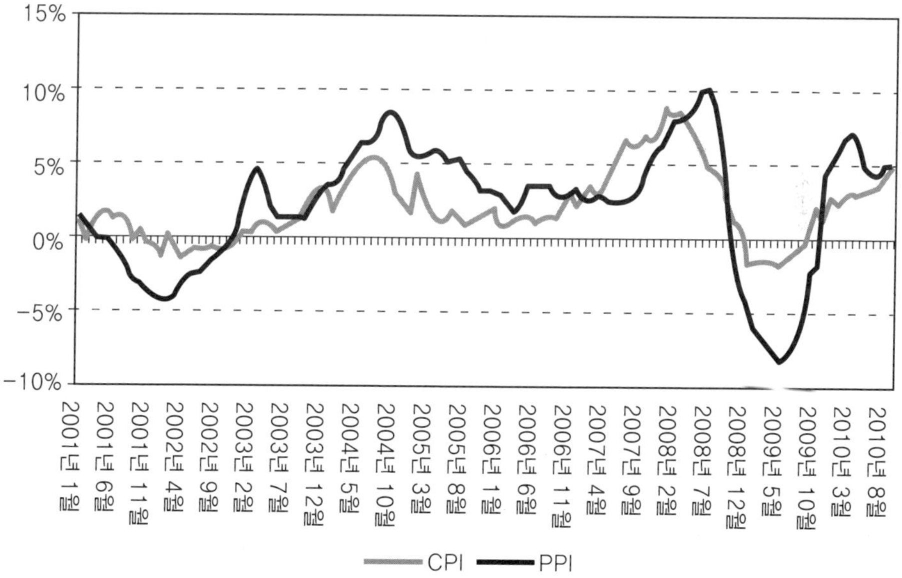

자료: NBS

그림 7.5 CPI 대 PPI(전년대비 %)

으로 직접적으로 전가되지는 않는다.

- 소비자들의 쇼핑 바스켓의 일부를 형성하는 생산자물가지수(PPI) 요소 조차, 생산과잉은 중국의 제조업자들로 하여금 소비자들에게로 더 높은 가격을 전가시키는 것을 막는다. 의류 생산자가격은 2004년 이래로 지속적으로 오르고 있다. 동기간에, 의복에 지불하는 소비자가격은 지속적으로 감소했다.
- 규제된 가격은 또한 생산가격 인플레이션이 소비자들에게로 전가되는 것을 막는다. 석탄과 같은 광산물품 가격은 변덕스럽다. 그러나, 소비자들에게 부과하는 전기가격은 정부에 의해 설정된다. 그래서 광산 물질의 가격이 2010년 5월에 그러했던 것처럼 전년대비 31.1% 증가하였다 하더라도, 그 충격은 CPI가 증가하는 것이 아니라 전기 생산자들에 대한 이윤이 감소하는 것이다.

2. 지수에 상당한 부분을 차지하는 원자재와 광산 그리고 채석장 가격은 매우 변덕스럽다. 원유와 철광석과 같은 상품을 포함하는 이와 같은 범주로, 이라크 전쟁으로부터 호주의 홍수까지 모든 것은 지수에 주목할 만한 효과를 할 수 있다. 상품 시장에 의해 설정된 수많은 원자재 가격으로, 투기자들은 또한 원천적 수요와 공급의 역동과 거의 관계가 없는 길에서 가격을 또한 몰고 간다. 2008년 여름에, 전세계 석유 가격이 배럴당 150 달러를 빠르게 진군하고 철광석 가격이 역사상 최고이었을 때, PPI는 10.1%에서 보합세를 보였다. 일년 후, 세계 금융위기는상품 원자재 주식 매수자가 주식 매도자가 되었다. IMF 연구자들은 전세계 상품가격의 움직임이 PPI의 움직임의 20%를 차지한다고 추정한다.
3. 더 낮고 덜 변덕스러운 가공품의 가격은 중국의 제조업 분야에서 과잉생산을 나타낸다. 공급이 수요를 능가함에 따라, 시장 역동성은 가격상승을 제지한다. 표 7.4에서, 데이터는 가공품의 가격이 단지 2010년 5월에 PPI 전체 증가로 과소 증가해 전년대비 3.6% 증가하였다는 것을 보여준다.
4. 소비자 내구재 비용은 지난 10년간 계속 감소하였다. 이는 저기술 노동자들 임금을 낮게 유지하는 공장 노동자의 과잉공급을 의미하며 제조업자들로 하여금 최

선을 다하게 하는 생산성의 증진을 의미하고 소비자들을 위한 투입 비용을 증가시켜 나가는 것으로부터 생산자들을 막는 과잉생산을 의미한다. 그러나 가격 하락의 정도는 감소하는 추세에 있다. 표 7.4는 2010년 5월에 소비자 내구재 가격이 전년대비 단지 0.3% 하락한 것을 보여준다. 이는 2002년에 낮은 -7.3%와 비교된다. 소비자 내구재의 가격에 있어서 디플레이션에서 인플레이션으로 전환은 시간문제이다. 이는 중국의 수출업자들의 경쟁과 중국 제품을 수입하는 국가들에 인플레이션 압력의 정도를 암시한다.

4. 시장 충격

주식: 주식시장은 PPI를 둘러싸고 논쟁을 한다. 한 면으로, 높은 생산자 가격은 공장에서 그들의 생산물을 더욱 증가시킨다는 것을 의미한다. 그리고 이는 호황의 주식가치를 지지하는 더 높은 이윤을 의미할지도 모른다. 반면, 더 높은 PPI 숫자는 베이징이 사업을 계속하는 신용 잠금 장치를 잠그고 투자가들이 투자를 보류하고 현금을 보유하는(주식에는 나쁜 소식임) 위험으로 산업 분야에서 과열의 신호이다.

상품: PPI의 높은 수치는 정부가 아마도 중국의 용광로에 찬물에 끼얹을지도 모른다는 위험 그리고 철광석과 다른 원자재 수요를 훼손할지로 모른다는 위험으로 상품 생산자들에게는 나쁜 소식이다.

통화: 중국에서 생산자 가격 인플레이션의 주된 견인차의 하나인 수입 상품 비용으로, PPI의 높은 수치는 위안화 평가절상이 더욱 빠르게 진행하는 것을 허용하기 위해 정책입안자들을 압박할 수 있다.

4. 채권시장 수익 곡선

- 시장 민감도: 낮음
- 무엇인가? 재무부 수익과 중국인민은행 부채
- 인터넷 상 중국어 뉴스: http://yield.chinabond.com.cn
- 인터넷 상 영어 뉴스: http://eyield.chinabond.com.cn
- 발간시기: 차이나본드는 18시 45분 경에 거래일 기준수익곡선을 공개함
- 빈도: 시장이 열릴 때 매일
- 원천: China central depository and clearing co.
- 개정: 없음

1. 왜 중요한가?

중국의 채권 시장은 진행 중에 있다. 규제기관, 등급평정기관, 업계단체협회 모두 존재한다. 기업, 재무부, 그리고 중국인민은행 채권 모두 거래가 가능하다. 그러나 정부는 이해하기 쉽다는 이유로 작전에 돌입하기 위해 시장을 허용하는 것을 미루었다. 은행 대출의 폭을 조절하는 것은 경제 성장의 폭을 통제하는 주된 지렛대이다. 만약 기업들이 자본을 늘리기 위해 채권을 발행할 수 있다면, 그들은 은행으로부터의 대출에 의존할 필요가 없다. 그리고 정부의 주된 정책 지렛대는 그의 효율성을 잃게 될 것이다. 그 이유로, 당국은 채권시장의 규모와 참가하는 기구를 계속 단호하게 통제하고 있다. 중국 시장에서 2009년 말에 채권의 총 미제공채(outstanding loans) 가치는 총 미제공채 42.6조 위안과 비교해서 단지 17.5조 위안이다. 주로 정부 소유인 상업은행은 총 발행의 72%를 차지한다. 주로 정부에 의해 소유되는 상업은행은 총 미제 부채의 68%를 소유하고 있다. 최대 거래의 양측면 뒤에 서있는 정부에서, 거래는 때때로 수요와 공급의 역학관계와 거의 관련이 없는 가격에서 발생한다.

중국의 채권시장이 얼마나 이상하게 작동하는지를 보기 위해, 이자율 정책 분야를 간단히 볼 필요가 있다. 중국인민은행은 은행들의 상당한 이윤을 보장하기 위해 중간에서 큰 이윤으로 중국 시장에서 예대금리를 설정한다. 2010년 말에, 상업 은행은 2.75%로 보관소로부터 빌리고 5.81%로 빌려준다. 그것은 은행들에게 적어도 그들이 빌려주는 매 위안화에 3.06% 이윤을 보장하였다. 사실, 은행들이 사실 거의 실제차액에 이자를 지불하지 않는 수요계정에 발생하는 예금의 반 이상은 상당이 그것보다 더 폭넓다. 또한 2010년 말에, 재무부는 1년짜리 증서에 2.15% 수익을 제공하였고 중국인민은행은 2.34%를 제공하였다. 과세 차이 연후에 재무부 수익으로부터 경미한 차이는 또한 고려사항이다.

그들이 동일한 자본을 3.06% 수익에서 사용할 수 있을 때 왜 은행은 그들이 지불하는 1년 매입에 지불하는 것보다 수익이 더 적게 나는 재무부 채권을 구매하려고 하는가? 이 답의 일부는, 채권이 재무부에 의해 발생되기 때문이고 중국인민은행이 위험이 없기 때문이다. 따라서 은행들은 더 낮은 수익을 기꺼이 받아들인다. 재무부와 중국중앙은행 채권은 또한 필요시 매우 유동적이고 현금으로 쉽게 전환이 가능하다. 그러나, 실제 해결책은 대출 제약조건에 대해 은행이 그들이 원하는 만큼 많은 대출을 외부로 강요할 수는 없다는 것이다. 은행들이 그들의 대출 한계를 정하였을 경우, 그들이 가진 어떠한 남은 현금은 고정 수입 시장에서 덜 수익성이 좋은 곳을 찾아간다. 수익은 주된 시장 참여자인 은행의 다른 선택의 부족과 동일한 위험과 보상에 의해 계산된 평가를 반영한다.

주요시장에서 가격이 인위적으로 낮은 수준으로 설정되어서, 유통시장에서 거래는 중요하지 않다. 2009년 중국의 채권시장에서 교역 규모는 상하이종합주가지수 거래의 34.7조 위안(5.1조 달러)와 비교해 5.1조 위안(7,500억 달러)이었다. 비교 관점에서, 특별히 무역 규모가 저조했던 해인 2009년에 미 재무부 시장에서 거래는 약 202.8조 달러 규모였다.

명확히, 중국 채권시장은 미국 채권시장과 다르다. 그리고 수익곡선의 모양은 미래의 경제 경로를 예측하기 위한 동일한 이상한 용량을 가지지 않는다. 그러나 중국 채권 시장에 투자하는 은행의 이윤과 손실은 여전히 중국인민은행에 의해 설정된 기준이자율 안에서 움직이며 인플레이션 변화에 영향을 받는다. 중국 수익곡선은 그의 미국 사촌에 속한 시장 견해에 대한 민감한 반응은 아닐 지도 모른다. 하지만 중국수익 곡선은 수천만 전문 투자가들의 견해를 반영한다. 이들 가운데 상당 수 투자자들은 중국인민은행과 강한 유대관계를 가지고 기관에서 일하고 있고, 이들 투자자들은 매일 약 100억위안을 움직인다. 이는 인플레이션과 이자율 전망에 관한 시장 견해를 가장 민감하게 반응하는 중국 화폐정책에서 카나리아를 만든다.

2. 어떻게 데이터가 계산되나?

중국의 고정임금 시장에서 거래는 은행간 단기자금시장(인터뱅크시장)과 외환시장의 두 가지 플랫폼으로 나누어져 있다. 그러나 대부분의 활동이 인터뱅크시장에서 발생하므로 이는 지켜보아야 한다. China Central Depository and Clearing Co.(간단히 Chinabond)는 모든 인터뱅크 시장 거래에 있어서 사회복지관이다. 여기서 사회복지관이라고 명명한 것은 발생하는 모든 거래에 관한 데이터를 가지고 있음을 의미한다. 매 거래 날 말에, 차이나본드는 발생한 모든 거래를 검토하고 곡선 각 점을 위한 대표적 수익을 관찰한다.

중국의 수익 곡선을 만드는데 있어서 거래가 일부 역할을 한다기 보다는 주된 이유 판단은 거래가 때로는 현장에서 얇다는(thin) 것이다. 가장 활동적으로 거래되는 중국인민은행 보고서를 위한 시장에서 조차, 시장은 일년에 한번 미만으로 회전한다. 2009년에, 재무부 채권의 회전율은 미제가치의 6% 미만이다. 그것은 그 해에 28번 자체시장 자본총액에서 거래된 미국 재무부 시장과 비교한다. 중국 재무부 부채의 만기를 위해, 몇몇 일에, 어떠한 거래도 발생하지 않을지도 모른다. 이러한 만기를 위해, 중국채권(Chinabond)은 더 짧은 그리고 더 긴 기간 만기 거래에 기초하여 수익을 계산하는데 공식을 가진다.

시간이 흐르면서, 더 높은 거래규모로 더욱 성숙된 시장은, 수익곡선을 만드는데 판단하기 위한 몇몇 역할을 벗겨낼 것이다. 그때까지, 중국의 수익곡선이 제한된 무역들의 집합에 기초하여 계산되었다는 사실은 경제 전망의 지표로 그의 가치를 깎아내리는 하나의 요소이다.

3. 데이터 해석

재무부 수익 곡선

채권 수익은 투자자들이 이를 보유하기 위해 받는 수익을 나타낸다. 전형적으로, 투자자들이 보통의 단기부채 보유수익과 장기부채 보유로 더 큰 불확실성에 직면해 더 높은 수익을 요구하면서, 수익 곡선은 상향하는 기울기를 가지고 있다. 재무부 부채를 위해, 장기매체를 보유하는 위험은 채무불이행의 위험이 아니다. 재무부에 의해 발행된 부채는 (그리고, 그 문제라면, 중국인민은행과 정책은행에 의해) 사실상 위험이 없는 것으로 간주된다. 문제가 되고 있는 것은 경제 전망에 관한 불확실성이고 인플레 이션 변화의 위험은 이자율을 높일 것이다; 그들이 예금자들에게 높은 이자율을 지불해야 하는 반면 은행들은 저수익채권에 관한 소득이 지속적으로 남을 것이다.

따라서 수익곡선의 기울기는 경제 전망과 이자율에 관한 투자자들의 견해에 대해 많이 이야기를 한다. 더 가파른 상향 기울기 곡선은 투자가들이 경제가 과열의 위험에 있다라고 믿게 한다. 그리고 이로 인해 기준 이자율 증가의 강한 기회가 존재한다. 곡선의 더 평평한 기울기 또는 평평한 혹은 하향 기울기 곡선은 투자가들로 하여금 경제가 느슨하다는 것을 믿게 한다. 그리고 이 기준 이자율은 변동이 없도록 설정되었고 정부가 경기부양 성장을 시도하기 위해 이자율은 떨어지게 된다.

2007년 8월초 경제는 연속 일곱 번째 분기의 두 자리수 성장으로 급성장하였다. 그리고 인플레이션도 증가 추세이었다. 그림 7.6이 보여주는 바와 같이, 곡선 가파름의 측정인 1년 채권수익과 10년 채권수익 간 스프레드가 1.31%로 벌어짐으로 수익곡선은 가파라졌다. 더 가파른 기울기는 시장이 과열을 걱정한다는 것을 제시하고 중국인

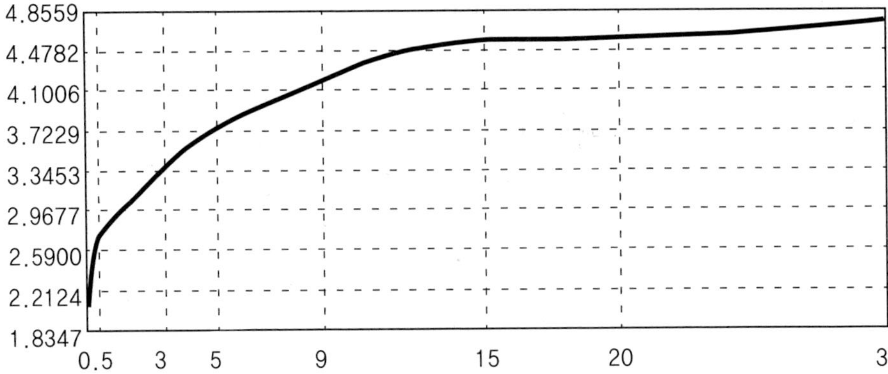

자료: Chinabond로부터 종합

그림 7.6 재무부 수익곡선, 2007년 8월 1일

민은행으로부터 또다른 이자율 급상승을 제시한다. 8월 22일에, 중앙은행은 1년 예금 이율을 3.33%에서 3.6%로 충분히 증가시키는 레버를 당겼다.

2008년 10월에, 세계경제는 붕괴 직전에 허공을 맴돌았고 중국 경제의 미래는 누구도 확실히는 모르는 것이다. 그림 7.7이 보여주는 바와 같이, 수익 곡선은 1년 짜리 채권수익과 10년 짜리 채권수익 사이에 0.25% 정도 떨어진 스프레드로 평평했다. 더 평평한 곡선 기울기는 시장이 성장에 관심을 보였다는 것을 의미하고 이자율 하락에 값을

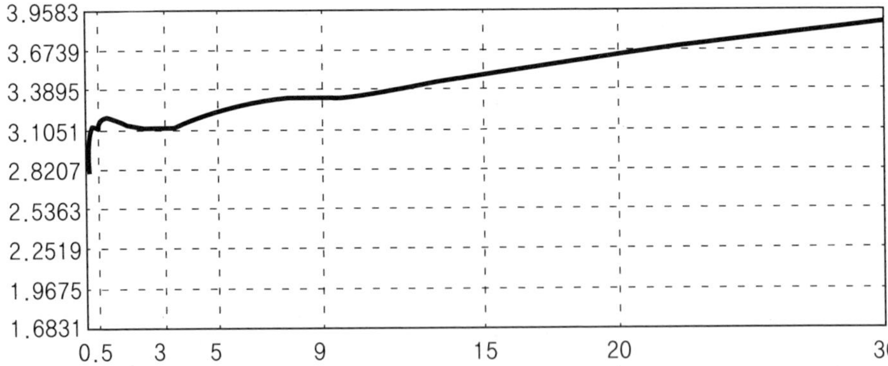

자료: Chinabond로부터 종합

그림 7.7 재무부 수익곡선, 2008년 8월 8일

정한다는 것을 제시한다. 물론, 10월 말에, 중국인민은행은 1년 예금이율을 4.14%로부터 3.87%로 함으로 세번째로 기준 대출금리를 줄였다. 연말 전에 두 번 더 삭감하였다.

1년 중앙은행 어음 수익

재무부 부채 수익 곡선의 기울기는 중국 채권 시장에서 유일한 미래를 보는 점쟁이는 아니다. 그 시장에서 무역은 또한 수가 적음으로 이것은 반드시 가장 믿을만한 것은 아니다. 중국인민은행의 1년짜리 어음에 대한 발행시장 수익은 채권시장 참가자들에게 중앙은행의 이자율에 관한 의도의 지표로 간주된다. 생각은 간단하다. 예금이율은 중국의 은행 자본 비용을 나타낸다. 만약에 1년 수익이 1년 예금이율보다 높다면, 중국인민은행은 무위험 수익율을 은행들에 준다. 그것은 부자연스러운 상태의 일이다. 1년 수익이 1년 예금이율 이상으로 증가한다면, 중국 고정소득(채권)을 따르는 소수 투자가들은 중국인민은행이 이자율을 올리려고 한다는 명백한 신호로 해석된다. 그림 7.8이 보여

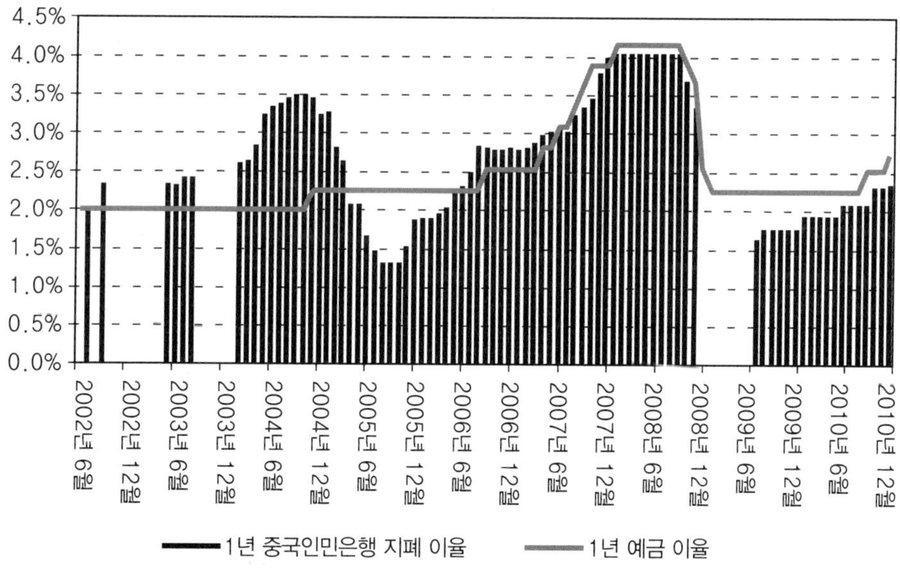

자료: 중국인민은행, 저자의 계산

그림 7.8 1년 예금 이율 대 1년 중국인민은행 지폐 이율

주는 것 과 같이, 2004년 10월, 2006년 8월, 2007년 3월에, 중국중앙은행 어음 수익 증가는 이자율 움직임을 예상했다. 1년 수익이 2010년 말에 이자율 증가에 앞서 움직이지 않았다는 사실은 중앙은행이 관여되지 않으면서 몇몇 분석학자들에게 국무원(state of Council)으로부터 이율을 높이는 결정에 대한 신호라고 해석이 되었다.

단기 이자율

몇몇 투자가들도 또한 통화정책에 관한 중국인민은행이 의도하는 지표로서 단기이자율에 관심을 집중한다. 화폐시장율 혹은 은행간 단기자본이율(인터뱅크이율)로 또한 알려진 단기 이자율은, 1일부터 몇 주간 단기에 주로, 은행들이 서로서로 자금을 빌려오기 위해 지불하는 이자율을 나타낸다. 7일 기준금리는 유동성 상태에 대해 민감하게 반응한다. 그러나, 7일 기준금리는 많은 요소들에 의해 영향을 받았고 다른 영향으로부터 중국인민은행 사업운용의 계획된 충격을 구별하기란 어렵다. 투자가들이 가입하기 위해 몰려옴에 따라 금융제도로부터 돈을 빼내는 주식상장(IPOs)은 단기성 자금(hot money)을 유입 그리고 유출하게 한다. 재정 예금의 이동은 중앙은행의 신중하게 계획된 공개시장조작과 예금준비율의 사용보다 단기 이자율 충격에 더욱 더 주목할 만하다.

단기 이자율에 주식상장(IPO)의 충격은 중국 경제에 특수하고 특별히 주목할 만하다. 주식상장에서 주식 가격은 회사 내부자들, 전략적 투자자들, 그리고 가입으로 한 몫을 얻은 매우 행운인 어떤 사람에게 큰 이윤을 보장하는 그리고 전형적으로 거래 첫날 상승함을 보장하는 수준에서 결정된다. 결과는 투자가들이 가능한 많은 자금을 가입하기 희망하도록 결집시킴에 따라 IPO에 앞선 대용량 유동성 유출이다. 2007년 10월 페트로차이나 IPO는 가입하기에 줄을 선 3.3조 위안 자금이었다. 이는 은행제도에서 예금의 8%와 같다. 그림 7.9가 보여주는 바와 같이, 유동성에 있어서 결과는 7일 기준금리가 10% 이상 급증하였다. 그와같은 것들은 실망하지 않은 일종의 행동을 얻기에 충분히 운이 좋다. 페트로차이나의 주식가격은 거래 첫날 급증하였다.

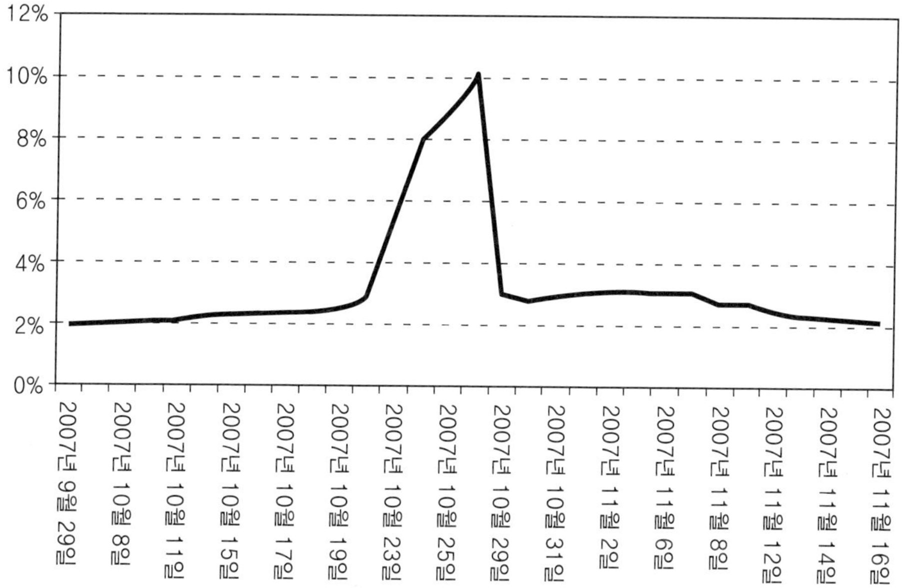

자료: 차이나 머니(China Money)

그림 7.9 7일 기준금리 페트로차이나 IPO에서 급등

4. 시장충격

중국채권시장의 한가지 유용한 특성은 투자가들이 다소 냉정하고, 전문가가 많고, 루머에 의해 쉽게 휩쓸리지 않는다는 것이다. 이것은 많은 초보소매투자가들이 우세한 역할을 하는 중국 채권시장과 대조되는 극명한 차이이다. 중국인민은행의 화폐정책 위원회의 학술 멤버들로부터 연설을 하기 위한 홍콩 언론발 어떠한 루머도 상하이종합지수를 몇 퍼센트 상하로 요동치게 할 수 있다. 이는 중국의 채권시장을 움직이기 위해 조금 더 실질적이다. 이자율의 움직임에 관한 소문이 중국의 채권시장을 급하게 상하로 움직이게 한다면, 어떻게 채권시장이 반응하는지를 훑어볼 가치가 있다. 만약에 수익이 움직인다면, 이는 채권투자가들에게 예민하게 하는 신호일 뿐만 아니라 루머를 심각하게 하는 감정을 잘 드러내지 않는 채권투자가들 신호이기도 하다.

CHAPTER 08

금융지표

1. 금융기관의 자금의 원천과 사용

- 시장민감도: 높음
- 무엇인가? 중국 은행들의 대출과 예금 변화의 월간 기록, 1억 위안화로 공개
- 인터넷 상 중국어 뉴스: www.pbc.gov.cn/
- 인터넷 상 영어 뉴스: www.pbc.gov.cn/publish/english/963/index.html
- 발간 시기:다음 달 10일과 15일 사이에 초기 데이터 공개; 다음 달 19일경 완성된 표들이 업데이트됨
- 빈도: 월간
- 원천: 중국인민은행
- 개정: 없음

1. 왜 중요한가?

레닌은 '모든 사회주의경제는 매우 큰 하나의 은행이 필요하다'고 말했다고 보고되었다. 중국인민공화국에서 그의 지적 계승자들은 아마도 정통의 길로부터 먼 길을 벗어났을 지도 모른다. 그러나, 이 한 점에서, 그들은 현상을 유지하였다. 중국 경제는 은행에 기반한 경제이다. 금융제도에서 두드러진 총 대출은 모든 국채현재고와 상하이와 선전 거래소의 시장자본총액의 결합된 가치보다 더 크다. 중국공상은행, 중국은행, 중국건설은행, 중국농업은행과 같이 매우 큰 은행들은 모두 나열되어 있다. 그러나, 중국은 통제이자를 보유하고 있다. 모든 주요 은행들의 수장들은 중국 국무원에서 임명된 상업 그리고 정부 부분을 통틀어 모두 경력을 지닌 공산당원들이다.

대출기관과 차입자들 사이에 중재하는 은행들의 우세한 역할과 은행 부분의 행동에서 정부를 위한 통제 손은 경제성장의 속도와 방향을 지시하는 강한 방법을 베이징에 준다. 2008년 말에, 세계 나머지 국가에 폐렴에 걸리도록 협박하는 월가의 재채기로, 관심은 초기에 중국경제가 필요로 하는 면역으로 추가적 재정지출로 4조 위안의 약속에 주목하였다. 그러나, 이는 새로운 대출에 있어서 특효약 17.4조 위안이었다. (2009년에 9.5조 위안, 2010년에 7.9조 위안) 심지어 나머지 세계의 국가들이 경기 후퇴로 미끄러져 들어가는 가운데, 신규 대출 거래량은 성장을 정부의 8% 목표 이상으로 유지하는 투자 호황에 자금화하였다.

2. 데이터가 어떻게 계산되는가?

베이징의 금융거리를 걸어 다니면 상업은행들과 중국인민은행들 사이의 긴밀한 관계를 분명하게 한다. 중국의 모든 주요 상업은행은 중국인민은행과 걸어서 가까운 거리에 본사가 위치해 있다. 중앙은행은 그 은행들과 지속적인 접촉을 하고 있고 예금과 대출의 변화에 대한 빈번한 보고를 받는다. 이러한 보고서들은 금융부분의 대차대조표의 짤막한 묘사를 주기 위해 매달 편찬된다.

그러나, 그 빈번한 커뮤니케이션이 데이터가 아무 문제가 없다는 것을 의미하지는 않는다. 새로운 대출 데이터를 해석하는데 한가지 어려움은 은행의 정부에 의해 설정된 연간 대출 쿼터를 운영하기 위한 은행 측의 시도는 재무제표에 나타나지 않는 대출에 있어서 급속한 성장을 초래했다. 이것은 효과적으로 총 신용거래에 추가된다. 그러나 이는 중국인민은행 대출 데이터에 기록되지 않는다. 2010년에 중국인민은행은 공식적인 총 7.9조 위안에 추가로 중요하게 들어오는 뒤늦은 약 1.5조 위안에 달하는 재무제표에 나타나지 않는 대출을 승인하였다.

2011년에 새로운 발전에서, 중국인민은행은 "사회금융(shehuirongzi)"을 위한 분기 숫자의 발표를 시작하였다. 이는 주식상장(IPO)과 채권 판매로부터 모은 신탁회사와 자본에 의해 발행된 대출금을 포함한다. 부분적으로는 이는 은행들에 의해 재무제표상에 나타나지 않은 승인의 창작품을 중국인민은행에 의해 포획할 필요를 인식하는 것이다. 은행융자가 재무를 위한 우세한 수단으로 남는 반면에 주식과 채권 시장은 더 큰 역할을 가정하고 있고 이러한 분야에서 발전을 기록하는 것은 더 완전한 신용 조건을 제공한다. 이는 또한 이를 인식하는 것이다.

3. 데이터 해석

1. 시장은 정당한 이유로 중국의 대출 데이터에 사로잡힌다. 새로운 대출은 중국 경제에서 주된 원천이고 성장 속도와 인플레이션 수준의 주요 인자이다. 대출의 속도를 조절하는 것은 정부가 경제를 지속적으로 통제하기 위한 주된 장치의 하나이다. 은행들은 그 해 얼마나 많이 대출할 수 있는지 대답하고 규제기관은 전망에 따라 쿼터를 엄격하게 하거나 관대하게 하거나 한다. 상당히 많은 신규 대출은 투자의 가치에 직접적으로 영향을 주면서 또한 주식과 부동산 시장에 불법적으로 투입되었다.

   그림 8.1이 보여주는 바와 같이, 대출은 강한 계절패턴을 따르고 은행들은 일반적으로 그 해에 정확히 같이 성공적으로 시작한다. 2009년에, 1월 신규 대출은 1.6조 위안으로 상승하였고 이는 그 해 총 16%를 차지한다. 2010년 1월 첫 두 주

표 8.1 부문별 금융기관의 펀드 원천과 사용 요약(2010년 2월)

	품목	2010.01	2010.02	2010.03
	자금 원천			
4▶	총 예금 :	612877.3	622436.8	
	1.가계 예금 :	267079.3	282726.8	
5▶	(1) 수요 & 임시예금	100502.2	107019	
	(2) 시간 & 신용장 개설 보증 예금	259215.2	255098.8	
	2.비금융법인기업의 예금	160263.8	153543.4	
	(1) 수요 & 임시예금	98951.35	101555.4	
	(2) 시간 & 임시예금			
	[···]			
	총 자금 원천			
	자금사용			
1▶	총 대출 :	413679.6	420678.4	
	국내 대출 :	413413.1	420478.5	
	1.가계대출	88231.94	90226.18	
	[···]			
	2. 비금융법인기업과 다른 섹터를 위한 대출 :	325181.2	330252.3	
2▶	(1) 단기 대출과 고지서금융(bill financing) :	141031.7	141252.8	
2▶	단기 대출	118978.7	120946.6	
2▶	고지서금융(bill financing)	22053.03	20306.17	
2▶	(2) 중간 & 장기 대출	176949.9	182029.8	
	[···]			
3▶	외국환 구입 입장	196094.1	197889.1	
	총 자금 사용	697197	705516.1	

자료: 중국인민은행으로부터 종합

에 신규 대출은 매우 높아서 중국인민은행은 은행분야 지급준비율(RRR)을 높임으로 강제로 위협사격을 하도록 강요되었다. 대형 은행 중의 한 곳의 대출담당자는 1월 급등의 이유에 대해 다음과 같이 설명했다: “당신은 누가 최고의 고객인지 안다. 그리고 당신은 그해 대출 할당이 무엇인지를 안다. 당신은 당신의 최고의 고객에게 가서 말한다, '얼마의 가격을 원하시나요?' 그들은 그것 모두를 요구한다. 그리고 당신은 그것 대부분을 준다. 나머지 연도는 남은 것들을 고생해서 모으기 위해 서로 경쟁하는 당신의 다른 고객들이다."

1월에 미친 듯이 경쟁한 이후에, 대출 담당자들이 분기 재무보고서에 앞서 그들의 실적을 높이기 위해 보통 3월과 6월에 대출은 최고점으로 그 해 상반기에 높게 남아 있다. 그 해 하반기까지, 대출시 가장 믿을 수 있는 고객들은 그들 보유의 자금을 가지고 있다. 대출 담당 직원들은 그 해 목표를 설정하고 은행들은 그들의 대출 할당의 한계를 치받고 있다. 대출은 3분기에 서서히 줄어들기 시작하고 따라서 4분기에 신규 대출은 조금밖에 되지 않는다. 이러한 연간 대출 순환은 그 경제에 있어서 특별히 강건하지 않다. 그해 초기에 신용잔치를 위해 그리고 연말에 대출 기근을 위해 은행들의 운용환경 밖에 좋은 이유는 없다. 그러나 이는 월간 대출 데이터를 해석할 때 기억할 필요가 있는 사실이다. 1월, 3월, 또는 6월에 대규모 신규 대출은 성장이 급등하는 것을 의미하지 않는다; 유

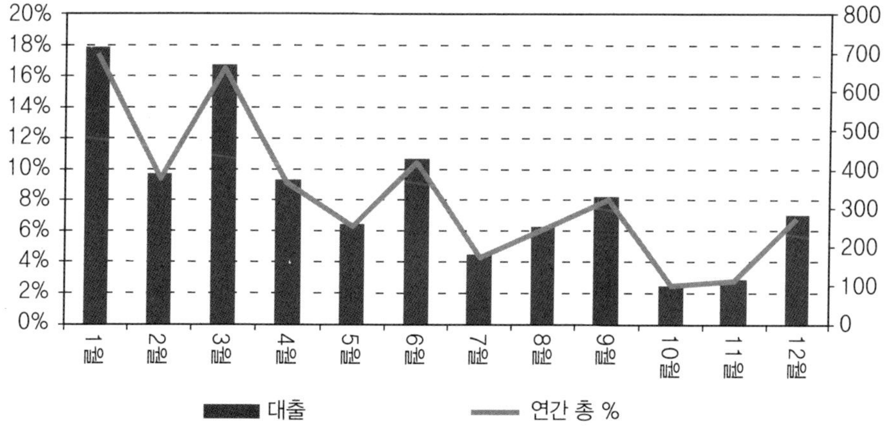

그림 8.1 평균 월간 신규 대출, 2004–2009(10억 위안)
자료: 중국인민은행, 저자의 계산

사하게 10월, 11월, 12월에 신규 대출 급락은 경제가 끝나려 한다는 것을 의미하지 않는다.

2. 데이터는 단기 대출, 중기 그리고 장기 대출과 요금납부식 융자(bill financing) 사이의 신용의 결렬을 또한 포함한다. 사업을 위한 중기 그리고 장기 부채는 산업, 사회기반시설, 그리고 부동산에 자금을 공급한다. 단기 부채와 요금납부식 융자(bill financing)는 단기 운영 비용을 위해 사용된다. 요금 납부식 융자의 수준은 1개월 발행되고 몇 달 후에 만기가 되는 대량의 신규 고지서(bill)로 전환 가능하다. 대출 데이터는 순수 기준(net basis)으로 공개된다. 그래서, 이러한 단기 지폐(note)가 만기가 도래하면, 그들은 총 신규 대출로부터 차감된다. 그림 8.2에서 보여주는 바와 같이, 만기가 도래하는 단기 고지서로부터 빠져 나오는 것은 신규대출의 총 양에 주목할 만한 충격을 가져올 수가 있다. 2009년 여름에, 중국인민은행 데이터는 6월에 1.53조 위안으로부터 7월에 3,550억 위안으로 폭락한 총

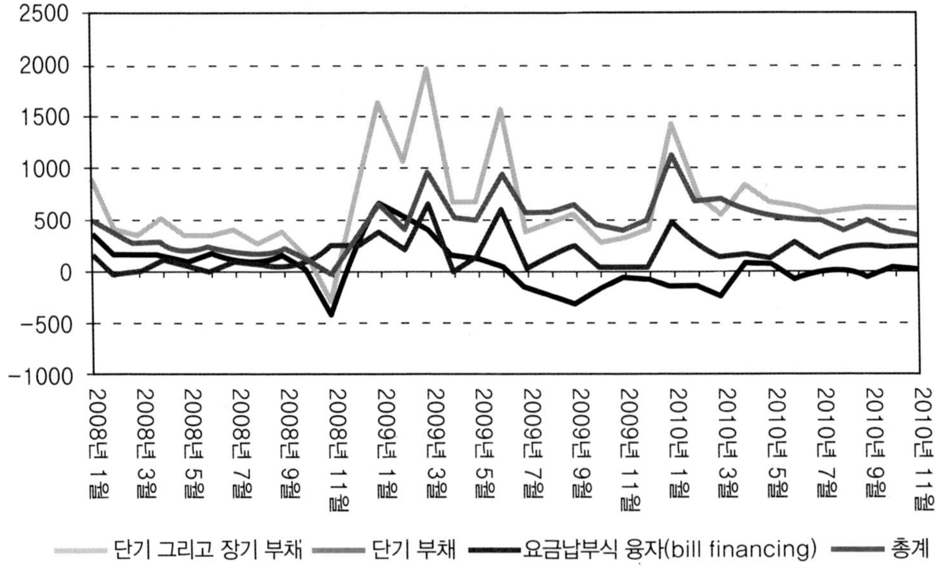

그림 8.2 신규 대출의 구성(10억 위안)
자료: 중국인민은행, 저자의 계산

신규부채를 보여준다. 그러나, 상이한 만기 사이에 그 붕괴를 얼핏 보면, 중기 부채와 장기 부채는 상대적으로 안정적이라는 것이 밝혀졌다; 대규모 단기 부채와 만기가 도래하는 청구서 총 감소를 설명했다.

3. 중국 수출업자들이 그들 제품에 대한 대가로 받은 달러와 다른 외국환은 수입품 지불로 사용되거나 위안화로 전환되어 국내 경제에서 사용된다. 이는 은행들의 외국환 구매가 경상수지 흑자와 기본적으로 같아야 한다는 것을 의미한다. 월간으로 공개되기 때문에 외국환 구매에 관한 은행 데이터는 분기별 경상수지와 외환보유 데이터 보다 나머지 국가와 중국의 균형에 관한 보다 시기 적절한 통찰력을 제공한다.

   표 8.1에는 포함되어 있지 않지만 중국인민은행의 데이터 공개에 포함되어 있는 것은 외화차입금 총액이다.

   - 외화 차입금은 신규 대출을 위한 주요 숫자에 포함되어 있지 않다; 단지 그들을 합침은 얼마나 많은 신용이 확장되어 있는지의 완전한 수치를 우리는 얻을 수 있다. 외화 차입금은 때때로 엄청나게 총액에서 추가되거나 차감된다. 2009년 6월에, 중국의 은행들은 이미 위안화 대출 데이터로 거대한 1조 5천억 위안으로부터 엄청난 1조 7천억 위안 데이터까지 총 신규대출을 통해 외화차입금에서 370억 달러(2,510억 중국위안)를 조성하였다.
   - 외화차입금에 대한 욕구는 위안화 평가절상 기대와 밀접하게 연결되어 있다. 만약에 차입자들이 위안화가 평가절상되어 질 것이라고 기대하면, 이는 상당한 양의 돈을 빌려오는 것이 이해가 간다. 방식은 위안화로 바꾸어서 위안화가 평가절상되기를 기다리고 일부를 달러로 더 환전해서 대출금을 갚고 차액을 착복한다. 높은 수준의 외화차입금은 차입자들이 강한 위안화 강세가 도래하기를 기대하는 것을 의미한다.

4. 시장 주목의 즉각적인 관심은 항상 신규 대출 성장에 있다. 그러나 거대한 중국 은행 시스템에 있어서 예금계좌의 증가는 또한 흥미와 논란의 근원이다. 절약에

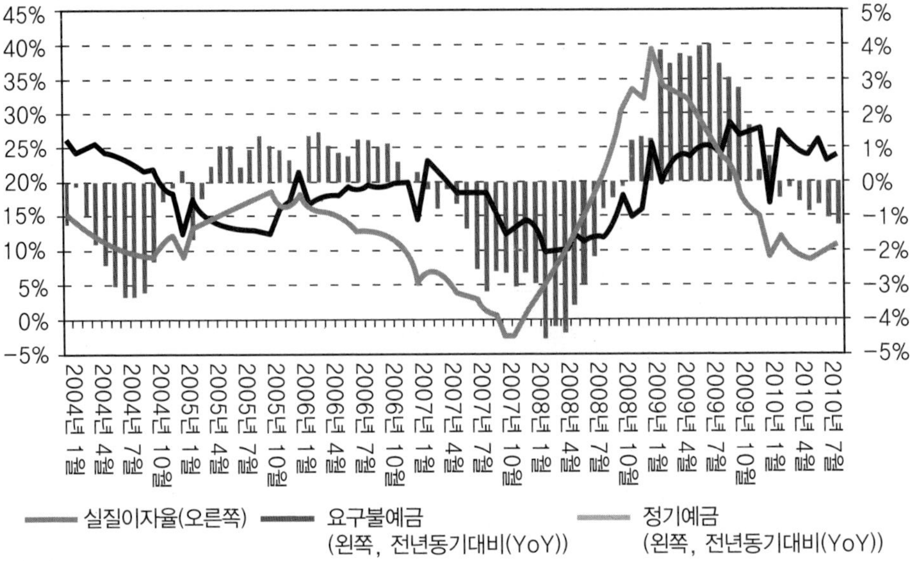

그림 8.3 실질 이자율 성장 대 가계 요구불예금 성장과 정기예금 성장
자료: 중국인민은행, 저자의 계산

관한 문화적 경향, 불충분한 복지상태, 주택 계층(housing ladder)에서 걸을 수 있게 하는 거대한 액수를 절약하게 할 필요성은 경이로운 수준으로 중국의 가계 저축을 끌어 올렸다. 2009년에, 평균 도시 가계는 그의 소득의 약 30%를 저축했다. 위기가 반전될 때까지 강요되는 부정적인 영역에서 그것은 미국의 저축률과 비교한다.

중국의 가계저축은 본토의 성장 스토리에서 주요 부분을 차지한다. 저축인에 의해 축적된 자본을 우선 프로젝트에 보냄으로, 베이징은 근대 산업 기지와 공공 인프라의 건설에서 급격한 추적의 게임을 할 수 있었다. 그러나, 급격한 성장의 이득 외에도, 가계 저축자들은 그들의 근검절약에 대해 거의 보상을 받지 않았다. 지난 10년 동안, 예금자들에게 지불되는 이자율 빼기 소비자 물가변화를 의미하는 실질 이자율은 평균적으로 마이너스였다. 이는 산업 분야에게 할인된 자본의 공급을 보조하기 위해 중국의 가계들이 그들 소유 저축에 세금을 지불하고 있다는 것을 의미한다.

실질이자율의 변화 또는 실질이자율 변화의 기대는 가계들의 정기예금과 요구불 예금 사이의 선택에 영향을 미친다. 만약 가계들이 실질이자율이 음의 영역으로 이동할 것이라고 생각한다면, 그들 가계들은 정기예금으로부터 인플레이션이 그들의 가치를 없애버리기 전에 자금을 빼내서 그들이 접근할 수 있는 요구불예금에 집어 넣을 것이다. 만약에 그들이 생각하기에 실질 이자율이 양의 영역으로 움직인다고 생각한다면, 그들은 그들의 자금을 정기예금에 보관함에 따라 약간의 추가적인 위안화를 얻을 수 있어서 기쁠 것이다. 이는 정기예금과 요구불예금의 상대적 성장률이 가계의 인플레이션 기대감을 측정하는 측정기라는 것을 의미하고 또한 소비자물가지수의 예측에 관해 생각하는 유용한 길임을 의미한다. 가계 정기예금 성장률은 2007년 초에 실질이자율을 음의 영역으로 몰아넣는 인플레이션 상승 기대감으로 2006년에 감소하였다. 2009년에, 소비자 물가 하락으로, 가계는 은행 대출에 있어서 대규모 급등으로 인플레이션 위험을 보았고 정기예금 성장의 속도가 줄어들고 있음을 보았다. 2010년 10월에, 지난 9개월 동안 실질이자율이 음의 영역으로 이동함에 따라 그리고 인플레이션이 상승함에 따라 가계들은 퇴장하여 반대의사를 표시하였고 은행부분으로부터 기록적인 7천억 위안을 인출하였다. 은행부분으로부터 그와 같은 이탈의 위협은 그들 가계의 예금이 안전하다는 것을 재확인 시킴에 따라 정부로 하여금 이자율에 대한 기대 보다 더 빠른 움직임을 하도록 밀어 부쳤다.

4. 시장 충격

주식: 신규대출은 세가지 경로를 통해 주식시장에 영향을 미친다. 첫째, 대출이 더 높아질수록, 기업이윤을 높임으로 그리고 주식 가치를 상승시킴에 의해 더 높은 투자에 기여하고 더 높은 소비에 기여한다. 둘째, 신규대출은 은행의 수익에 직접적으로 추가된다. 따라서 은행들은 상하이 종합주가지수와 항셍 지수의 가장 중요한 단일 요소이

다. 셋째, 약간의 대출은 시장에서 투기 자금을 공급하는데 불법적으로 사용된다. 2007년 2월에, 중국국무원은 상하이에 투기 목적의 불법 대출 사용을 조사하기 위한 팀을 파견하였다. 상하이 종합주가지수는 다음날 8.8% 하락하였다. 그 하락은 중국 꼬리가 미국 강아지를 흔드는 첫 번째 시간들 중의 하나인 S&P 3.5% 하락의 계기가 되었다. 2009년에 시중에 나돌고 있는 이야기는 그 해 상반기에 대출된 7조 위안 가운데 1조 위안이 주식시장으로 향하는 길에 발견되었다. 중국은행감독관리위원회(CBRC)가 한 팀을 조사하기 위해 보냈었다는 기사는 시장 급등의 일시적 반전을 초래했다.

상품: 신규대출과 투자와의 관계는 상품시장이 또한 데이터를 밀접하게 관찰하고 있다는 것을 의미한다. 강한 신규대출은 인프라 프로젝트, 생산적 용량, 부동산 분야에 더 많은 투자를 의미한다. 그것들 모두는 더 많은 원유, 철광석, 구리의 수요를 의미한다.

화폐: 신규대출 데이터는 정부의 환율에 대한 의도에 거의 단서를 제공하지 않는다. 그러나 외국 통화 대출이 더 많아지는 것은 시장이 사전에 급격한 평가절상을 예견한다는 것을 의미한다. 호주 달러와 같은 상품 통화(commodity currency)를 위해 그리고 한국의 원화와 싱가포르 달러에서 중국의 성장을 위한 대리변수를 위해 높은 신규 대출 숫자는 상승세일 수 있다.

2. 화폐 공급

- 시장민감도: 높음
- 무엇인가: 1억 위안으로 공개되는 중국 경제에서 월간 통화량의 지표
- 인터넷 상 중국어 뉴스: www.pbc.gov.cn/publish/main/index.html
- 인터넷 상 영어 뉴스: www.pbc.gov.cn/publish/english/963/index.html
- 공개시간: 이듬 달 10일과 15일 사이
- 빈도: 월간
- 원천: PBOC
- 개정: 없음

1. 왜 중요한가?

중국의 화폐공급은 제방에 홍수를 위협하는 양쯔강과 같다. 양쯔강은 장마를 가지고 있어서 봄의 진흙투성이 시작이 여름의 급류로 전환시킨다. 중국의 화폐공급을 위한 등가물은 경상수지 흑자의 안정적인 흐름이다. 경상수지흑자로부터 지속적인 유입은 중국의 화폐공급의 관리 성장을 속임수 사업으로 만든다. 경상수지가 갈림길로부터 인플레이션 급류로 흘러가게 하는 것을 막는 것으로 기소된 기술자들은 중국인민은행이다. 일반적으로, 중앙은행들은 매우 잘해왔다. 공개시장조작과 지급준비율(RRR)의 적극적인 사용은 은행으로부터 더 높은 대출로 그것이 되기 전에 유통에서 현금을 공제함으로써 유입의 충격을 막았다. 화폐 공급의 증가는 지난 10년 동안 평균 18% 지속되어 왔다. 그러나, 중국인민은행은 그렇게 항상 엄격하지는 않다. 성장을 위한 단기 촉진 그리고 지속되는 증권 시장으로 하지만, 더 높은 인플레이션에 지불되는 장기 비용으로 화폐 공급 강(river)은 그의 둑을 깨는 것을 때때로 허용되어 왔다.

2. 어떻게 데이터가 계산되는가?

중앙은행은 예금 조직(주로 은행들)으로부터 화폐 공급에 관한 데이터를 수집한다. 데이터는 세가지 상이한 범주로 나누어 진다.

- **M0**: 실제로 유통되는 지폐와 화폐
- **M1**: M0+요구불 예금
- **M2**: M1+정기, 저축, 기타 예금

중국경제에서 화폐의 양을 세는 것은 매우 간단하고 문제를 일으키는 경향이 있는 일종의 연습이 아닌 것 같다. 사실, 중국의 화폐 공급 데이터는 경제의 발전에 정통하지 않다. 그리고 이는 데이터에 두가지 왜곡을 가져다 준다. 첫째, 가계의 정기 예금과 요구불예금은 M2의 부분으로 구분된다. 이는 가계 예금이 현금화 되기 쉽지 않을 때, 초기로 거슬러 올라간다. ATM과 온라인 뱅킹의 시절에 가계 요구불예금은 매우 현금화 하기 쉬워서 그들의 M1으로부터 배제는 일종의 일탈적인 행동이다. 둘째, 데이터는 전통적 은행예금제도에서 자금을 꺼내는 금융상품에서 신규 발전(new developments)의 충격을 알아차리는데 실패한다. 은행 제도에서 예금자들을 위한 이자율은 인위적으로 낮은 수준에서 정부에 의해 선택된다. 이 문제를 해결하기 위해서 은행들은 저축자들에게 더 높은 율의 대가를 제공하는 재무관리상품을 만들었다. 이와 같은 자금들은 예금으로 분류되지 않고 M2에 포함되지 않는다. 그러나 이 자금들이 다른 이름에 의해 효율적으로 입금되지 않기 때문에, 그들의 계산으로부터 배제는 화폐공급의 수치로 M2의 가치를 감소시킨다.

3. 데이터 해석

1. 화폐공급 자체의 성장은 인플레이션을 창출하지 않는다. 만약 경제가 능력 이하에 실행되고 있다면, 화폐 공급의 증가는 더 높은 가격으로 전가되지 않을 것이다. 그러나 성장이 제대로 진행되고 있고 경제가 능력을 내어 경영한다면, 화

표 8.2 화폐 공급(2010년 4월)

(단위: 1억 위안, %)

품목	2010.01	2010.02	2010.03	2010.04	2010.05
2▶ 화폐와 준화폐 (M2)	625609.29	636072.26	649947.46	656561.22	
1▶ 화폐 (M1)	229588.98	224286.95	229397.93	233909.76	
유통중인 통화	40758.58	42865.79	39080.58	39657.54	

자료: 중국인민은행으로부터 종합

폐 공급의 증가는 물가가 상승하는 조건을 창출할 것이다. 중국경제성장이 전형적으로 엄청난 속도로 진행되면서, 화폐 공급의 변동은 인플레이션 변동과 밀접한 관계를 갖는다. 1994년에 M1 성장은 최고로 거의 전년 대비 32%에 근접했다. 화폐 공급이 통제가 불가능할 때, 소비자물가지수는 개혁 기간에 최고 수준인 27% 이상 급등했다. 2007년 9월에 전년대비 22.1%로 M1 성장의 최고점은 그해 GDP 성장 13.0%를 지지했었다. 그러나 그림 8.4가 보여주는 바와 같이, 이는 2008년 2월 8.7%로 향하는 소비자 물가지수의 상승을 뒤이었다. 2009년에 정부는 유동성 수문을 열므로 세계 금융위기에 반응했다. M1 성장은 안정된 9.1% GDP 성장을 지지하며 30% 이상 급등했다. 그러나, 2010년에 성장이 다시 정상궤도로 돌아오고 경제가 능력에 가까이 작동하고 이는 화폐 공급을 증가시키고 이는 더 높은 물가로 전이되기 시작하였다. 11월에 소비자 물가지수는 전년대비 5.1% 상승했고, 중국인민은행은 실질 인플레이션 가격이 아직 지불되지 않았다고 위협조로 경고하였다. 이전 예의 예외로 화폐 공급의 최고 성장 이후에 최고 인플레이션이 장기간 도래했었을 때, 지난 10년의 교훈은 소비자물가지수에서 M1 성장의 최고점 1년 이후 6개월 동안 따라왔다는 것이다.

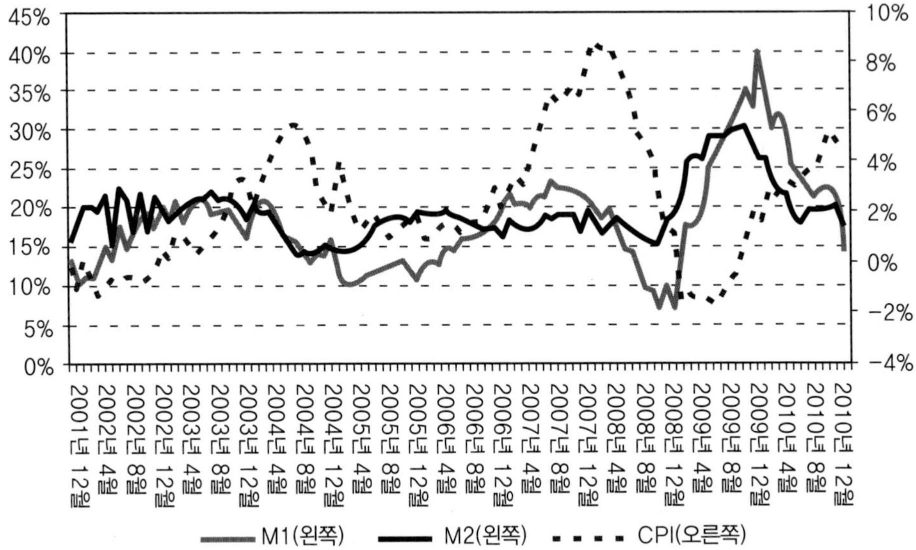

그림 8.4 M1과 M2 성장 대 CPI
자료: 중국인민은행, 국가통계국, 저자의 계산

2. M2는 통화 공급의 가장 광범위한 수치이고 정부는 통화정책의 중간 목표로 이를 이용한다. 주로 3월에 개최되는 연차 정부 활동 컨퍼런스에서, 총리는 당해년도 M2 목표를 발표한다. 그러나 이것은 전형적으로 단지 정부의 생각에 대한 막무가내적인 충고일 뿐이고 때때로 큰 차이로 초과된다. 2009년에, 원자바오 총리는 M2 성장을 전년대비 17% 목표를 설정하였다. 사실, 그해 화폐 공급은 27.7% 증가했었다.

공개된 데이터 이외에, 투자가들과 정책입안자들은 인플레이션 예측을 위한 지침으로 두 가지 중요한 지표에 집중했다.

- M2와 GDP의 비율은 전반적인 화폐 조건의 상태를 나타내는 지표이다. 이 비율의 증가는 통화증가가 이를 추격하는 산출 증가를 초과한다고 할 수 있으며 이는 더 높은 인플레이션 위험을 초래한다. 이 비율의 하락은 더 작은 통화가 더 높은 산출을 추격한다고 할 수 있으며 이는 인플레이션을 통제하는데 도움을 줄 수 있다고 할 수 있으나 낮은 성장률을 감수해야만 한다. 중국인민은행

연구부문장인 장진후아(Zhang Jianhua)는 중앙은행이 이 비율을 전반적인 통화 조건의 지표로 본다라고 말했다.

- M1과 M2 성장 사이의 차이는 인플레이션 기대 정도라고 할 수 있다. 그림 8.4가 보여주는 바와 같이, 2006년 말과 2009년 말을 포함하여 M1 성장이 지난 M2 성장을 가속화하였을 때에는 증가하는 소비자 물가의 시작과 일치한다. 여기서 한가지 복잡한 요소는 가계들의 정기 예금과 요구불 예금 계정들은 둘 다 M2의 부분으로 분리된다는 것이다. 따라서 상대적 성장 속도의 변화는 가계에 의해서가 아닌 기업에 의한 행동에 있어서의 변화를 나타낸다. 가계의 유동성 선호와 가계의 재무관리 수익에 관한 연구를 위해, 중국인민은행의 금융제도에 관한 데이터는 정기 예금과 요구불 예금 사이의 결렬(breakdown)을 의미한다.

4. 시장충격

주식: 증권시장에서 전환점(터닝 포인트)을 측정하기 위한 경험법칙을 원하는 투자가들은 화폐공급 증가를 바라보는 것이 아주 좋을 것이다. 상하이 종합주가지수의 기복은 M1 성장의 최고점과 최저점과 밀접하게 관련되어 있다.

상품: 만약에 중국이 화폐공급 수문을 연다면 이는 투자지출 확대와 더 강한 원자재 수요를 의미한다. 만약에 중앙은행이 긴축 모드로 전환한다면, 이는 몇 달 동안 미래에 더 적은 투자지출을 의미하고 상품에 대한 더 작은 욕구를 의미한다.

화폐: 통화 공급과 환율 사이의 관계는 중국의 주된 골치덩어리이다. 평가 절하된 환율에서 위안화를 지속적으로 안정화 시키는 것은 그리고 경상수지 흑자를 지속시키는 것은 통화 공급을 늘리고 따라서 인플레이션 압력을 추가하는 것을 의미한다. 절상 허용과 높아지는 위안화로부터 이득을 얻기 위해 투기자들이 핫머니를 중국으로 가지고 올 것이다. 그리고 결과는 똑같을 것이다. 어떤 방식으로든, 여행의 경로는 화폐공급 충격에 대한 환율의 결정으로부터이다. 그 반대가 아니고.

3. 부실 대출(무수익 여신)

- 시장민감도: 중간
- 무엇인가? 은행 부분에서 부실 대출 양의 분기 지표로 총 부채의 비율로 그리고 1억 위안으로 공개
- 인터넷 상 중국어 뉴스:www.cbrc.gov.cn/chinese/home/jsp/index.jsp
- 인터넷 상 영어 뉴스:www.cbrc.gov.cn/english/home/jsp/index.jsp
- 공개시간: 중국어 버전을 위한 분기 말 후 약 7주간
- 주기: 중국어 공개는 분기, 영어 공개는 연간
- 원천: CBRC
- 개정: 없음

1. 왜 중요한가?

정부의 은행부분 통제는 장점을 가지고 있다. 전략적 부분으로 그리고 유리한 조건으로 대출을 인도하는 것은 공공 인프라와 산업 기반의 발전에 있어서 중국을 급속하게 따라잡을 수 있도록 하였다. 대출 마개를 켜는 능력은 또한 정부가 한가지 이상 난처한 입장으로부터 벗어나는 것을 도와준다. 2008년에 발행된 4.2조원 대출 보다 두 배 이상인 2009년에 9.5조원의 신규 대출의 급증은 중국 경제를 위기로부터 되돌릴 수 있었다. 그러나, 은행부분의 상업적 이용에서 정치적 간섭은 또한 비용을 가지고 있다. 정치적 목적들을 달성하기 위해 만들어진 대출들은 또한 훨씬 더 악화되어 지방 당 장의 특히 선호하는 사업을 위해 만들어진 대출들은 이윤을 위해 창출된 대출 보다 더 악화될 수 있다.

중국 은행제도는 이미 부실 대출의 무시무시한 쇼를 다루고 있었다. 10년간 정책-지도된(policy-directed) 대출이 은행들에게 되갚을 기회를 거의 없게 만드는 대출로

가득차게 채워 넣은 1990년대 말이었다. 국가소유기업의 철저한 개혁은 수많은 차입자들이 사실 파산에 직면하고 있음을 의미한다. 그래서, 악성대출은 지속적으로 나가떨어질 수 없다. 아시아 금융위기는 중국의 경제문제를 추가했었고 은행제도의 취약성을 동반한다는 위험성을 분명히 보여주었다. 그 10년의 말에, 공식데이터는 부실대출을 총 부채의 30%로 만들어 놓았다.

비공식적인 추정은 숫자가 매우 높았고 이는 부실대출이 총 부채의 50%로 높았다.

정부는 기발한 수단으로 문제를 해결했다. 악성대출은 탕감된 것이 아니었다. 악성대출은 구분되었고 자산관리 회사에 대형은행에 한 개씩 액면가에 판매되었다. 자산관리 회사들은 부실대출의 1조 위안 이상을 당좌예금출납장(banks' books)으로 부터 빼내어서 그들이 은행들 스스로 판매하기 위한 채권의 진행으로 구매에 지불한다. 이 근친상간의 방식은 여전히 은행들에게 이자와 채권 자산을 갚기 위한 은행들 자신의 오래된 부실채권으로부터 수익여신(performing loan)으로 자산관리 회사들로부터 신용위험을 노출시키도록 남겨져 있다. 만약 그것 모두가 타이타닉 호 위 갑판의자를 개편하는 것이라면, 은행들과 자산관리 회사들이 재무부에 의해 소유되었다고 간주한다. 그래서, 만약에 모든 교묘한 속임수들이 은행들이 형편이 더 나아지는 오해(환상)를 창출하였다면, 아무도 완벽하게 변화하지 않게 남겨진 정부의 대차대조표에 관한 오해하에 있을 수는 없다.

이어지는 연도에, 은행들의 대차대조표는 지속적으로 개선되었고 금융회사의 부실채권(NPL) 비율은 지속적으로 하락하였다. 연간 10% 이상 증가하는 경제에서, 악성대출을 만들기란 매우 어렵다. 재정 위기로 진입하면서, 중국의 은행들은 단지 2.42%에 그친 부실채권(NPL) 비율에 뽐낼 수도 있다; 2010년의 중심점에서, 그 숫자는 1.30%로 떨어졌다. 이것이 중국의 은행들이 그들의 방법을 수정했고 악성대출의 문제를 해결했다는 것을 의미하는가? 아마도 아닐 것이다. 대출에서 9조 5천억 중국위안은 2009년에 달성이 되었고 2010년에 추가적으로 발행된 7조 9천억 중국위안은 금융의 긴요한 것에 의한 만큼 정책에 의해 유도되었다. 융합으로 더 더딘 성장으로 내던지면서 그리고 공포영화에서 당신이 죽었다고 생각했던 악당과 같이, 중국의 부실채권(NPL)은 은행들의 당좌예금 출납장을 통해서 유혈이 난자한 길을 자름으로써 재기할 준비가 되어 있을 지도 모른다.

2. 데이터가 어떻게 계산되는가?

은행들은 부실채권(NPL)의 수준을 모니터링하고 보고하기 위해 스스로 그들을 알고 있다. 융자(대출)들은 아래 5가지 범주로 나누어 진다:

- **정상대출**: 차용자(대출자)가 그들의 의무를 수행하는 대출이다. 그리고 차용자(대출자)들이 원금 또는 이자에 관한 채무불이행을 할 신호는 없다.
- **특별공지대출**: 차용자가 원금과 이자지불을 할 수 있는 대출이나 상환에 해로울 지도 모르는 요인들을 경험하고 있다.
- **수준이하대출**: 차용자가 명백하게 지불의무를 맞추기 위한 능력을 위태롭게 하는 요소들을 경험하는 대출이다. 그리고 이는 차입자들의 통상의 사업수단으로부터의 소득이 원금과 이자를 모두 완벽하게 갚는 것을 허용하지 않는 것이 명백하다. 이들 대출은 심지어 담보물의 강제 후에 손실을 초래할 지도 모른다.
- **불량대출**: 차입자들이 지급의무를 맞출 수 없는 대출이다. 이와 같은 대출은 강제 담보 후에도 물질적 손실을 초래할 지도 모른다.
- **손실**: 모든 수집 노력으로 진을 뺀 연후에 그리고 모든 가능한 법적인 수단을 모두 동원 함에도 불구하고 전혀 원금과 이자를 받을 수 없는 혹은 단지 최소 수준의 원금과 이자를 받을 수 있는 대출이다.

매 분기 은행들은 그들 자신 대출 포트폴리오를 검토하고 은감회(CBRC: 중국은행감독관리위원회)에 그들의 대출 상태를 보고한다. 대출을 구분하기 위해 사용되는 범주는 국제 관례를 따르고 그 규제들은 일이 잘못되면 뼈대에서 고위 대표직을 가지고 모니터링하고 평가하는 강직한 제도를 가지기 위해 은행들이 요구된다. 은감회

(CBRC)는 또한 소내 검사 그리고 소외 감시활동을 모두를 통해 상업은행들의 대출의 질을 모니터링 한다. 그러나, 해석은 대출의 구분에서 매우 중요한 부분을 차지하고 이것은 과소신고의 범위를 남긴다.

은행들은 아마도 그들의 부실채권(NPL)을 두 가지 이유로 과소 신고할 지도 모른다. 첫 번째, 은행들로 하여금 지역 지도자들의 무의미한 계획에 돈을 빌려주도록 압력을 가하는 동일한 정치적 압력은 그들을 대출에 대한 담보권 행사를 막을 것이다. 지방정부 소유 기업들에 대한 대출 또는 정부 투자체에 대한 대출이 상환할 가능성이 낮음에도 불구하고 은행에 대한 압력은 영원히 은행들로 하여금 상환을 늦추도록 압력을 가할 것이다. 두 번째, 만약 은행들이 부실채권(NPL)을 알아차린다면 은행들은 자본의 일정 비율(현재 부실채권(NPL)의 150% 가치)을 손실을 메우기 위해 한쪽으로 치워 놓아야 한다. 그들이 더 적은 부실채권(NPL)을 보고한다면, 더 적은 자본을 그들은 따로 떼어 놓아야 한다. 그리고 신규 대출을 더 자세히 살펴야 한다.

3. 데이터 해석

1. 데이터 공개에서 흥미를 자아내는 표제는 총 NPL과 총 은행제도 대출의 비율로 NPL이다. 표 8.3은 총 부채의 퍼센티지로 NPL을 보여주고 있는데, 2010년 2분기에 1.30%를 나타내는 낮은 기록이다. 모든 것이 잠잠해 보인다. 그러나, 2009년과 2010년에 신규 대출에 있어서 17.4조 위안으로 금융의 논리로 정치에 의해 전환되어, NPL은 아마도 복귀하기 위해 설정이 되었을 지도 모른다. 그와 같은 대출의 2조 9천억 중국위안은 거품이 많은 실질 부동산 부분을 위해 만들어 졌다. 7조 7천억 원 이상이 지방정부투자 프로젝트에 불투명하게 투입되었다. 또 다른 몇 천억 달러는 과잉 생산과 기업혁신 전략이 파산을 촉발하게 만드는 산업으로 전해졌다. 그와 같은 채무가 얼마나 많이 부실채권이 되는 지는 모든 이의 추측일 뿐이다. 약 37조 위안의 2010년 말에 은행제도 안에서 두드러진 총 부채로, 만약 모든 부채가 지방정부 투자실체로 만들어지고 2009년과 2010년 부동산분

표 8.3 상업은행 부실채권 상황(2010년 1월 - 6월, 1억 위안)

	2010년	1분기		2분기	
		미변제 잔고	총 대출 지분	미 변제 잔고	총 대출 지분
1▶	**다섯 가지 범주 별 부실채권**	4701.2	1.40%	4549.1	1.30%
2▶	수준 이하	1786.6	0.53%	1673.3	0.45%
	의심스러움	2288.8	0.68%	2226.7	0.64%
	손실	625.8	0.19%	649.1	0.19%
	기관 별				
	주요 상업은행	4009.6	1.41%	3839.8	1.30%
3▶	정부 소유 상업은행	3400.0	1.59%	3247.7	1.46%
	합자 상업은행	609.6	0.86%	592.1	0.80%
	도시 상업은행	365.9	1.19%	360.7	1.11%
	지방 상업은행	265.8	2.47%	288.2	2.34%
	외국 은행	59.8	0.74%	60.4	0.72%

자료: CBRC로부터 종합

야가 악화된다면 이는 NPL 비율을 29% 정도로 초래할 것이다. 이는 악몽과 같은 시나리오이고 이는 발생할 확률이 희박하다. 그러나 수많은 애널리스트들은 2009년과 2010년에 대부금의 기입장에 급속한 확대는 신용거래 기준에 대한 협상없이는 발생할 수 없다고 믿고 있다. 현재 낮은 수준을 넘어서는 NPL의 반등은 놀랍지가 않다.

2. 제대로 인식한다면, NPL들은 단지 은행들을 위한 문제는 아니다; 그들은 또한 정부의 문제이기도 하다. 만약에 NPL이 정부의 지불(상환)능력을 위협하는 수준에 도달한다면, 정부는 개입하도록 압력이 가해질 것이고 책임을 가정할 것이다. 베이징에 의해 공개된(알려진) 공공부채 수준은 아주 낮아서 2010년 말 기준 GDP의 약 17%에 달한다. 그러나, 만약 애널리스트들이 공공부채의 실제 수준을 측정하기를 시도한다면, 그들은 NPL 수준의 측정을 정부장부에 추가해 올릴지도 모른다. 2010년 2분기에 NPL에서 4,549억 위안은 GDP의 약 1.3%와 같다.

그러나 만약 부동산 부분과 지방정부 투자체에 발급된 대출이 악화되기 시작한다면, 그 숫자는 정부의 부채 부담을 높이면서 더 높게 상승할 수 있었다.

3. CBRC는 NPL을 꾸준하게 격렬한 더 높은 수준으로 네 가지 범주로 나눈다. 특별공고공채(special notice loan)는 첫 번째 단계이다. 공포영화에서 첫번째 신호인 정체불명의 살인자에 의해 납치되려고 하는 불운한 10대들의 휴대폰 신호가 잡히지 않는 것이라고 할 수 있다. 만약에 NPL이 다시 복귀한다면(인기를 얻게 된다면), 특별공고공채의 증가는 사전 곤란함의 최초의 신호이다.

CBRC는 또한 NPL을 상이한 광범위한 은행들의 범주들로 나눈다. 가장 중요한 영역은 국가 소유의 상업은행이다. 이들 상업은행들은 총 미제(지급)공채(outstanding loan)의 2/3 가량을 차지하는 등 매우 거대해서 중국의 은행 분야를 지배한다. 중국공상은행, 중국농업은행, 중국은행, 중국건설은행, 교통은행은 이 범주에 속한다.

중국초상(China Merchant)과 중국민생(Minsheng)과 같은 주된 역할자를 포함하는 공동주식자본 상업은행과 도시 상업은행들은 총 미제(지급)공채(outstanding loan)의 약 1/3정도 되는 중국 은행부분의 두 번째 그룹을 형성한다. 하층부에서는 시골 상업은행들이다. 모든 최고 고객들을 골라 주요 국가 소유 은행들, 합자은행들, 시중은행들과 함께, 시골 은행들은 고 위험 소규모 사업과 저성장 시골 지역의 수상한 구석이 있는 지방 정부 운용에 대출을 받기에 남겨져 있다. 더 약한 위험 관리 능력을 내던지고 마을 후미에 대출에 대비한 더 강한 정치적 통제를 내던지고, 지방 은행들에 있어서 NPL은 군계일학(최고)이다.

NPL 데이터의 한가지 특이한 점은 중국개발은행, 중국수입수출은행, 그리고 우편은행(정부가 100% 모두 소유하는)은 계산에 포함되지 않는다. 이와 같은 정책 은행들에게 NPL이 그들의 더 많은 상업적으로 지향적인 동료들 보다 더 높다는 것을 가정하는 것은 이유가 있다. 2007년까지만 해도, 대차대조표가 IPO를 위해 꾸며지기 전에, 중국 농업은행에서 NPL 비율은 엄청 크게 23%였다. 남아

있는 정책 은행의 NPL이 공개된 전체에 포함이 된다면, NPL 수준과 비율은 더 높을 것이다.

4. 시장충격

NPL 데이터는 실제로 시장을 움직이는 것이 아니다. 이는 불규칙적으로 공개되고 장기에 걸친 지연으로, 그리고 이는 성장전망에 직접 영향을 미치지 않는 한가지 문제를 판단한다. 이는, NPL의 더 높은 수준은 항생지수와 상하이종합지수의 큰 부분의 은행 부분 뿐만 아니라 궁극적으로 긴급구제를 위해 비용을 부담해야만 할지도 모르는 정부에게도 부정적이다. 만약에 NPL이 1990년대 말 속편을 위해 무덤으로 느릿느릿 움직인다면, 시장은 더욱 밀접한 관심을 가질 것이다.

4. 중국 외환거래 제도 중앙 패리티

- 시장민감도: 높음
- 무엇인가? 달러와 다른 주요국 통화 대비 위안화에 대한 거래 범위를 위한 일간 발표
- 인터넷 상 중국어 뉴스 발간: www.chinamoney.com.cn/
- 인터넷 상 영어 뉴스 발간: 없음
- 빈도: 일간
- 원천: 중국외환무역센터(CFETC)
- 개정: 없음

1. 왜 중요한가?

중국 환율 통제의 가장 가시적인 표현은 매일 아침 중국외환무역센터(CFETC)에 의해 공개되는 중앙 패리티이다. 이러한 패리티는 중앙은행이 외화를 당일 구매할 달러, 유로, 엔, 그리고 다른 주요 통화 대비 위안화의 가치를 설정한다. 환율 개혁이 모두의 주목을 받으며 강력하게 2005년 7월 21일에 시작되었을 때 또는 2010년 6월 19일에 꺼져가듯 재개되어 패리티에 있어서의 변화는 클 수 있다. 그러나, 그들은 정부가 점진적 개혁 경로를 지속함에 따라 일반적으로 작다. 크건 작건 간에 중앙 패리티의 움직임은 정부의 환율에 대한 의도의 일간 지표에 따라 시장에 의해 간절히 기다리고 있다.

2. 데이터가 어떻게 계산되는가?

PBOC는 일간 중앙 패리티 설정에 대한 책임을 CFETC에 위임하였다. 매일 본토의 외환 시장이 개장하기 전에 CFETC는 시장 참가자 그룹에 전화를 걸어 달러위안 환율에 대한 질문을 한다. 26개 시장 투자전문기관 항목은 중국공상은행과 중국농업은행과 같은 대형 중국은행 뿐만 아니라 광저우 개발은행과 같은 소규모 은행과 HSBC와

같은 몇몇 외국은행을 포함하고 있다. CFETC는 최고 그리고 최저 인용을 삭제하고 그들 나머지에 대한 평균을 구한다. 유로, 일본 엔화, 영국 파운드 그리고 홍콩 달러에 대한 위안화 패리티는 위안화–달러 패리티의 함수이고 이들 다른 통화에 대한 달러의 환율이다. 만약에 1달러가 6.6303 위안으로 설정이 된다면 그리고 1유로에 1.3706달러가 거래가 된다면, 1유로는 9.0875위안(6.6303 × 1.3706 = 9.0875)에 설정된다. 최근 일간 패리티에 추가된 말레이지아 링깃화에 대한 위안화 패리티는 비록 이 경우 단지 세개의 중국은행들이 그들의 의견에 대해 질문을 받음에도 불구하고 또한 투자전문기관으로부터 얻어진 질문들의 평균이다. 이론상으로 투자전문기관으로부터 질문 평균은 외환시장에서 수요와 공급의 균형을 나타내야 한다. 실제로, 중국중앙은행은 위안화를 심지어 킬(keel; 석탄의 중량단위: 21.5톤)을 지키기 위해 월간 무려 수백억 달러를 들여 개입하며 외환시장에서 주된 역할자이다. 중국의 폐쇄적 자본 계정은 또한 시장을 위안화 가치에 대한 실제 위치를 잡는 것을 막는다. 이와 같은 제약 하에, 통화 가치에 대한 실제 시장견해는 있을 수 없다. 그러나 중앙은행과 폐쇄자본계정 간섭주의자들의 맥락 안에서 중앙 패리티는 항상 시장 견해를 반영하지는 않는다. 투자전문기관들은 그들이 시장 가격과 CFETC에 의해 설정된 패리티 간의 약간의 관계를 때때로 볼 수 있다는 것을 개인적으로 밝힐 것이다. 외환 전문가들은 언젠가에는 PBOC 자체 혹은 더 높은 정부 수준은 지배하는 것 이라고 믿는다. 이는 놀라운 일은 아니다. 중앙 패리티는 시장에서 수요공급의 표현인 것만큼 정부 통제의 수단이다.

3. 데이터 해석

1. 시장 주된 관심은 달러–위안 패리티이다. 표 8.4에서 데이터는 2010년 11월 15일에 1달러는 6.6303위안으로 설정되었다고 보여준다. 중앙은행은 중앙 패리티에서 밴드는 상하 0.5% 밴드 안에서 거래되는 것을 용인한다. 그래서, 당일에 중앙은행 개입의 두려움 없이 1달러는 6.6635 위안으로 상승(평가 절하)하거나 1달러는 6.5971 위안으로 하락(평가 절상)한다. 그 밴드 밖으로 움직임의 제안은

표 8.4 위안화 일일 패리티(2010년 11월 15일)

	통화	중앙 패리티
1▶	USD/CNY	6.6303
	HKD/CNY	0.85536
	100JPY/CNY	8.0362
2▶	EUR/CNY	9.0875
	GBP/CNY	10.6950
	CNY/MYR	0.047048

자료: CFETC로부터 종합

PBOC로 하여금 환율이 목표 범위 내로 들어오게 하도록 간섭한다.

달러-위안 패리티에 있어서 움직임은 일반적으로 다소 작다. 그러나, 두가지 경우에, 정부는 정책지위에 있어서 심각한 이동에 신호를 주기 위해 더 큰 움직임을 사용하였다. 2005년 7월 21일에 PBOC는 1회성으로 위안화는 달러대비 8.27(지난 7-8년간 고정된 수준인)에서 8.11로 2% 평가절상을 조정하는 환율 개혁을 단행하였다. 2010년 6월 22일에, 금융 위기 이후에 거의 2년 동안 개혁이 본격화된 후에, 중앙은행은 달러 대비 위안화를 6.82에서 6.79로 줄여서 0.4% 평가 절상으로 재개의 신호를 보냈다. 2010년 6월에 0.4% 변경은 2005년 7월 2% 상승보다 덜 극적이다. 그러나, 달러-위안화 환율에서 이는 2년간 안정으로 낙찰되기에 충분하였다.

나머지 시간, 시장은 다소 더 작은 이동의 심각성에 대해 골똘히 생각한다. 그들이 환율을 설정할 때, 중국의 정책결정자들의 생각 안에서 무슨 일이 벌어지는 것은 미스테리하다. 중국의 수출 로비를 위한 주된 지지자인 상무부는 환율의 안정성을 지지하기 위해 목소리를 높여 주장하였다. 개혁의 지지자인 중국인민은행은 때때로 위안화를 변동을 위한 지적 상황을 만들기 위해 단호하게 용기를 낸다. 그러나, 국무원의 실제 의사결정자는 그들의 정형화처럼 헤아리기 어렵다. 공식적인 발표는 개혁이 점진적이고 국가 이익에 의해 결정될 것이라고 반복하였다. 그러나 그것은 평가절상의 속도를 알리는 원칙에 대한 정보를 거의 제공하지 않는다. 수수께끼에 더하여, 중앙은행은 또한 위안화 가치가 통화의 바스켓에 관련하여 설정된다고 주장한다. 이는 명백히 위안화가 달러화를 추적하던 2005년에서 2008년 사이 기간에는 사실이 아니었다. 최근 개혁의 기간에, 환율이 바스킷을 언급하는 것인지 지폐에 지속적으로 주목하는 것인지가 확실하지가 않다.

중국의 지도자들은 잠자코 있을지도 모른다. 하지만, 2005년 7월 이래로 발전은 중국의 환율정책에 대한 확실한 운문(rhyme)과 이유를 제시한다:

- 환율을 관리하는 주된 이유는 수출분야의 경쟁력을 지지하기 위함이다. 값싼 위안화는 값싼 중국제품을 의미하고 이는 주장강과 양쯔강 삼각주의 수출업자들이 세계시장에서 더 큰 몫을 확보하도록 하며 직물 노동력 착취 현장에서 그리고 휴대폰 공장에서 높은 수준의 고용을 지속할 수 있게 한다. 2005년에서 2008년 기간에, 수월하게 연간 20% 이상의 계속되는 수출 성장으로, 정부는 위안화 평가절상의 속도를 가속화시킴을 허용하기에 충분하게 안정감을 느끼었다. 연간 평가 절상률은 2008년 1월 20% 보다 더 높았다. 그러나, 세계 위기가 10,000개 회사를 파산으로 위협하고 수백 만 명의 노동자들을 실업으로 위협하여 수출 수요를 강타하고 무너뜨릴 때, 평가절상은 서서히 멈추게 되었다. 2008년 여름부터, 거의 2년 동안, 위안화는 달러화 대비 안정화 되었다. 2010년 여름에 나머지 세계의 소비자들이 상점들로 돌아와서야 비로소, 수출 성장은 20% 이상으로 회복되었고 대규모 실업의 공포는 사라지게 되었다. 이는 위안화 평가절상 재개로 이어진다.
- 환율은 또한 인플레이션을 통제할 수 있는 도구이다. 위안화 가치가 더 높아질 수록, 성장을 둔화시키고 열기를 경제로부터 나가게 해 수요를 더욱 제한한다. 동시에 더 높아지는 위안화의 가치는 중국의 산업부분이 상류로 인플레이션 압력을 억제하여 원유와 철광석과 같은 수입 물품에 대해 더 낮은 가격을 지불하고 있음을 의미한다. 이와 같은 두가지 이유들 때문에, 고인플레이션

기간은 중국 정부로 하여금 위안화가 더 빨리 평가절상되도록 허용한다. 2008년 초에 가장 빠른 위안화 평가절상의 시기는 2008년 2월에 소비자물가지수(CPI)가 8.7%를 기록하면서 인플레이션의 최고기이기도 하였다.

- 중국 정부는 격분해서 환율이 국가적 우선순위에 따라 설정될 때까지 선언할 것이다. 그러나 행동이 말보다 더 큰 목소리로 나오고 중국의 행동은 국제적 압력이 약간의 충격이 있다는 것을 명확하게 한다. 미국 재무장관인 행크 펄슨(Hank Paulson)의 통치기간 동안, 평가절상의 속도는 연2회 개최되는 미국-중국 전략경제대화회의에 앞서 시행되는 경향이 있었다. 2008년 말에 수출분야가 위험에 닥치면서, 베이징은 평가절하의 가능성으로 시시덕거리고 있었다. 그러나, 세계 경제에서 책임감 있는 역할자로서 중국의 평판에 대한 위험은 이를 저지하게 되었다. 2010년 상반기에, 세계 경제가 정상으로 돌아오고 중국에 대한 압력이 평가절상을 재개하도록 올라감에 따라 중국인민은행은 중요한 G20 회의에 앞선 몇 주 전에 달러에 대한 위안화의 페그제를 그만한다고 발표했다. 그 해 말미에, 미 의회가 행정부의 위안화에 대한 입장을 강화하기 위한 입법 투표를 착수했을 때, 베이징은 평가절상의 속도를 어느 높이까지 서서히 높이는 것을 허용했었다. 평가절상의 정도는 국내 고려에 의해 결정이 될지도 모르나 지난 5년간의 교훈은 시기가 국제 압력과 상당히 연관이 있다는 것이다.

2. 시장이 관심을 가지는 것은 달러-위안화 환율이다. 그러나 단일 환율에 집중은 많은 방면에서 오해의 소지가 있다. 중국 총 무역의 15% 미만은 미국과의 무역이다. 모든 달러 블록(달러권) 국가들과 중국의 무역을 합치면 그 숫자는 거의 50%에 달한다. 그러나, 중국 무역의 반 이상이 여전히 유로화, 엔화, 원화, 루피아화, 레알화, 그리고 다른 통화를 다루는 국가들과 이루어 진다. 중국 수출의 총체적 경쟁을 위한 최선의 안내는 달러-위안 환율이 아니고 교역 가중된 환율이다.

정부는 가중된 무역 환율을 공개하지는 않는다. 그러나 국제결제은행은 매달

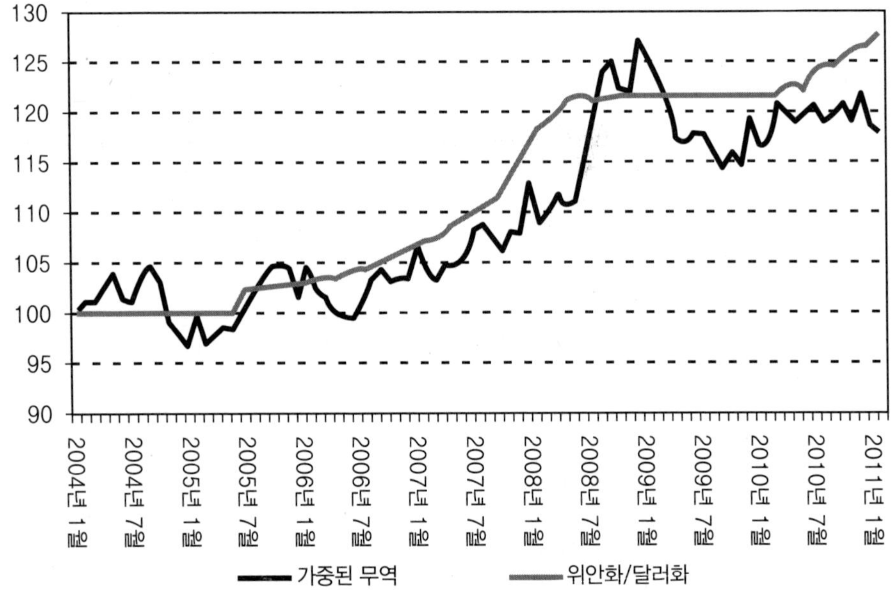

그림 8.5 명목 위안화-달러화 대 실질 무역-가중된 환율(지수: 2004 = 100)
자료: CFETC, BIS, 저자의 계산

업데이트 되는 그리고 웹사이트에서 다운이 가능한 실질 그리고 명목 교역-가중된 환율을 공개한다. 그림 8.5에서 보여주는 바와 같이 교역-가중된 환율은 달러-위안 환율과는 다른 이야기를 종종 이야기 한다:

- 2005년에서 2008년까지 기간에, 명목으로 달러화 대비 위안화는 21% 절상되었다. 그러나, 실질 교역-가중된 기초에서, 중국의 통화는 단지 16%만을 얻었다. 이는 달러-위안율 변화에 의해 제시된 것 보다 수출 경쟁력에 덜 심각한 충격이다.
- 2008년 말에, 중국 정부는 수출 경쟁력을 보완하기 위해 위안화를 달러화에 다시 페그시켰다. 아이러니하게도, 그 충격은 완전히 반대였다. 천장을 향해 달러화를 밀어내는 고등급 선호현상으로, 위안화는 이와 함께 움직였다. 2008년 8월과 2009년 2월 사이에, 위안화는 달러화에 정면으로 반대였으나, 실제

교역-가중된 기초에서 이는 10% 강화되었다.

- 2010년 6월부터 2010년 말까지 기간에, 베이징은 위안화를 달러화 대비 3.1% 평가절상을 허용함으로써 워싱턴 DC에 몇몇 친구들을 얻게 되었다. 그러나, 교역-가중된 기초에서, 위안화는 실제로 2.2% 하락하였다. 개혁이 시작된 후 6개월 후에, 중국의 수출은 PBOC가 위안화의 달러 페그의 종지부를 선언하기 전에 보다 덜 경쟁적이 아닌 더욱 경쟁적이었다.

PBOC는 통화 바스켓에 대항하는 위안화의 가치를 관리할 것을 항상 주장해왔다. 그리고 2010년 6월 19일에 변동으로 다시 돌아간다는 발표는 바스켓 제도의 이득을 통제하는 장황한 문서를 동반했다. 후 샤오리안 중국인민은행 부총재는 달러-위안 환율 보다 교역-가중된 환율을 따르는 것이 더욱 맞다 라고 또한 공적으로 표명하였다. 현재, 정책입안자들과 시장의 관심의 주목은 여전히 달러-위안 환율로 남아있다. 그러나 통화의 바스켓을 추적하고 감시하는 이득은 교역-가중된 환율에 대한 중요성이 증가하는 것을 의미한다.

4. 시장충격

주식: 위안화의 더욱 급격한 평가절상은 수출 분야에는 안 좋을 지도 모른다. 그러나 이는 다음의 세가지 이유로 증권시장에는 좋은 소식이다.

- 위안화의 평가절상은 위안자산(상해 거래소에 등록된 회사들의 지분과 같은 혹은 홍콩에 등록된 중국회사들의 위안화 이윤과 같은)의 가치가 올라간다는 것을 의미한다.
- 중국본토 시장에서 주요 가중치를 가지는 페트로차이나와 바오스틸과 같은 기업들은 상품의 수입자들이고 따라서 위안화 평가절상으로부터 이득을 얻는다. 손해를 보는 수출업자들은 그들의 몫이 공개적으로 교역되지 않는 종종 더 작은 개인 부분 회사들이다.

- 평가절상, 혹은 평가절상 기대는 투기업자들을 위한 중국의 관심을 증가시킨다. 그리고 핫머니의 유입은 증권시장에서 어울리는 장소를 발견한다.

상품: 환율은 다음의 두 가지 이유로 상품시장의 관심의 주목이다. 첫째, 위안화 변동은 중국 회사들이 그들의 수출된 상품에 지불하는 가격을 변화시킨다. 더 빠른 위안화 평가절상의 속도는 중국 회사들이 강한 수요를 지지하며 원유와 철광석의 공급을 더 낮은 위안화 가격으로 사들일 수 있다는 것을 의미한다. 이는 중국 생산 비용이 국제 가격에서 상한선을 둔다는 것을 의미한다. 만약에 위안화가 달러화 대비 평가절상된다면 이는 세계 알루미늄가격과 다른 금속 가격에서 시장의 예측된 상한가를 상승시킬 수 있다.

화폐: 중앙당에서 이동은 위안화 평가절상의 그럴듯한 속도의 시장 추정에 충격을 명백히 준다. 달러-위안 환율은 또한 다른 지역의 화폐에 영향을 주는 주요한 요인이기도 하다. 만약에 달러화 대비 위안화가 평가절상을 한다면, 이는 국내 수출업자들의 경쟁력에 해를 주지 않으면서 대만 달러, 싱가포르 달러, 한국 원화가 서서히 접근하는 여지를 불러일으킨다. 위안화가 가는 곳에 다른 아시아 통화가 또한 따라온다.

5. 홍콩은행제도 위안화 예금

- 시장민감도: 낮음
- 무엇인가? 중국위안화(백만)로 발간되는 홍콩은행제도에서 위안화 예금의 재고에 관한 월간 데이터
- 인터넷 상 중국어 뉴스 발간: www.info.gov.hk/hkma/
- 인터넷 상 영어 뉴스 발간: www.info.gov.hk/hkma/gb_chi/index.htm
- 발간 시간: 매달 말 약 6주 후
- 원천: 홍콩통화청(HKMA)
- 개정: 없음

1. 왜 중요한가?

미국 달러화에 대한 홍콩의 달러 페그는 위안화 평가절상에 대한 전망에 대해 이전 식민지를 섬(홍콩) 의견의 지표가 되게 한다. 미국 달러에 대한 페그는 홍콩의 통화가 위안화에 대한 지폐(녹색지폐: greenback)의 움직임을 뒤쫓는다는 것을 의미한다. 만약에 위안화가 미국 달러 대비 5% 평가절상 한다면, 이는 또한 홍콩 달러 대비 5% 평가절상한다. 홍콩 거주민들은 매일 20,000 중국위안의 가치를 높이는 홍콩 달러를 위안화로 전환시키기 위한 자격을 준다. 만약에 투자-상식(지식) 광둥어가 위안화가 녹색지폐 대비 상승할 것이 기대된다면, 이는 가능한 많은 홍콩 달러를 위안화로 교환하는데 의미가 있다. 2005년부터 2010년까지 기간에, 홍콩 은행제도에서 위안화 예금의 수준은 위안화 평가절상을 전망하는 전문 이코노미스트 만큼이나 잘 했다. 2010년에 홍콩을 위안화 금융의 오프쇼어 센터로 바꾸는 조치는 위안화 무역결재의 급속한 확대로 위안화 예금 성장 급증으로 인도했다. 이는 단지 환율 전망에 대한 홍콩의 의견과 부분적으로 관련이 있다.

2. 데이터가 어떻게 계산되는가?

은행감독의 부분으로, HKMA는 사법권에 따라 총 위안화 예금의 양과 정기 예금과 요구불 예금 사이의 명세에 관한 데이터 수집을 포함하여 모든 은행의 월간 조사를 시행한다.

3. 데이터 해석

데이터로부터 주된 내용은 홍콩은행제도에서 총 위안화 예금가치의 변화이다. 증가는 중국 본토로부터 나누어진 짧은 구간 바다를 넘겨다 보는 홍콩 주민들이 위안화가 달러화 대비 증가하도록 설정된다는 것을 의미한다. 안정화 시키는 것은 위안화 평가절상을 위한 전망이 더욱 약화되었다는 것을 제시한다. 그림 8.6은 홍콩 주민들이 룬(rune)문자를 읽는 것 보다 낫다는 것을 보여준다.

2004년에 그리고 2005년 상반기에, 위안화의 달러 페그제의 끝에 대한 기대가 고양됨에 따라, 위안화 예금은 2004년 2월에 895 백만 위안에서 2005년 6월에 20,898 백만 위안으로 상승하였다.

표 8.5 홍콩은행제도에서 위안화 예금

			위안화 예금	RMB 백만 위안
기말숫자	요구불과 저축	시간	총계	RMB 사업에 참여하는 공인 기관 숫자
2010년 2월	2월 42,499	23,593	66,092	71
3월	44,609	26,145	70,755	73
4월	50,2 37	30,657	80,894	72
5월	51,266	34,345	85,611	76
6월	52,427	37,275	89,702	77
7월	55,724	47,960	103,684	77
8월	62,864	67,548	130,412	84

자료: HKMA로부터 종합

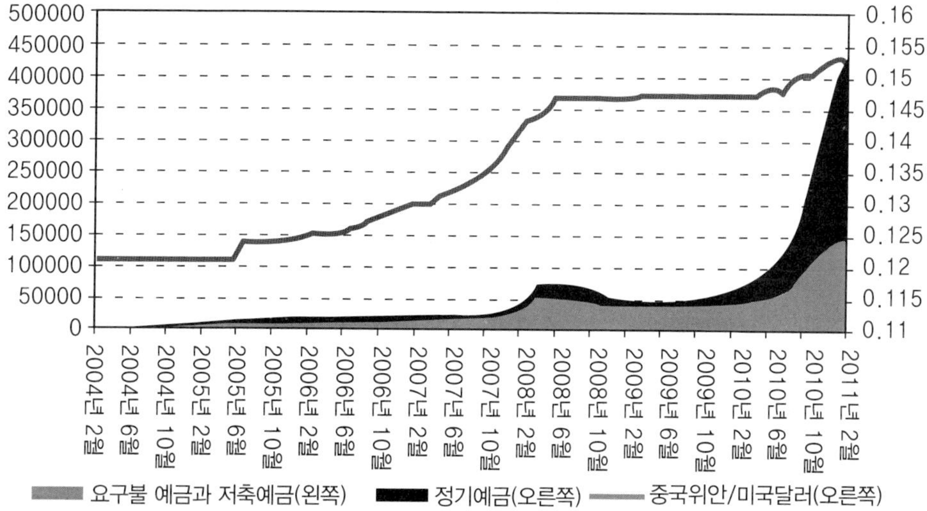

그림 8.6 홍콩에서 위안화 예금(위안화 백만) 대 위안-달러 환율
자료: HKMA, CFETC

2008년 봄에, 중국 수출업자들에 관한 급증하는 세계위기의 충격에 관한 관심으로, 위안화 예금의 증가는 평가절상이 서서히 멈추는 두 달 전인 4월에 더 이상 증가하지 않고 보합세를 보였다.

2010년 초에, 최악의 위기가 끝남과 함께, 홍콩의 주민들은 위안화 평가절상의 재개를 예측하였다. 위안화 예금은 2010년 초에 증가하기 시작했고 PBOC가 개혁의 다음 단계를 발표하기 두 달 앞서 4월에 성장은 가속화 되었다.

2010년, 중국중앙은행이 홍콩을 역외의 위안화 유동성 장으로 되게 하려는 이동은 게임의 본질을 바꾸었다. 홍콩 은행제도에서 위안화 예금의 수준은 2010년 6월에 89,702 백만 위안으로부터 2011년 1월에 370,635 백만 위안으로 급증하였다. 2004년부터 2010년 상반기 기간과 같이, 위안화 평가절상의 기대는 본토의 통화를 보유하는 것을 호소하는데 기여하였다. 그러나 예금에 있어서 더욱 강력한 증가는 위안달러 환율 예측과 관련이 있는 것처럼 위안화 국제화(위안화 채권 발행 급증과 무역 결재의 급증으로)에 있어서 실험과 관련되어 있다. 실험의 초반기 이후에 더욱 안정된 환경이 환율에 관한 의견의 지표로 위안화 예금의 가치를 회복시킬지는 아직 발생하지 않는다(보일 것으로 남아있다). 또는 지속되는 급속한 성장이 평가절상의 전망에 관해 보다 역외 금융센터로 홍콩의 발전에 관해 더욱 더 많이 이야기 할지는 아직 발생하지 않았다.

4. 시장충격

예금 데이터의 주요 가치는 위안-달러 환율에 관한 기대의 지표로서 이다. 중국의 자본금계정이 닫히면서, 평가절상을 위한 기대에 관한 입장을 위하기 위해 그 정보를 사용하기 위한 선택들은 다소 제한적이다. 그러나, 환율의 움직임은 일반적으로 본토의 주식, 상품, 다른 아시아 화폐에 낙관적인 평가절상의 기대로 자산의 다른 범주를 위한 더욱 광범위한 영향을 가진다.

6. 중국인민은행 보고서

- 시장민감도: 중
- 무엇인가? 중앙은행의 화폐정책과 거시경제 상태, 통화정책위원회(MPC)의 진술로부터의 보고서
- 인터넷 상 중국어 뉴스 공개: www.pbc.gov.cn/
- 인터넷 상 영어 뉴스 공개: 없음
- 공개시간: 거시경제 보고서는 주로 이듬 분기의 첫 번째 달에 발간. 통화정책보고서는 두 번째 달에 발간. MPC 진술은 분기 말에 주로 개최되는 그 위원회의 회의 이후에 공개.
- 빈도: 분기별
- 원천: PBOC
- 개정: 없음

1. 왜 중요한가?

연방공개시장위원회(FOMC)의 의사록은 미국 통화정책 입안자들의 결정의 마음을 반영한다. 논의는 이루어 지고 증거는 앞당겨진다. 그리고 결정은 설명된다. 그들은 항상 옳은 결정은 아닐지도 모른다. 그러나 적어도 그 과정은 명확하고 그 투명성은 정책결정으로부터 많은 놀라움을 끄집어 낸다. 중국인민은행 보고서는 베이징 주변에서 차를 몰게 되는 정부고위층의 아우디 A6의 검은색 유리와 같다. 형식과 개요는 범위 내에서 식별할 수 있지만 중국의 통화정책 결정자의 현재 생각에 대한 명확한 견해는 없다. 의견이 올때, 그 의견들은 종종 불시에 시장에 이르게 한다.

왜 그렇게 불가사의한가? 왜냐하면 미국에서 연방공개시장위원회는 정책을 만드는 것이기 때문에 정책의 방향에 대해 명확할 수 있다. 독립적인 중앙은행으로서 미국연방준비제도는 이자율을 변경시키는 권한을 가지고 있거나 인플레이션이나 성장 목표

를 달성할 수 있는 다른 수단을 사용한다. 중국에서, 중국인민은행과 통화정책위원회는 자문역할로 제한된다. 총리는 국무원과 협의하여 통화정책에 관한 방향에 대해 최종 결정하고 이자율과 환율과 같은 주요 변수들을 사용한다. 중국인민은행은 정책의 방향을 결정하지 않기 때문에 정책의 방향에 대한 명확한 기사를 줄 수 없다. 몇몇 경우에서 심지어 정책의 방향이 무엇인지 알지 못한다.

최근의 예는 PBOC가 그 자체적으로 발견한 어려운 위치를 보여준다. 2010년 10월 11일에 워싱턴 DC의 청중들에게 한 연설에서, 저우 쌰오촨(Zhou Xiaochuan) 중국중앙은행 총재는 RRR의 사용과 공개시장조작의 사용은 그 해 정부 목표 하에서 인플레이션을 유지하는데 충분할 것이다. 꽤 합리적인 그 시장들은 이들 단어들을 신호로 해석한다. 기대보다 더 높은 인플레이션에도 불구하고 이자율 급증은 더 오랫동안 여전히 연기될 것이다. 단지 8일 이후에 10월 19일에 PBOC는 이자율에 있어서 급등을 발표했다. 정부의 최고수준으로부터 곧장 온 그 결정으로, 중앙은행은 다른 이들과 같이 놀랐을지도 모른다.

중국인민은행 통화정책보고서와 거시경제 보고서와 MPC의 성명(진술)은 FOMC의 회의록이나 연방준비제도의 베이지 북이 미국에서 정책입안자들이 하는 것과 같이 중국 정책결정자들의 생각에 대한 동일한 식견수준을 제공하지 않는다. 그러나, 심지어 어둑하게 식별되는 개요들이 약간의 가치가 있고 중국 분석학자들은 약간 자세하게 보고서를 분석한다.

2. 통화정책보고서 해석

PBOC 통화정책보고서는 경제전망에 관한 금융시장, 통화정책의 성취, 중앙은행의 견해에 관한 진술의 계간 보고서이다.

느슨한, 안정된, 빠듯한?

보고서는 전형적으로 50페이지나 된다. 그러나 독자들은 안전하게 처음 48페이지를 건너뛸 수 있다. 시장은 대단히 중요한 정책 입장을 묘사할 것을 바라고 이는 "시간에 앞선 중요한 정책들"이라는 섹션 제목으로 마지막 몇 페이지에 나타난다.

- 2008년 1분기에, 금융위기는 여전히 서브프라임모기지 중개인의 눈에는 반짝임이었고 인플레이션을 통제하는 것은 최우선이었다. PBOC는 "타이트한 통화정책과 함께 지속한다"를 약속하였다.
- 2008년 여름까지, 인플레이션 압력은 사라졌고 세계전망에 관한 불확실성은 증가하였다. PBOC는 "변화하는 국내 그리고 세계 경제 전망에 대응하여 미세한 조정"으로 "안정된" 통화정책을 약속했다.
- 리먼브라더스가 파산했다는 3분기 보고서에서 국제경제는 결단을 내리지 못하고 갈팡질팡하고 중앙은행은 "적절하게 느슨한" 통화정책을 약속했다.
- 1년 후에, 2009년 1분기에, "적절한 느슨함"은 중앙은행을 위한 만트라(명상 시 외우는 주문)가 되었다. 그러나, 최악의 위기가 끝나면서, "성장, 개혁, 통제하는 인플레이션 기대를 균형을 맞춤"은 정책입안자들이 더 넓은 우선순위 결정을 간주하였다는 것을 보여준다.
- 2010년 3분기에, 경제가 다시 안정될 때까지 그리고 인플레이션이 다시 두각을 나타냄에 따라, PBOC는 팽팽함이 진행된다는 신호를 주며 "점진적으로 통화조건이 정상적인 상태로 돌아오기를" 원하며 기도를 드린다.

종종 정책과제는 먼저 변하고 말들은 따라잡기 위해 달린다. 2008년 3분기 보고서가 "적절한 느슨한" 통화정책의 변화를 알리기 위해 회람을 하였을때, 중앙은행은 이미 이자율을 낮췄다. 2010년 말에 통화 조건이 "정상상태"로 돌아오는 것을 발표하기 전에 이자율이 급등하였다. PBOC는 또한 종종 총리나 국무원에 의해 처음으로 설명된 명확한 어구를 흉내 내었다. 그러나, 주요 정책은 여전히 정부 생각의 방향을 나타내는 중요한 신호이다. 그리고 이는 중앙은행이 느슨하게 할 것인지, 안정감 있게 할 것인지, 혹은 타이트하게 할 것인지를 계획하는 지를 보기 위해 급하게 보고서의 마지막 페이지로 의지하는 분석학자들을 가지고 있다.

환율표준문안

이 보고서는 또한 중앙은행의 환율에 대한 정책을 잠깐 들여보는 것을 제안한다. 여기서 언어는 보고서를 작성한 작가의 흔한 구를 잘라서 붙임으로 종종 표준문안 자질을 가지고 있다.

- "자율성, 조종가능성, 점진주의 원칙을 따라라"
- "시장 공급과 소비를 기초로 한 위안화 환율 메커니즘을 완벽하게 하기 위한 한 차원 더 조치와 통화들의 바스켓을 기초로 조절"
- "균형 잡힌 균형 수준으로 위안화 환율의 안정을 유지한다"

이 구들은 흔할지도 모르나 때때로 주제의 다양성은 시장의 주목을 받을 만큼 매력적일 수도 있다. 2009년 3분기 보고서에 의하면, 중국인민은행은 환율의 "안정성"을 유지하기 위한 약속을 생략함에 의해 경종을 울렸다. 이는 위안화의 달러화에 대한 페그 제도의 종식이 목전에 닥쳤다는 효과에 대한 금융기자들을 자극하기에는 매우 흥미로운 기사였다. 이것이 발행했던 것처럼 페그제 끝은 중국인민은행의 정확한 단어를 선택하는데 있어서 너무나도 중요한 것을 읽는 위험성을 나타내면서 2010년 6월에 7개월이 되어서야 비로서 왔다.

초과준비, 위안화 거래 합의, 이자율, 그리고 대출 내역

이 보고서는 또한 다른 곳에서는 볼 수 없는 경제 상황에 대한 몇몇 흥미로운 내용을 포함한다:

- "초과보유"는 필요 보유를 초과해서 시중은행이 가지고 있는 현금의 양을 의미한다. 중국인민은행이 RRR을 변경시키면 초과보유 수준은 즉시 쪼들리기 시작했는지를 지시한다. 만약에 초과보유 수준이 낮다면, RRR에서 상향 이동은 현금에 대한 즉각적 쟁탈이 벌어지고 이는 시중금리를 더 높게 압박하고 은행으로 하여금 신규 대출을 만들기 위한 능력을 훼손시킨다. 만약에 초과 보유가 높다면, 은

행들은 많은 문제를 야기시키지 않고 신규 필요분을 보장하기 위해 이미 중국인민은행에 충분한 현금을 가지고 있다. 2010년 1월에, 중국인민은행은 0.5% 포인트 RRR을 높였다. 그리고 시장은 이를 긴축 과정이 시작되었다는 신호로 해석했다. 그러나 2009년 1분기 통화 정책보고서는 시장은 RRR의 작은 증가는 쉽게 흡수될 수 있다는 것을 제시하면서 이미 3% 보유분을 보유했다는 것을 보여주었다. 이 급습은 정책기조가 변화하였다는 신호였으나 이의 실제 은행에 대출해 주기 위한 능력에 대한 충격은 제한되었다. 이 사실은 은행이 1월에 신규 대출로 1조 3,000억위안을 발행한 것을 보여주는 엄청난 지속적인 신용창출로 증명되었다.

- 중국인민은행은 중국에서 기준금리를 설정했으나 시중은행은 대출금리를 설정하는데 있어서 그들이 지불용의가 있는 고객을 찾을 수 있는 한 기준금리 보다 약간 낮게 책정을 하던지 매우 높게 책정하던지 자유로웠다. 통화정책보고서에 포함되는 기준금리 보다 높게 혹은 낮게 발행되는 대출 퍼센트에 관한 정보는 신용 조건에 관한 중요한 읽을거리를 제공한다. 2010년 1월과 2010년 9월 사이에, 중앙은행에 의해 설정된 기준금리는 변화하지 않았으나 통화정책 보고서는 실제 대출 금리는 상당히 많이 올랐다는 것을 보여준다. 1월에, 은행들은 대출의 35%를 기준금리 이하로 밀어냈고 기준금리 이상으로 33%를 밀어냈다. 9월에 상황은 반전되었다. 단지 대출의 25%가 할인되어서 발행되었고 고객의 44%가 신용에 접근하기 위한 프리미엄을 지불하도록 강요되었다.
- 모든 중국은행들이 동등하게 창출된 것은 아니다. 중국공상은행, 중국농업은행, 중국건설은행, 중국은행의 중국의 대형 4개 은행들은 대부분의 예금을 통제하고 대출의 대부분을 발행한다. 상해푸동개발은행과 광저우은행과 같은 대형 4개 은행에 뒤이은 차선의 은행들은 더 작은 보증금 비율을 가지고 있고 총 대출의 더 낮은 부분을 설명한다. 대형은행들은 최고의 고객들을 가지는 경향이 있다. 더 작은 은행들은 지역 프로젝트를 위한 대출에 남겨있다. 통화정책 보고서는 상이한 은행들의 범주 사이에서 대출내역을 제공한다.

- 중국의 금융제도는 여전히 은행에 기초한 것이고 대출은 도시에서 주된 업무이다. 그러나 대출이 더 이상 유일한 주된 일은 아니다. 중국의 기업들은 주식을 발행하거나 고정소득상품을 발행함에 따라 또한 자금을 모을 수 있다. 통화정책보고서는 모든 이러한 경로로 모아진 총 자금의 요약을 제공한다. 이는 신용조건의 더욱 완전한 그림을 제공하고 중국 기업들을 위한 재무옵션의 변화하는 혼합에 대한 식견을 제공한다. 2010년에 한 예로 제 4분기 통화정책보고서는 전년으로부터 신규 대출이 급속도로 떨어지는 것을 보여주었다. 그러나, 더 높은 주식 발행은 중국 기업을 위한 금융 환경이 대출 데이터가 제시하는 것과 같이 똑바르게 되지 않았다는 것이다. 2011년에 중국인민은행은 사회재정에 관한 별도의 분기보고(세휴이롱지)를 발간하기 시작했다. 여기에는 또한 신탁회사에 의한 대출 숫자를 포함하고 IPO를 통해 모아진 자본과 채권의 판매의 대출 숫자를 포함한다.

위안화로 설정된 무역거래는 위안화를 국제통화로 거래하는 중앙은행의 진척을 보여준다. 2009년 중반에 중국인민은행은 중국의 무역거래를 위안화로 정착시키는 것을 허용하는 프로그램을 착수했고 그리고 나서 펼쳤다. 처음 첫해 반의 진척은 빨랐다 하지만 상당히 낮은 기조로부터이다. 2009년 상반기에, 중국의 무역거래는 어떠한 것도 위안화로 거래되지 않았다. 2010년 9월에 통화정책보고서에서 총 무역의 2.8%인 500억 위안 이상이 중국 화폐로 사용되었다.

3. 거시경제보고서 해석하기

거시경제 보고서는 현재의 상황과 미래 경제 전망에 대한 중앙은행의 견해를 발표한다.

계절조정된 지난 분기 대비 연간 성장

2011년까지, 거시경제보고서는 당신이 중국의 지난 분기 대비 계절 조정된 연간 GDP 성장(QoQ SAAR)에 대한 정부의 추정을 찾을 수 있는 유일한 곳이었다. 미국을 포함한 세계의 대부분 국가들은 경제의 상태를 평가하는 기준으로 QoQ SAAR을 사용한다. 2011년까지 중국은 국가통계국(NBS)이 중국 춘절에 한 주간 이동하는 휴일(moving holiday)에 의해 초래된 계절 조정에 있어서 어려움을 답변하면서 큰 경제 규모의 국가들 가운데 유일하게 전년 대비 성장을 사용하는 유일한 국가였다. 그러나, 중앙은행은 굉장히 좋은 주판에 명백하게 투자했었다. 2009년에서 2010년 사이에 거시경제보고서는 중국의 지난 분기 대비 계절조정된 연간 GDP 성장(QoQ SAAR)의 추정을 포함했다. 이 추정은 종종 국가통계국(NBS)에서 발간되는 전년대비 성장 공식 데이터와 상당히 다른 방향과 성장경로를 가리켰다. 2009년 제2분기에 중국인민은행은 지난 분기 대비 계절 조정된 연간 GDP 성장(QoQ SAAR)율이 14.9%라고 추정하였다. 이는 국가통계국이 공개한 전년대비 성장률(YoY)인 7.9% 보다 높다. 중국인민은행 숫자의 한가지 해석은 대출의 거대한 증가가 과열과 인플레이션 압력으로 엎질러지기 시작되기 전에 중앙은행이 경기부양이 이미 그의 목적을 달성했다는 사실과 급제동을 걸 시간이라는 것을 넌지시 알려준다는 것이다. 국가통계국이 현재 전분기 대비(QoQ)성장률 로그의 데이터를 발간함에 따라, 중앙은행이 그의 공식적인 추정치를 공개하기 보다는 공식 데이터 뒤에 규정을 따를 것으로 보인다.

산출 갭

보고서는 중국인민은행의 산출 갭의 계산을 포함한다. 산출 갭은 잠재산출(경제가 얼마나 전력을 다해 생산할 수 있으며)과 실제산출(얼마나 실제로 생산하였는지) 사이의 차이를 측정한다. 이는 인플레이션 압력의 정도와 밀접하게 관련이 있다. 만약 실제 산출이 잠재적 산출과 비슷하거나 또는 잠재적 산출을 능가한다면 이는 수요가 공급의 한계대비 치솟고 있다는 것을 의미한다. 그리고 이는 높은 물가수준이 따르기 마련이다. 만약 실제 산출이 잠재적 산출 이하라면 이는 경제에서 부진이 있다는 것을 의미한다. 산출은 과열과 물가 압력 없이 증가할 수 있다. 심지어 선진국에서도, 산출 갭을 계산하는 것은 많은 어려움이 있다. 중국에서, 급속도로 발전하는 경제로 그리고 덜 완벽한 통계제도로, 그와 같은 문제들은 더욱 악화되었다. 중국인민은행은 어떻게 이것이 계산되는 가에 대해 입을 꾹 닫고 있다. 그러나, 다른 곳에서는 데이터를 얻을 수 없기 때문에, 중국인민은행의 추정은 도시에서 유일하게 볼 수 있다.

2 통화정책위원회(MPC)성명 해석하기

중국의 MPC는 경제 상황에 대해 토의하고 통화 정책에 관한 올바른 방향에 대해 국무원에 자문하기 위해 분기별로 한번씩 만난다. 구성원들은 의장으로 은행총재가 있고 두 명의 부총재가 참여하고 있고 국가외환관리국장(PBOC의 일부)이 참석하는 등 중국인민은행에 의해 지지된다. 중국인민은행 밖에서는, 사실상 중앙정부의 모든 경제 그리고 금융 기구 파트는 참석하게 된다. 국무원, 국가발전개혁위원회, 재무부, 통계국, 은감회(중국은행관리감독위원회), 중국증권감독관리위원회, 중국보감회(중국보험감독관리위원회)가 모두 구성되어 있다. 시중은행들은 중국은행협회에 구성되어 있다. 마지막으로 MPC는 일반적으로 적어도 한 명의 교수가 포함되어 있다. (현재는 세 명이 있다)

FOMC(연방공개시장위원회) 성명서와 회의록의 다채로운 세부사항에 친숙하거나 유럽중앙은행(ECB) 관리이사회의 성명서와 기자회견에 친숙한 투자가들은 중국의 MPC로부터 성명서에 의해서 약간은 실망감을 느낄지도 모른다. 약간의 간략한 문구는 높은 수준의 일반론으로 정책우선순위에 따라서 경제상황과 전망을 다룬다. 적어도 한 명 이상의 이전 MPC 구성위원회로부터의 보고서는 우리에게 회의에서 토론이 실제로 다소 흥미롭다는 것을 제시하고 그 세부적인 그리고 신랄한 추천들은 국무원으로 전달된다. 그러나, 공개된 성명서는 이것에 대한 암시가 없고 주로 중국 전문가들이 이전에 많이 보아온 표준문안으로 구성되어 있다.

위원회로서 MPC는 함구하고 있을 지도 모르나, 학술 구성원들은 매우 사교적이다. 이전 멤버인 위용딩, 판 강, 현재 멤버인 리다오쿠이, 샤빈, 조우 휘렌은 공공연설에 재능이 있고 공무원 동료들과는 달리 금융기자의 멤버들과 기꺼이 농담을 한다. 중국의 금융기자들이 이자율, 환율, 또는 당일 관심이 많은 주제를 MPC의 학술 멤버로부터 적어도 한두 개 발언을 가지고 오지 않은 보기 드문 한 주였다. 왜냐하면 MPC 멤버로서 리, 조우, 지아는 국제 토론에 관련이 있고 중국인민은행에 대신하여 연설을 지시할 것으로 예정되었기 때문에 이러한 발언들은 일반적인 학술적인 논평보다 좀 더 많은 관심을 가질 수 있었다. 거듭되는 수다로, 어려움은 잘 알려진 통찰력 있는 밀로부터 툭 던지는 인용 왕겨를 구분해 내는 것이다.

3. 시장충격

중국인민은행 보고서는 중요한 기구의 견해의 중요한 성명이고 중국경제와 정책계에서 논의에서 일어나고 있는 사실을 더욱 잘 이해할 수 있는 데이터 포인트(기준점)나 언어를 종종 포함하고 있다. 그러나, 그들은 일반적으로 분석학자들에게 영업책상에서 도벽이 있는 손보다 더욱 더 유용하다.

찾아보기

한글 찾아보기

ㄱ

ㄴ

ㄷ

ㄹ

ㅁ

ㅂ

ㅅ

ㅇ

ㅈ

영문 찾아보기

A

B

C

N

O

P

Q

R

S

역자소개

김연준

yeonjoonkim@ks.ac.kr

■ 역자는 현재 경성대학교 상경대학 국제무역통상학과 교수로 재직하고 있다. 역자는 미국 뉴욕주립대학교에서 경제학 석사학위를 취득했다. 이후 New York State Assembly의 Ways and Means Committee에서 Graduate Intern으로 근무했다. 그리고, 역자는 University of Missouri-Columbia에서 국제무역 분야로 경제학 박사학위를 취득했다. Dr. Vitor Trindade의 지도하의 박사학위 논문은 Three Essays on the Factor Content of Trade이다. 이후 미주리 주정부(State of Missouri)의 Legislative Budget Office에서 Economist로 근무했다. 최근 국제무역 분야로 수요 측 요인을 고려한 Factor Content of Trade Model과 Gravity Model에 관한 연구를 주로 하고 있으며 위기의 전염효과, 건설경기, 지역불균형, 바이오와 제약 산업, 유럽지역 연구, 신재생에너지 등 분야에 연구를 하며 국내 · 외 학회(학술지)에 다수의 논문을 발표(게재)해 오고 있다.

이 저서는 2013학년도 경성대학교 학술연구비 지원에 의해 저술되었음.

중국 경제지표들의 이해

제1판 1쇄 인쇄 | 2014년 1월 10일
제1판 1쇄 발행 | 2014년 1월 15일

지은이 | Thomas Orlik
옮긴이 | 김연준
발행인 | 김은중
발행처 | (주)서울경제경영출판사
북디자인 | (주)우일미디어디지텍

주 소 | 120-808 서울특별시 서대문구 신촌로 203 (대현동) 대현빌딩 6층
전 화 | 02)313-2682
팩 스 | 02)313-8860

등 록 | 1998년 1월 22일 제5-63호

ISBN 978-89-97937-19-6 93320 정가 22,000원